集人文社科之思 刊专业学术之声

集 刊 名：区域史研究
主办单位：中山大学岭南文化研究院
主　　编：温春来（中山大学岭南文化研究院）
副 主 编：黄国信（中山大学岭南文化研究院）
本辑执行主编：刘永华（复旦大学历史学系）

REGIONAL STUDIES

编辑委员会（按姓氏拼音排序）

杜丽红（中山大学）	杜正贞（浙江大学）	冯筱才（华东师范大学）
贺　喜（香港中文大学）	黄国信（中山大学）	黄志繁（南昌大学）
刘永华（复旦大学）	王东杰（清华大学）	温春来（中山大学）
谢晓辉（中山大学）	杨国安（武汉大学）	余新忠（南开大学）
张　侃（厦门大学）	张瑞威（香港中文大学）	

编辑部主任：李晓龙（中山大学）
编　　审：任建敏　梁结霞　罗慧香
自媒体编辑：肖啟良

微信公众号：Regional_History
投稿邮箱：lingnanculture@126.com

2020年第2辑（总第4辑）

集刊序列号：PIJ-2018-326
中国集刊网：www.jikan.com.cn
集刊投约稿平台：www.iedol.cn

2020年第2辑（总第4辑）

区域史研究

REGIONAL STUDIES

主编 | 温春来　本辑执行主编 | 刘永华

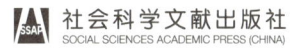

社会科学文献出版社
SOCIAL SCIENCES ACADEMIC PRESS (CHINA)

区域史研究
Regional Studies

2020 年第 2 辑（总第 4 辑）
2021 年 2 月出版

学人序跋、访谈

《福佬与客家之间》前言 ································· 杨国桢 / 3
《南海盐道》序 ··································· 刘志伟 / 25
从田野出发的中国研究
　　——丁荷生教授访谈录 ······ 丁荷生　余　康　刘永华　王思思 / 33

专题研究

明清珠江三角洲宗族的形态转变
　　——以南海石头霍氏为例 ······················· 周　肖　任建敏 / 81
从官到神：明清时期连城县的生祠、名宦与地方社会 ······ 张凤英 / 136
明末清初的动乱与地方应对
　　——以闽南诏安二都为中心 ··························· 朱忠飞 / 156
南京国民政府时期的县长与县域社会
　　——以徐建佛为中心 ······························· 项浩男 / 184

书　评

江湖真的远吗
　　——读《资源、产权与秩序：明清鄱阳湖区的渔课制度
　　　与水域社会》有感 ······························· 徐　斌 / 221
魏斌《"山中"的六朝史》 ··························· 邱　雨 / 244

刘晓东《"倭寇"与明代的东亚秩序》 ……………… 张金林 / 254

Robert J. Antony, Unruly People: Crime, Community, and
　　State in Late Imperial South China ……………… 王　旭 / 262

"国中异乡"与"侨易怅惘"
　　——读王东杰《国中的"异乡"——近代四川的文化、
　　社会与地方认同》 ………………………………… 叶　隽 / 266

吉川次郎『近代中国南方のメディア言説：辛亥革命期の雲
　　南・広西とベトナム/日本』 ……………………… 董子昂 / 273

从节日文化视角看政权与社会
　　——评韩晓莉《革命与节日：华北根据地节日文化生活
　　（1937～1949）》 ………………………………… 温春蕾 / 280

征稿启事 ……………………………………………………… / 286

学人序跋、访谈

《福佬与客家之间》前言*

杨国桢**

1988年，中国实行改革开放后十年，我机缘巧合，参与主持厦门大学与斯坦福大学（Stanford University）、中研院民族学研究所合作进行的"福建、台湾社会文化比较研究"的国际合作研究项目。1989年11月至1993年，我陆续在闽西龙岩地区龙岩市（今龙岩市新罗区）三个村开展田野调查。1994年后，我又参加"福建、台湾社会文化比较研究"项目的延伸计划——"华南农村社会文化研究"项目，在闽西龙岩地区长汀县河田镇蔡坊村开展田野调查。

这两波"三方两国"合作的五年福建农村社会文化田野调查，到其成果《台湾与福建社会文化研究论文集》《华南农村社会文化研究论文集》共四册出齐，前后延续了十年。这项调查研究是中国社会经济史学与人类学研究方法相结合的尝试，在某种意义上可说是中国历史人类学兴起的前奏。可惜限于当年台湾海峡两岸的情势，在中国大陆没有做公开的报道，人们所知甚少。后来受两岸关系变化的影响，没有继续进行下去，发展成稳定的交流模式和成功的范例，特别是福建各田野调查点的专题研究报告没有如期编写完成和出版，以致它在中国学术史上曾经发挥过的桥梁作用，反而时过境迁，渐渐地被淡忘了。

---

* 《福佬与客家之间》将由北京师范大学出版社印行。
** 杨国桢，厦门大学历史系荣誉教授。

奉献给大家的这本小书，就是我20世纪90年代在龙岩地区龙岩市（原龙岩县）农村田野调查所得文献与口头资料写的研究报告，1998年1月提交打印时，取名为《福佬与客家之间》。这是因为我所调查的地点，当时叫作龙岩地区龙岩市，在地理上处于闽西山地与闽南平原的交界地带，闽西通行客家话，闽南通行闽南话，广义的闽南话又称"河洛话"，福佬即河洛。福佬与客家之间，意指闽南话与客家话两大方言区之间，域内主体通行龙岩话，受闽南话和客家话影响，自成一体，大多数学者认为属闽南语系的分支，但不仅客家人，连闽南人也听不懂，所以有个别学者把龙岩话列为福建六大方言之一。福佬与客家之间，又指龙岩的行政区划，自设县以来，历史上地方社会行政管理曾在隶属于客家人为主体的汀州府与闽南人为主体的漳州府之间转换流移，至清代才脱离漳州府独立为州，民国时期又恢复为县，成为闽西首府。

我调查的三个村，两个是城市郊区操龙岩话的村落，一个是边缘山区讲客家话的村落。这样的选择，并没有预设什么民间社会文化的典型意义，也无意成为龙岩乡村传统社会文化研究的范本，甚至也不能够代表龙岩乡村传统社会文化的主流。不过因为近二十多年来，这里经历了"千年未有之大变局"，随着龙岩地区改制为龙岩市，县级龙岩市改制为新罗区，龙岩市区随之西扩，我所调查的两个郊区村落所在的乡镇被拆迁改造为市区的街道，村容乡貌已无形迹可寻，这份田野调查报告也就成了不可再生的历史文献，而有保存的价值。这好比鉴赏家陈列柜中的收藏品，"即使不是等质或成比例的，藉由样品我们仍能观察得到某项事物的种种特色"。

为使读者了解本书的写作背景、使用的理论方法，我撰写了这篇前言，利用自己保存的原始文件和参加项目研究过程中各个环节活动的日记、笔记，参考有关的新闻报道，厘清"三方两国"合作开展闽台社会文化比较研究的来龙去脉，还原那段不平常的岁月。又在调查报告之后，将当年开展这一国际合作研究项目的协议文书、问卷文本以及编写调查报告的大纲，作为附录。为便于读者对田野调查的场景有感性的认识，我还从当时所拍摄的照片中选择有代表性的照片，作为插图。

一　合作研究的缘起

1978年中国的改革开放，开启了中美学术交流的大门。根据中国科学技术协会与美中关系全国委员会互换学者的协议，由斯坦福大学、加州大学伯克利分校（University of California, Berkeley）联合东亚语言和地区中心提名，邀请中国著名的社会经济史学家、厦门大学教授傅衣凌于1979年下半年赴美讲学三个月。1979年6月，加州大学伯克利分校历史学教授、中国研究中心主任魏克曼（即魏斐德，Frederic E. Wakeman, Jr.）率领美国明史访问团来华，希望和傅先生见面。我陪同傅先生到北京，6月8日到国际俱乐部，出席了中国社会科学院历史研究所与美国明史访问团的学术交流会。这年10月底傅先生访美，地处旧金山湾区的斯坦福大学便是第一站。1980年，根据中国社会科学院和美国美中学术交流委员会的协议，双方精心策划和组织，于10月下旬在北京成功举办了"自宋至一九〇〇年中国社会和经济史"中美学术研讨会，著名人类学家、斯坦福大学人类学系教授施坚雅（G. William Skinner）是美方代表团的副团长。我和斯坦福大学胡佛研究所（Hoover Institution）研究员张富美都是正式代表，在会上作为对方论文的评论人正面交锋，互相切磋，这是我与斯坦福大学学者结缘的开始。

1985年9月至1986年9月，受斯坦福大学邀请，我和内子翁丽芳到该校做了一年中国社会经济史的客座研究。我的研究室在胡佛研究所二楼东亚研究中心，主任是丁爱博（Albert E. Dien）教授。学习和学术交流的中心则在楼下的胡佛研究所图书馆，在图书馆阅览室里，安排有我的专座。该馆收藏的东亚图书分置于地下7层书库。档案馆则在毗邻的胡佛塔内。图书馆馆长马若孟（Ramon H. Myers）教授是中国近代经济史学家，1976年以美国亚洲学会台湾史研究小组召集人的身份，委托王世庆、张伟仁等在台湾搜集契约文书和其他古文书，获5600余件，编辑影印《台湾公私藏古文书影本》10辑120册，胡佛图书馆、哈佛燕京图书馆、日本东洋文库、台北傅斯年图书馆分藏各一部。我可能是花几个月时间从头到尾读此书的第一人。那时候，这里是亚洲特别是中国大陆和港澳台学人访问美国的必到之地，因此我有机会和他们接触往来，建立广泛的学术联系。我接待过到访的学者，如香港新亚书院的全汉昇、南京大学的蔡少卿、东京大学的滨下武志等人，并尽地主之谊，请他们到家里吃饭。由于都讲闽南话，来自台湾的访问学者和留学生很快消除隔阂，和我们交往过从，对彼此的学术关切有了较多的理解。1986年，中研院民族学研究所副所长庄英章来斯坦福大学访问研究，我们彼此在搜集研究契约文书、族谱、碑刻等民间文献资料方面有共同的学术爱好与研究志趣，常常相互切磋，建立了私人友谊。由于厦门大学中国社会经济史研究的特色是以民间文献（诸如契约文书、谱牒、志书、文集、账籍、碑刻等）证史，以社会调查所得资料（诸如反映前代遗制的乡例、民俗、地名等）证史，与人类学的旨趣相通，我与美国人类学家有了交流互动，施坚雅教授邀请我们夫妇到家中做客，出席他的家宴；郝瑞（Stevan Harrell）教授邀请我们到西雅图华盛顿大学（University of Washington）演讲座谈，我则为他和杜磊（Dru C. Gladney）先生访问厦门大学及赴泉州少数民族乡镇田野考察"穿针引线"。这就为跨越学科的国际合作研究积累了可贵的信任基础。

　　1988年初，美国的亨利·鲁斯基金会（Henry Luce Foundation）公开接受美国各大学的申请，拨款资助中国研究，尤以美国学者与中国大陆及港澳台学者的三方合作项目为优先。在中国人类学研究上享有盛誉的斯坦福大学人类学系教授武雅士（Arthur P. Wolf）觉得机会难得，决定申请在福建和台湾进行人类学比较研究项目。武雅士长期在台湾做田野研究，中研院民族学研究所从1965年开始转移其部分研究重心于

"汉人社会文化"研究，双方多有合作，而厦门大学先后有傅衣凌教授与我赴斯坦福大学访问研究，三方有联合研究的基本条件。武雅士于是请斯坦福大学胡佛研究所研究员张富美居中引线，促成三方的合作，嘱我邀请厦门大学台湾研究所和人类学系学者参加。1980年7月，厦门大学从历史、经济等系抽调教师组建成立台湾研究所，1984年2月和9月，厦门大学从历史系分出人类学研究所和人类学系。他们中的许多人和我共事过，沟通不存在什么问题。

我接到来信后，即与台湾研究所所长陈孔立教授、人类学系原主任陈国强教授相商，他们表示愿意参加部分研究。于是由我向校外事办公室和副校长王洛林教授请示，征得同意后与武雅士教授商议研究计划的细节。根据武雅士教授的提议，经过三方书信交换意见，最后达成如下共识。

主要参加人员。（1）美国斯坦福大学，人类学系武雅士教授（美方主持人），胡佛研究所张富美研究员（女）；中密歇根大学（Central Michigan University）葛希芝教授（Hill Gates，女）；印第安纳大学（Indiana University）宋玛丽教授（Margaret M. Y. Sung，女）——后来才知道她的名字叫严棉，夫君姓宋；日本中部大学王崧兴教授（特邀）——王崧兴教授只来过一次，我在白城寓所和他有过愉快的长谈，他对台湾龟山岛的田野调查令我神往，但后来的福建田野调查，他都没有参加，1995年英年早逝。（2）福建厦门大学，历史研究所所长杨国桢教授（闽方主持人）；人类学系陈国强教授；台湾研究所所长陈孔立教授等。（3）中国台湾中研院民族学研究所所长庄英章教授（台方主持人）；新竹清华大学人文社会科学院院长李亦园教授等。

研究方法和目的：（1）运用人类学和历史学相结合的研究方法，进行资料调查和田野调查，抢救福建省和台湾地区民间社会的文献资料和口头资料，比较两地民间风俗习惯的异同，研究福建风俗习惯移植台湾后的变化，并对两地民间文化的差异提出科学的解释；（2）通过合作研究，促进美国学者、中国台湾海峡两岸学者的交流与合作。

研究工作计划：确定在福建设12个田野调查点，在台湾设10个田野调查点，每个点包括3个村，用3年时间，对每个村60岁以上男性和女性各50人开展问卷调查。调查内容是传统农村（福建1950年以前，台湾1945年以前）的地方社会和风俗习惯。福建方面，厦门大学历史研究所承担6个田野调查点，厦门大学人类学系承担4个田野调查点，厦门大学台湾研究所承担2个田野调查点。再由各单位确定参与人员名单和田野调查地点名单。

那个时候，美国学者到福建或台湾开展合作研究不成问题，而福建与台湾之间不能直接往来，两岸学者如何开展合作研究则是大问题，所以设想3年内每年在斯坦福大学举行一次三方学者参加的学术研讨活动，间接地实现闽台学者的合作与交流。

1988年3月，我赴京出席全国政协第七届第一次会议，恰好武雅士教授参加斯坦福大学教师旅行团到北京，打算与我面谈。但当我要去找他时，宾馆服务员却回复说他刚刚退房走了，失去当面沟通的机会。尔后用书面形式交换意见，难免费力费时。这年夏天，亨利·鲁斯基金会宣布斯坦福大学获得最高额的资助金，在竞争激烈的十多项申请计划中脱颖而出。基金会的款项于1988年秋如期拨下，武雅士急于签署合作协议，但如何签署，三方却意见不一。有一种意见认为理应是一份协议，三方共同签署，并建议三方代表在香港协商处理，但由于两岸政治的禁忌，窒碍难行，最后三方一致同意，改为由斯坦福大学分别与厦门大学、中研院民族学研究所签订协议。为了避免不必要的干扰，协议达成后，希望不做公开报道。至于合作研究项目的名称，我后来才知道，斯坦福大学与厦门大学签订的协议称为"福建与台湾两省风俗习惯的比较研究"，与中研院民族学研究所签订的协议称为"台湾与福建两地区民族志基本调查与比较研究"。这可以说是历史学学科与民族学学科对人类学田野调查研究的不同表述，即从历史学本位的视角看，调查的是

"风俗习惯",而从民族学本位的视角看,调查的是"民族志资料",后来在台湾公开举办研讨会时定名为"福建、台湾社会文化比较研究"。

在与斯坦福大学签订协议之前,我们按照规定,提请厦门大学向国家教育委员会申报。1988年12月21日,获得国家教育委员会的批准。

1989年3月22日,我和武雅士在厦门大学签署了《合作研究协议书》,副校长王洛林和外事办公室主任高扬等到场见证。

二 福建田野研究的展开

合作协议签署后,我们开始分别到拟定调查的县市踩点,搜集文献资料,包括清至民国时期的地方志、文集、族谱、民间文书和土地、户口、民族、婚姻、宗教等档案资料,为开展田野调查做准备。台湾方面积累了丰富的田野调查经验,掌握了细腻的田野调查技巧,负责制定田野调查问卷,以便三方讨论后确认执行。

根据初步访查的情况,我们对条件不具备的调查点加以更换。如厦门大学历史研究所负责的连城县改为上杭县、长汀县改为龙岩县。其他调查点也在村子的选择上进行一些调整。

当时我们参与田野调查,正如主持人武雅士和庄英章后来所说,"田野调查地点的选择并非基于社会学问卷调查的严谨分层随机抽样",而是"相当程度的基于实际负责田野研究点的个人背景、关系等因素之考量"。我选定龙岩地区龙岩市为田野调查点的理由,一是龙岩是我的故乡,我懂龙岩话,具有语言优势;二是我虽少小离开家乡,但上大学以后多次到龙岩调查闽西人民革命史,和当地的党史办、方志办、地方文史研究者颇有交往,关系良好,必要时能够帮助我疏导下乡调查的管道;三是1967年我隐居在龙岩一个村子里当"逍遥派",脱离学校,和村民打成一片,无意识地做了一次长时间的"参与观察"。

这时,随着台湾同胞到大陆探亲的大门打开,海峡两岸的关系有所缓和，台湾学者可以申请到大陆进行文教交流了。因此合作协议中两岸学者到斯坦福大学间接交流的计划随之改变，决定三方在厦门大学商谈并启动福建田野调查。

1989年11月上旬，美国学者武雅士、葛希芝、张富美与中国台湾学者庄英章、潘英海五人先后抵达厦门大学。9日，在南洋研究所三楼会议室讨论合作研究计划，厦门大学与会者有历史研究所的杨国桢、陈支平、林汀水、邱松庆、郑振满、曾玲、周翔鹤、郭润涛、张和平、苏鑫鸿、鲍一高、张崇旺、赖红梅，台湾研究所的陈孔立、陈在正、邓孔昭、陈小冲等，人类学系的陈国强、叶文程、蒋炳钊、吴绵吉、苏垂昌、唐杏煌、庄景辉、郭志超、石奕龙、吴孙权、曾少聪、范可等，还有一批人类学系学生旁听。

调查内容是传统农村的地方社会和风俗习惯。庄英章报告调查的问题意识和指导思想，正如庄英章和武雅士后来所指出的那样："我们提出三种可能的解释架构：一种是历史文化的假设，台湾社区的文化差异可能源自于原本来自原居地的母文化，如漳州、泉州、客家等之差异，所指陈的是一种文化传统的传承与延续。另一种看法则着重汉人社会移民垦拓过程中所面临的物质、经济环境不同自然也有不同的文化适应策略，这是一种环境适应的假设与解释，这也包括与社会经济史有关的想法与假设。第三种可能性是考虑早期汉人移民与居于原地区土著住民的互动，认为土著文化亦对汉人文化造成相当的影响，在不同地区的不同文化融合过程产生了不同的文化行为，这是一种文化接触与族群互动的假设与解释。"

10日，庄英章对田野调查采用人类学的问卷方法做了详细的讲解，参与者集中对台湾学者设计的三份问卷——主要报道人问卷、六十岁以上男性问卷、六十岁以上女性问卷展开讨论。

非人类学科班出身的参加者，首先要接受一场人类学问卷方法的突击训练。通过学习，掌握这项基本技能，才能完成合格的田野调查。其次，这是一场历史学和人类学的对话。人类学家的田野调查优势在于问卷调查，历史学家的田野调查专长是搜集地方公私藏的历史文献，如何理解、承认、吸收对方的长处，在实践中交流互补是个棘手的问题。

11日，美国、中国台湾学者一行在台湾研究所陈在正、邓孔昭等陪同下来到漳州，拜访漳州师范学院，与教师做了一次学术座谈，交流组织学生以问卷调查方法搜集地方资料的体会，并参观了漳州市图书馆。12～14日，到南靖县、平和县田野调查点考察。15～16日，庄英章、潘英海、张富美折往漳浦，与人类学系的蒋炳钊、吴绵吉会合，考察漳浦县田野调查点，参观了赵家堡。17日，返回厦门大学。18日，开会检讨成果。晚上，我假普照楼设家宴宴请庄英章、潘英海、张富美、葛希芝。

20～25日，厦门大学历史研究所的杨国桢、郑振满、曾玲，人类学系的叶文程、庄景辉、石奕龙，陪同武雅士、庄英章、潘英海到同安、泉州、安溪、惠安田野调查点考察。

26日，杨国桢陪同庄英章到福州会见福建省社联林子东、王碧秀、吕良弼等，并到福建省档案馆询问查阅历史档案的手续。

在各田野调查点考察期间，三方学者进行了问卷调查的试点，并根据实践的经验对问卷做了改进。第一次合作研究的作业取得圆满成功。

1990年上半年，福建12个田野调查组分别对第一个村开展问卷调查。6月13～24日，我到龙岩西陂乡陈陂村做了两周的问卷调查。放暑假的时候，我和丽芳回龙岩探亲，住挺秀酒店，又应长汀县人大常委会副主任李文生校友邀请，走访客家祖地，搜集了客家的文史资料。

8月初，美国学者武雅士、葛希芝、张富美、严棉与中国台湾学者庄英章、潘英海来闽，我带他们坐火车经漳平到龙岩，视察龙岩的田野调查点，然后，他们分别到上杭、崇安、华安、惠安等地的田野调查点参观。送走他们后，我留下继续完成陈陂村的问卷调查，又到南阳坝与红坊镇政府联系，在镇民政所主任杨发先陪同下，到与永定县交界的联合村开展田野调查。庄英章、潘英海、张富美到崇安县（后更名武夷山市），参观了崇安县档案局和田野调查点，然后转往福州市，参观福建师范大学、福建省博物馆和福建省档案馆。

9月，三方学者在厦门大学集合，讨论田野工作中的初期收获及存在的问题。经过实践，福建的田野调查点也做了局部的变更，最终确定了36个田野研究点，其中有5个客家村，1个回族村，1个畲族村，3个莆田方言村，3个闽北方言村，23个闽南村（后因工作需要略有增加）。名单如下所列。

闽北区：
崇安县武夷乡樟树村、黄柏村、岚谷村。
闽西区：
上杭县湖洋乡岩头村、临城乡城南村、古田镇古田村；
龙岩市西陂乡陈陂村、大洋村、红坊镇联合村。
莆仙区：
仙游县枫亭镇下房村、厝头村、荷珠村、和平村。
闽南区：
惠安县崇武镇大岞村、崇武城内潮洛村、和平里、文化里、模范里、文明里、光明里、螺城镇西北街；
晋江县深沪镇南春村、陈棣镇岸兜村、沙堀村；
安溪县湖头镇湖二村、城厢乡砖文村、长坑乡华美村；
同安县西柯乡后田村、阳翟村、吕厝村；
平和县大溪乡壶嗣村、五寨乡埔坪村、坂仔乡心田村；
南靖县和溪乡林坂村、林中村、书洋乡田中村、赤洲村、奎洋乡店美村；
华安县华封镇下村、新墟乡新墟村、马坑乡马坑村；
漳浦县绥安镇、赤岭乡西山村、顶西村、佛昙镇岸头村。

为办好这次三方合作事宜，不擅管理和交际的我虽尽心尽力，但难免顾此失彼，甚至家人也全力以赴，最终还是当了一个赔本的"老板"。我的诚意，朋友们并没有忘记。严棉回美国后于10月29日来信说："这次到福建做田野调查，真感谢您在各方面的协助和照顾，更谢谢杨夫人亲自下厨招待大餐，使我和张富美教授大饱口福。在厦大最后一周，蒙令尊大人概允做龙岩发言人，真是感激不尽。"

1991年2月上旬，我到龙岩西陂乡的大洋村开始第三个田野调查点的问卷调查。3月，武雅士考虑到福建的田野调查行将结束，将已完成的问卷送到台北中研院民族学研究所，由研究助理在电脑上处理问卷中最重要的数据，并制作各种表格。他和庄英章等讨论，对如何编写田野调查报告提出一份暂定的大纲，作为指导性的文件。这份英文稿经我转发给12个田野调查点的参加人员，征求意见和建议，以便5月他到厦门后一起讨论。大纲分为八章：（1）历史背景；（2）经济与生态；（3）宗族与社区组织；（4）婚姻与收养；（5）家庭组织与性别；（6）宗教与礼仪；（7）亲属称谓与丧服；（8）总结。他强调："所有的问题都应该根据三个田野点的异同来回答。这三个点有哪些相似之处？有哪些不同之处？为什么会有不同？这些都是基于相关主题提出的问题，应该牢记在心。大多数问题都可以通过问卷调查中提供的数据来回答，但是有些问题可能需要额外的实地调查。因此，最好把提纲看作是一种评估我们的价值和我们仍然需要做什么的方法。我希望12本专著都能有章节来讨论诸如地方史、地方经济、婚姻和收养等话题。但是，作者不需要以相同的顺序来回答这些主题提出的问题，也不需要把自己限制在大纲中所包含的问题上。"

4月1日，庄英章抵达厦门大学，3～9日，由陈在正陪同到南靖奎洋访问，10～17日到成都访问，18日返回厦门大学，19～25日在陈国强陪同下到惠安崇武、大岞访问，27日离厦返台。

5～6月，武雅士来闽合作研究六周，和我们就编写各县田野调查报告的提纲展开讨论，并先后到上杭、龙岩、华安、安溪和南靖田野调查点访问各一周。5月18~24日，我陪同武雅士在龙岩红坊镇联合村田野考察一周，武雅士亲自参与问卷调查。葛希芝于5月从成都来厦门后，到同安田野调查点访问一周，并开展其他调研。

此后，福建各县田野调查全面展开，进入高潮。我于6月21~29日与8月5~16日，两次赴龙岩，在大洋村做了9天和10天的问卷调查。10月14~18日，赴安溪县城厢乡、湖头镇、龙门乡田野考察5天。

10月下旬，美国学者和中国台湾学者再次来闽参加田野调查，26日上午，我到机场接庄英章。11月2日12时，我到机场接武雅士，入住厦门大学专家楼。3日晚，我和翁丽芳宴请武雅士、庄英章，并邀来访的美国学者包筠雅（Cynthia J. Brokaw）、在我门下研修的美国高级进修生魏达维（David Wakefield）夫妇作陪。接着，4~13日，武雅士与庄英章分别去田野调查点考察。10日下午5时，我赴机场接葛希芝，入住厦门大学专家楼。12日武雅士返回厦门大学，13日庄英章返回厦门大学。14日下午，福建各县田野调查的负责人与武雅士、庄英章、葛希芝开会，三人对各田野调查点的进展表示满意。15日，庄英章返台。12月1日下午，我到高崎机场送武雅士、葛希芝赴台北。美国和中国台湾学者参与福建各县田野调查工作完满结束。

三　闽台社会文化比较研究工作研讨会

台湾学者实现到福建访问调查后，为了推进合作研究，三方积极探讨福建学者到台湾访问调查、实现海峡两岸学者双向交流的办法。几经波折，终于在1992年春取得了突破性进展。

1992年2月11日，中研院民族学研究所所长庄英章发函邀请厦门大学历史研究所杨国桢、陈支平，台湾研究所陈孔立、陈在正，人类学系陈国强、蒋炳钊六位教授于6月1日赴台参加"福建、台湾社会文化比较研究工作研讨会"。因万事起步难，延至 6 月 20 日，除陈孔立外，厦门大学五教授经深圳、香港抵达台北。这是继大陆七位自然科学家访台后，大陆首批人文及社会科学学者集体访台，引起台湾舆论的关注。22~23 日，研讨会在中研院民族学研究所第一会议室举行。

参加研讨会的有美国学者武雅士、张富美、严棉、魏捷兹（James Russell Wilkerson，新竹清华大学社会人类学研究所副教授），中国台湾学者李亦园院士、庄英章、潘英海等。提交这次研讨会的论文有 10 篇，即杨国桢的《龙岩陈陂村家庭的调查与分析》、陈国强的《惠安县崇武城内外的"夫人妈"信仰》、蒋炳钊的《漳浦的鬼灵及祖先崇拜》、陈在正的《耕读家风与南靖龟山庄氏宗族的发展》、陈孔立的《闽台丧俗比较研究》、陈支平的《崇安县黄柏村的婚姻形态》、庄英章的《竹山民族志调查报告》、潘英海的《大内民族志调查报告》、张富美的《福建田野访查的经验与额外的收获》、魏捷兹的《中国晚期帝国的国家体制与人观：一个澎湖村的个案》。陈孔立因故未克出席，论文印发但未讨论。

会后闽台学者赴田野工作地点考察，美国学者张富美、魏捷兹、丁荷生（Kenneth Dean）同行。24 日上午，抵竹北市竹北乡的六家参观"林家祠""大夫第""问礼堂"，访新埔乡枋寮的"义民庙""义民冢""褒忠亭"，下午访北埔乡的"天水堂""金广福公馆"和新竹清华大学人文社会学院。

25 日上午，参观台中县大甲镇的"镇澜宫"、神冈乡"岸里大社"旧址和"万兴宫"。下午，经台中市到台中县雾峰乡，探访雾峰林家，赴南投县中兴新村，参观台湾省文献委员会特藏室的日据时代台湾总督府档案和专卖局档案。

26 日上午，考察南投县竹山镇社寮的"招富公祖庙"和"开漳圣王庙"。下午，考察台南县东山乡东河村的"大公界"、大内乡头社的"太上龙头忠义庙"，造访成功大学。

27日上午，与成功大学历史学系涂永清、黄典权、丁煌、何培夫诸教授座谈，并参观"延平郡王祠"、"安平古堡"和"亿载金城"。下午，启程返回台北。

10月下旬，庄英章来函，邀请厦门大学的10位学者于1993年5月赴台访问10天，出席第二次闽台社会文化比较研究工作研讨会。10月12日，厦门大学向国家教委港澳台办请示（厦大外港〔1992〕34号）。12月23日补充报告，拟选派杨国桢、邱松庆、郑振满、曾玲、吴绵吉、庄景辉、石奕龙、曾少聪、周翔鹤9位学者参加（厦大外港〔1992〕40号）。

1993年5月，第二次闽台社会文化比较研究工作研讨会在台湾宜兰县玉尊宫文化中心举行。玉尊宫位于宜兰县冬山乡草湖山麓，1983年在正殿前左右两侧建立文化中心苍龙、白虎两座三层楼，开放接待大型会议。李亦园院士曾于1985年在此主持举办过"民间宗教仪式之检讨"研讨会，与该宫管理委员会交谊颇深，在得知要举办第二次闽台文化研讨会的消息后，宫方表示愿意接待，因此决定在此召开。参加研讨会的美国学者有武雅士、严棉、魏捷兹、康豹（Paul R. Katz）；中国台湾学者李亦园、曹永和、庄英章、潘英海、余光弘、何国隆，厦门大学学者杨国桢、陈在正、邱松庆、郑振满、曾玲、周翔鹤、吴绵吉、庄景辉、曾少聪、石奕龙。提交的论文共18篇，如杨国桢的《明清福建土地契约租佃的民间俗例》，邱松庆的《福建客家婚俗及其特点初探》，郑振满的《仙游沿海的生态环境与人口变迁》，曾玲的《华安县马坑婚姻形态与家庭关系研究》，周翔鹤的《南靖县和溪、奎洋等地单姓区域形成的探讨》，吴绵吉的《福建几何印纹陶遗存与闽越族》，庄景辉的《陈埭丁氏回族汉化的研究》，曾少聪的《客家话与闽南话的接触——以平和县九峰客话为例》，石奕龙的《同安吕厝村的王爷信仰》，庄英章、武雅士的《台湾北部闽、客妇女地位与生育率——一个理论假设的建构》，严棉的"Historical Sound Changes as Criteria for the Classification of the Fujian Dialects"，康豹的《屏东县东港镇的建醮仪式》，李亦园的《章回小说〈平闽十八洞〉的民族学研究》，潘英海的《文化合成与合成文化——头社村太祖年度祭仪的文化意涵》。

5月20日下午4:20，与会学者从启德机场乘华航Cl608航班飞往台北，5:35抵桃园机场，潘英海、何国隆、余光弘等来接，至南港共进晚餐，入住中研院学术活动中心。21日下午赴民族学研究所，讨论活动安排，出席鸡尾酒会，在学术活动中心参加晚宴。22日上午，吴凤仪陪同参观台北"故宫博物院"。下午5时，坐270路公交车到仁爱路庄英章寓所赴宴。

5月27日上午9时，与会学者从台北南港中研院动身，乘车赴宜兰县冬山乡草湖山玉尊宫，12:30到达后入住宫前文化中心白虎楼。下午，闽台社会文化比较研究工作研讨会在苍龙楼三楼会议厅召开，28~29日，继续研讨。29日晚，下山在梅花湖上开综合讨论会。

30日上午8时离玉尊宫，经三清宫，参观宜兰市运动公园、宜兰市文化中心、戏剧馆、县史馆。

下午2时，厦门大学学者在潘英海陪同下乘中巴南下，沿途参观太鲁阁、花莲市，在"陶然亭"晚餐后继续夜行，至小港口村住宿。

31日上午7:30，学者从小港口村出发南下，经台东县前往屏东县恒春半岛的垦丁。6月1日上午从垦丁北上，经高雄到台南，参观安平古堡，在路边摊吃午餐后即行，下午7时抵达台北中研院。

1994年6月1~3日，第三次闽台社会文化比较研究工作研讨会在台北举行。提交的论文有25篇，如林汀水的《略论福建聚落分布的发展变化》，余光弘的《澎湖移民与清代班兵》，陈祥水的《屏南村的土地利用——农业变迁和适应策略》，严棉的《福建台湾地区闽南方言口语亲属称谓的比较研究》，郑萦的《移民与方言之演变》，庄孔韶的《近四十年"金翼"黄村的家族与人口》，庄景辉的《陈埭丁氏回族婚姻形态的历史考察》，庄英章、许书怡的《神、鬼与祖先的再思考——

以新竹六家朱罗伯公的崇拜为例》，陈志荣的《噶玛兰人的治病仪式与其变迁》，游谦的《宿命与非宿命——以宜兰地区神明收契子为例》，邓晓华的《闽客若干文化特征的比较研究——以同安西柯闽南社区和南靖塔下客家社区为例》，蒋炳钊的《试论客家的形成及其与畲族的关系》，潘英海的《"在地化"与"地方文化"——以"壶的信仰丛结"为例》，陈小冲的《宗族势力与明清闽南农村社会》，王铭铭的《历史、人情与互惠——闽南两村互助与福利的民间模式》，郭志超的《闽客民俗宗教的比较研究》，曾少聪的《闽西客话与闽南客话比较研究——以长汀客话和九峰客话为例》，钟幼兰的《台湾民间社会人群结合方式的构成与发展——以台中县神岗乡大社村为例》，梅慧玉的《"交陪境"与礼教——以台南市安平区的二次醮仪为例》，高怡萍的《民间宗教中兵马仪式的地区性差异——以金门与澎湖的镇符仪式为例》。我因在英国牛津大学的客座研究尚未完成，没有参加。

三次工作研讨会后，庄英章和潘英海教授将相关研究论文选编为《台湾与福建社会文化研究论文集》三册，分别于1994年、1995年、1996年由中研院民族学研究所出版。

四　华南农村社会文化田野调查研究

1994年以降，由于田野调查获台湾"蒋经国国际学术交流基金会"的经费支持，三方继续合作，开展为期两年的华南农村社会文化田野调查研究。合作的学术单位，台湾地区增加了新竹清华大学社会人类学研究所，大陆地区增加了广东中山大学人类学系，上海社会科学院社会学研究所、历史研究所，复旦大学社会学系、历史地理研究所、国际政治学系。田野调查点从福建省延伸到广东、江苏、浙江及上海等省市的农村，每个县（市）选择一个村或两个村为田野调查点，分别对60岁以上男女各50人进行问卷调查。研究的年代，从1949年以前的传统社会延伸到改革开放以来的当代社会；研究的主题也增加了当前农村社会的家庭企业经营与现代化适应、妇女工作、婚姻与宗族的变迁等。田野调查点及其负责人罗列如下。

福建省：
长汀县（河田镇蔡坊村）——杨国桢；
闽清县（云龙乡台鼎村）——陈在正；
宁化县（石壁村）——陈国强；
宁德市（金涵乡金涵村）——蒋炳钊；
建瓯县（川石镇厚山村）——陈支平；
连江县（埔口镇官岭村）——郑振满；
厦门市（杏林镇新垵村）——周翔鹤。
广东省：
潮州市（溪口管理区凤凰村）——周大鸣。
上海市：
松江县（田渡滨村、朱龙村）——上海社会科学院社会学研究所。
浙江省：
东阳县（古渊头村、洪塘村）——周振鹤；
丽水县（镇梁村、保定堰头村）——孙慧民；
平阳县（腾蛟镇联源村）——钱杭。
江苏省：
武进县（灵台村）——臧志军；
金坛县（城东乡小堰村）——？；
江阴县（青阳镇塘头桥村、华士镇华中村）——谢遐龄。

在田野调查期间，1994年11月，我和曾少聪陪同庄英章到长汀县调查点河田镇蔡坊村考察。事毕，我又陪庄英章从龙岩去潮州。那时从龙岩到潮州的公路长途班车只能从漳州中转，我们包了一部小汽车，抄近路从龙岩经永定县进入广东省大埔县前往潮州，可省三分之一的时间和里程。没想到大埔至潮州的公路正在拓宽改造，尘土飞扬，边走边停，到下午始达潮州，我们一身灰尘，连头发都被染白了。中山大学周大鸣接庄英章去凤凰村考察，我独自从潮州乘班车返回厦门。

这波田野调查结束后，召开了一次"华南农村社会文化研究工作研讨会"。其中较具代表性的论文16篇，收入庄英章主编的《华南农村社会文化研究论文集》，1998年3月由中研院民族学研究所出版。其中，厦门大学学者的论文有：杨国桢的《华南农村的"一田二主"：闽西汀州与台湾的比较》，陈在正的《闽清云龙乡徐黄宗族的发展及向海外移民》，蒋炳钊的《畲、汉文化互动与融合：福建漳浦赤岭和宁德金涵的例子》，陈支平的《闽北建瓯厚山村的三圣公王庙》，周翔鹤的《理性或非理性：关于传统闽南妇女生育行为和生育率的一些观察和分析》，邓晓华的《论闽客族群的方言文化研究中的几个问题》，曾少聪的《从民间习惯法看村民的生活方式：一个闽西客家村落的例子》。

从1990年开始，田野调查结束后，福建各田野调查所获得的问卷一律送到台北，利用最新的电脑技术进行数据生成和分析。我们在1996年才收到处理好的各种数据，并要求福建各田野调查点编写研究报告，但由于种种原因，除了少数人写出田野调查报告，呈送三方负责人以外，大多数没有编写完成和提交，以致出版丛书的计划落空。

五 闽台社会文化比较研究的历史站位

刘永华写过一篇《历史学家的人类学与人类学家的历史学》，指出："不同的学科、同一学科内的不同学术传统，对历史人类学有着不尽相同的理解，形成了各自的学术特色。中国历史人类学发展的契机，除了借鉴西方相关研究的成果之外,更在于从本土学术传统中,探索出自身的路子。"

现在回想起来,我们参与闽台社会文化研究合作项目的实践,从学术史的角度看是厦门大学人文学术传统的延伸。

近百年前,厦门大学建校之初,即在师范部下设立文科。1921年11月,师范部改为教育学部,文科升格为文学部。1922年秋,以黄开宗为文学部主任。1923年春,改各部为科,文学部复称文科,文科分为三门:(1)语言文学门;(2)社会科学门;(3)哲理数学门。第一门设国文系、英文系、语言系、日文系、法文系、德文系、音乐学系、美术学系;第二门设历史学系、法政学系、经济学系、社会学系;第三门设哲学系、心理学系、数学学系。1924年6月,教育科、商科、新闻科改称学系,归并文科。1925年科系调整,文科共设国文系、外国语言文学系、哲学系、历史社会学系、政治学系、教育学系、商学系。1926年秋科系调整,文科仅辖国学、外国语言文学、哲学、历史社会学四系,增办国学研究院。黄开宗调任法科主任,以林语堂为文科主任兼国学研究院秘书,徐声金为历史社会学系主任。1927年春,林语堂等辞职,国学研究院停办,以副校长张颐兼任文科主任。1929年秋,张颐离职,徐声金为文科主任,兼历史社会学系主任。1930年春,文科改为文学院,以徐声金为院长。历史社会学系分为两系,以薛永黍为历史系主任,徐声金院长兼社会学系主任。1934年春,历史、社会两系合并,徐声金院长兼历史社会学系主任。1936年,李相勖为文学院院长,徐声金仍为历史社会学系主任。

历史社会学系自创立以来,注重历史学与社会学协调发展,关注公私历史文献和文物、语言、风俗习惯的社会调查。国学研究院内成立"风俗调查会",发起征集福建省家谱和民族资料,搜罗风俗物品,调查记录各地古迹古物:福建省民族迁移及土地开拓的传说、史迹;海神、土地神及洛阳桥等的传说;朱子、郑成功、郑和及倭寇的传说、遗迹与记载；歌谣、谜语、绕口令、歇后语；儿童故事及游戏；福建省富有地方性的戏剧及其剧本；等等。主要学术成果有林语堂的《平闽十八洞所载古迹》，张星烺的《泉州访古记》，顾颉刚的《泉州的土地神》《天后》，陈万里的《泉州第一次游记》。先辈们开启的重民间文献、重社会调查的学术风气，为厦门大学文科百年的发展指明了方向，树立了标杆。

为厦门大学人文学术传统扎根和传承做出杰出贡献的优秀代表，是本校培养的毕业生林惠祥于叶国庆、傅衣凌。林惠祥、叶国庆都出生于1901年，是厦门大学第一届学生。林惠祥于1926年6月毕业于文科历史社会学系，后到菲律宾大学攻读人类学硕士学位。1928年学成回国后，受聘为中研院民族学组助理研究员、研究员。1930年回母校厦门大学任文学院社会学系副教授，1934年任历史社会学系副教授。1936年任文学院文化陈列所主任、人类学教授。1937年代理历史社会学系主任。7月抗战军兴，流亡南洋。1947年秋重返母校，任文学院历史系教授。叶国庆，1926年6月于厦门大学文科教育学系毕业后，留校预科任国文教员。1930年9月考入燕京大学研究院历史部，师从顾颉刚、许地山攻读历史学硕士学位。1932年9月毕业后返回厦门大学，任预科和附设高级中学国文教员，文学院历史社会学系中国历史讲师。1937年底至1945年，随厦门大学内迁长汀办学，1940年10月起任文学院历史系副教授，1945年代理历史系主任。日本投降后复员回厦门办学，1946年起任文学院历史系教授，1948年起再次代理历史系主任。傅衣凌，1911年生。1930年春入厦门大学文学院，为特别生，9月进中国文学系为一年级正式生。1931年9月，由中国文学系转为历史学系二年级学生，1934年1月毕业于厦门大学文学院史学系，1935年东渡日本，留学法政大学研究院。1937年6月回国后，先后任职福建省银行经济研究室、协和大学、福建省研究院社会科学研究所，以倡导中国社会经济史研究名世。1949年11月至1950年7月，厦门大学由军代表领导，叶国庆任文学院历史系代主任。1950年7月，王亚南接掌厦门大学，结束军管，院系调整，文学院与法学院合并为文法学院，林惠祥任文法学院历史系主任。1950年8月，傅衣凌返回母校，任文法学院历史系教授。1952年9月到1966年，傅衣凌任历史系主任。1954年从二年级起设置中国经济史专门化，1962年增设考古民族学专门化。

林惠祥、叶国庆、傅衣凌三位先生，在学问上不拘泥于学科本位，讲求历史学、人类学、民族学、社会学、考古学、民俗学等不同学科的会通，并在具体研究中做出了突出的表率。林惠祥先后出版《世界人种志》《民俗学》《神话论》《文化人类学》《中国民族史》等著作，其研究跨越人类学、民族学、民俗学、民族史、考古学等多门学科。叶国庆承传林语堂、顾颉刚的学术理路，关注地方社会文化，调查漳州民俗，1935年发表《平闽十八洞研究》。傅衣凌本科接受历史学科班训练，研究生期间在日本接受社会学训练，回国后以社会经济史为主攻对象，先后出版《福建省农村经济参考资料汇编》《福建佃农经济史丛考》《明代江南市民经济初探》《明清商人及商业资本》《明清农村社会经济》《明清社会经济史论文集》等著作。他的研究注重以民间文献证史，以社会调查所得资料证史。三位先生在主政历史学系期间，以个人的学术魅力引领学科发展的新方向。参与闽台社会文化研究合作项目的厦门大学成员，都是他们的学生，因此也理所当然地担负起学脉传承的角色。

其次，我们参与闽台社会文化研究合作项目的实践，是改革开放新时代的产物。拨乱反正之后，厦门大学成立历史研究所、台湾研究所、人类学研究所，在继承传统的基础上提供了学术创新的新平台。1981年，中国古代史和专门史（中国经济史）成为中国首批博士学位授权点。1988年，专门史（中国经济史）被评为全国首批重点学科。在傅衣凌等老一辈学者的引领下，厦门大学历史系明清史学者的研究，继承、发展了开展田野调查、搜集民间文献的学术传统，强调打通经济生活与社会生活，注重普通民众的社会经济生活在历史进程中发挥的重要作用，出版了《明清福建经济与乡村社会》《明清土地契约文书研究》等论著，成为中国史学界风格较为鲜明的学术群体。凑巧的是，自60年代后期起，台湾人类学从较为偏重边疆民族研究转而开始倡导汉人社会研究，并针对汉人社会长期使用文字、历史文献较为丰富的特点，注重在开展田野调查的同时，搜集、解读历史文献，形成了过程重构与结构分析兼顾、历史与现实并重的学术风格，与厦门大学历史系的学术传统颇有若干契合之处。这就使中国传统农村社会文化研究的国际合作、海峡两岸合作变为现实，达到前辈未曾企及的高度，既有学术实力的支撑，也有学术共识的基础。我们有幸躬逢这个伟大的时代，参加这项研究，为中国特色的社会经济史学与人类学的学科建设，学术知识体系、理论和方法的探索，优秀青年人才的培养，贡献心力，提供了新的方向和新鲜经验。

承上启下，这就是我们的历史站位。如今三十多年过去，一代新人换旧人。越过时光，讲述这段故事，致敬当年参加这个项目的中外学者，致敬已经作古的武雅士、李亦园、蒋炳钊、潘英海、郭志超先生，追寻当年的行迹，探问他们的智慧，得到启发，受到鼓舞，还是很有必要的。

《南海盐道》序[*]

刘志伟[**]

在万千世界中，如果要找一种能将中国历史贯穿起来的物，也许非盐莫属。盐，不仅维持人的生命必不可缺，绾结着人与自然延亘不绝的联系，也由此成为人群团结、权力缔构的一种触媒。《管子·轻重篇》中有一段齐桓公与管子的对话：[①]

> 桓公问于管子曰：吾欲借于台雉，何如？
>
> 管子对曰：此毁成也。
>
> 吾欲借于树木？
>
> 管子对曰：此伐生也。
>
> 吾欲借于六畜？
>
> 管子对曰：此杀生也。
>
> 吾欲借于人，何如？
>
> 管子对曰：此隐情也。
>
> 桓公曰：然则吾何以为国？
>
> 管子对曰：唯官山海为可耳。

---

[*] 段雪玉《南海盐道：16至19世纪广东食盐生产空间变迁与流通机制》将由生活·读书·新知三联书店于2021年出版。

[**] 刘志伟，中山大学历史人类学研究中心主任、历史系教授。

[①] 《管子》卷22《轻重五·海王》，房玄龄注，四部丛刊景宋本。

桓公曰：何谓官山海？

管子对曰：海王之国，谨正盐策。

桓公曰：何谓正盐策？

管子对曰：十口之家十人食盐，百口之家百人食盐。终月，大男食盐五升少半，大女食盐三升少半，吾子食盐二升少半。此其大历也。盐百升而釜。今盐之重升加分强，釜五十也。升加一强，釜百也。升加二强，釜二百也。钟二千，十钟二万，百钟二十万，千钟二百万。万乘之国，人数开口千万也。禺策之，商日二百万，十日二千万，一月六千万。万乘之正九百万也。月人三十钱之籍，为钱三千万。今吾非籍之诸君吾子，而有二国之籍者六千万。使君施令曰：吾将籍于诸君吾子，则必嚣号。今夫给之盐策，则百倍归于上，人无以避此者，数也。

…………

桓公曰：然则国无山海，不王乎？

管子曰：因人之山海，假之名有海之国雠盐于吾国，釜十五，吾受而官出之以百。我未与其本事也，受人之事，以重相推。此人用之数也。

在通行的《管子·轻重篇》版本中，这段对话中的文字有通假，有误植，阅读起来有点费劲，其表达的意思大略是：一个国家的财政资源，必须依赖产于海洋的盐（其次是产自山中的铁，此暂不涉论），从盐的生产流通与消费中获得税利，是立国之根本。即使有国无山海，亦可从负海之国贩入他国所产的盐，获取财利以维持国家。

人们习惯了"以农立国"的观念，也许会质疑这种说法是否夸大其词。其实，在中国历史上，盐的确一直是王朝国家最重要的财政资源之一。中国历代王朝国家的财政资源中，通过盐的生产和流通获取的利益，一直都占有很大的分量。稍稍回望一下历史，汉武帝时期，桑弘羊主持建立起来的盐铁禁榷在支撑汉王朝强大国力上的重要性，历来为大家所熟知。到唐朝，食盐禁榷收入虽然相对不如汉代重要，但在唐中期出现财政困难的时候，经刘晏财政改革，也曾达到"天下之赋，盐利居半，宫闱服御军饷百官禄俸皆仰给焉"的程度（《新唐书·食货志》）。宋朝人则有"国之利源，盐策为重"的说法。① 史载，宋朝"国计军需，多仰盐课"。② 盐的课利收入，在宋朝仅次于两税，在朝廷和地方的财政收入中，所占比重最高时接近一半。③ 到明代，亦有"天下之财赋尽出于东南，而盐利尤为裕民之厚资"的说法。④ 至清朝，盐在国家岁入中的比重，虽然远少于地丁，但也是仅次于地丁的项目；而且，清代盐商是社会上经济实力最强的群体，盐也是市场上交易量最大、获利最高的商品。若加上主要来自盐商的捐纳、报效，以及后来的盐斤加价和盐厘，盐业毫无疑问是清朝国家财政的一大支柱。⑤ 不过，食盐在中国王朝时期历史中的特殊角色，不仅因为它一直是支撑历代王朝国家运转的主要资源，还由于盐是一种能够把民众与朝廷、经济与政治、市场与贡赋、物质与文化、地域社会与国家体系等方方面面，在时间和空间上贯穿起来的最特殊的物。细细品味上文所引齐桓公与管子的对话，可以引曳出盐在历史中的特殊角色的多层意义。

第一，盐是人类生活不可须臾或缺的；第二，虽然每个人的食盐消费额很少，但全体国民的消费量巨大；第三，盐取自天然，但须通过人力才得以生成并获取，决定了其生产流通成本低又易于为权力所控制；第四，由于个体消费量少，高于成本很多的价格能够为消费者所承受，于是，国家可以通过控制盐的生产流通与消费获取巨额利益，而不至于

---

① （宋）佚名：《宋季三朝政要》卷2，《守山阁丛书》本，第7页。
② （元）佚名：《宋史全文》卷33，文渊阁《四库全书》本，第10页。
③ 参见郭正忠《宋代盐业经济史》，人民出版社，1990，第695~701页。
④ （明）王朝用：《应诏陈言疏》，（明）陈子龙辑《明经世文编》卷235，中华书局，1962，第2465页。
⑤ 参见陈锋《清代财政收入政策与收入结构的变动》，《人文论丛》2001年卷。

遇到有力的抵制；第五，国家控制食盐的生产和流通，是确立并行使其统治权力的一种有效途径，盐成为国家权力存在与运用的象征；第六，盐生产的专门化和消费的普遍性，决定了其作为一种最原始交换物，成为人类社会交换经济和市场流通发生的自然起点；第七，在盐来自海洋的情况下，作为一种出自海洋的产物，可以成为海洋在国家建构中发挥重要作用的代表物质；第八，盐由此也就成为在历史进程中把海洋与陆地联系起来的一种主要介质。概而论之，在历史上，盐具有超出其自然物性质的社会属性和文化意义。从特定的意义上说，在人类历史进程中，无论是人的生存的维持、交换经济的发生，还是国家权力体系和社会空间格局的形成，盐自始至终都是最有力量的一种物。

了解盐在人类社会历史中这种特有的角色和意义后，再来看段雪玉经多年努力写成的这部以两广盐区食盐生产和流通为题材的专论，就不只是一部盐的经济史，更是一部怀着整体史野心的地域社会史和政治史。

自秦始皇征岭南、汉武帝平南越以后，广东并非一直都在中华王朝体系的疆域内，但是王朝国家在这个区域长期处在一种双重的状态中。一方面，广州作为王朝国家获取南海资源的主要入口，一直是国家直接管辖的中心都会之一，王朝国家直接在这里设置区域行政中心，并在其辖区的一些重要交通节点设置直接行使国家权力的地方官署，实行直接管治；另一方面，城邑之外的山原四野，在相当长的时期都仍然是"化外蛮荒"之区，在明朝之前，相当多的地方和人群并未进入王朝体系之中。2000多年来，这个区域在国家秩序形成和文化整合方面，经历了一个缓慢的进程。这个过程最基础性的建置，当然是设官建治，聚民编户，但在远离城邑的广大地区，仍然有大量的人口没有进入国家编户体制。在这种状态下，王朝国家为控制和获取资源设置的盐场，成为该地社会早期进入国家体系的一种主要途径。打开《中国历史地图集》中宋代的广东地图，赫然入目的，就是沿海的一系列盐场。在宋代，这些盐场连同分布在山区的多处矿场，都是王朝国家为了获取山海资源而设立的官营机构，其数量和密度，甚至超过了州县治所。这些盐场的设置，不仅是在沿海地方建立国家权力据点，更重要的是，盐场生产需要的大量人力资源，主要来自本地的流动人口。与我们已经知道的这个地区的水上人被编入卫所军户一样，流动人口被编入灶户，在盐场定居下来，成为王朝的编户，这是将当地纳入国家体系的主要途径之一。后世在沿海地区所见的很多乡村或宗族中，留下了很多把祖先定居的传说追溯到盐场的记忆，不管这些记忆是传说还是信史，都是这个历史过程留下的一道深痕。近年来，很多关于沿海区域社会的研究，视线大多落在了卫所军户上，同时，盐场灶户也逐渐进入研究者的视域，显示出历史学正在悄然发生的一个转变——研究者研究国家在地域社会的扩张过程，由以往主要从王朝设官建治着眼，延伸转移到更多重视卫所盐场的设置。这个转变的意义，不仅揭示了国家建置的多元化途径，而且研究者把目光更多投向进入卫所盐场体系的当地人群，开辟了从人们的生计与社会组织出发去解释国家历史的新路径。该书书名中所说的"生产空间"，实际上也就是这个区域的人群进入王朝国家的历史空间。在这个问题上，书中已经展现了很多精彩生动的事实，就不用我多言了。

与此相联系的是，关注依傍海洋形成的盐的生产空间，还打开了研究国家与地域社会历史的海洋视角。近几十年来，历史学者对中国历史上海洋活动的研究越来越广泛、深入，中国历史上曾经有一个非常热闹的海洋舞台这一点，已经不会有什么疑问。但是，在整体的历史解释上，海洋活动仍主要局限在一个陆地国家与外部的关系上。人们所重视的主要是在海上和海外活跃的人群的商业或移民活动，对于沿海地域社会整合过程中的海洋因素和机制，缺乏足够的敏感和细致的研究。前引管子与齐桓公的对话，虽然强调国之为国，端赖山海，故有海王之国之说，体现出海洋在王朝时期国家历史中的地位，然而，在以王朝兴衰更替为中心的历史框架中，海洋只是从国家资源的角度进入历史解释中，惯常受到关注和重视的，集中在海洋出产，包括渔盐和海外香药珍奇上面。

随着当代史学的历史出发点从国家转向人，中国漫长海岸线连接的海域、岛屿与沿海地域在历史中的角色，就不应只是局限于国家资源的供应地一种，千千万万依凭海洋为生的人群，他们的生存方式和生计所系的海洋活动，也是缔造历史的力量。当我们朝着这个方向努力探索的时候，在方法上既可以承接原有路径的惯性而又能转移方向开拓新视野，最直接的路径，也许就是从国家设立的盐场中寻找人的历史活动。我们可以通过盐场的历史，追寻这些本以讨海为生的人群在地域社会与国家秩序的建构中的角色，并由此海洋视角形成对地域社会整合历史的新解释。我很多年前在粤东沿海一个岛上做过浅尝辄止的田野调查，考察了一个从清代的盐场演变而成的由十多个村落组成的海岛社会，当时就强烈感受到了这些乡村保存的海洋性格。① 我在段雪玉书中看到她利用在各地搜集到的历史资料做出的细致分析，把我当年田野调查中的感觉推进到学术认识的层面，更深信这是地域社会研究中一个值得用力的方向。

国家在沿海设置盐场，将海洋资源和以讨海为生的人群拉入王朝体系，是在陆地上建立的国家把海洋世界吸纳进来的一个时间上和逻辑上的起点。过去的历史认识，一般趋向于从这个起点出发，切断海洋与陆地社会的联系，海洋成为王朝国家的异己力量。随着学界对明清以后沿海地域社会的研究越来越深入，当海洋被拉入我们的历史视野，特别是在地域社会的历史中时，海洋就不会只是国家意志中的异己力量，其影响会延展到内陆社会，成为影响地域社会整合的一种机制。而盐的流通就是其中一种，这是一个由物的流动驱动的社会与文化过程，并以在特定的社会文化结构中的人的行动来实现。这种物的流动，由于其消费的

---

① 参见刘志伟《大洲岛的神庙与社区关系》，郑振满、陈春声主编《民间信仰与社会空间》，福建人民出版社，2003，第415~437页。

普遍性和来源的单一性，首先引发的就是在不同地理空间和人群之间的交换，市场流通由此发生，而国家权力介入和行政运作控制形成的财政资源流动网络，与市场流通机制相互嵌入，形成了贡赋体制下的市场和在市场流通中实现的贡赋获取和输送配置。这是一种在王朝贡赋体制下的市场流通，把海洋与内陆社会的地理空间和国家的地方行政体系联系起来。在这个意义上，没有什么物能像盐的流动那样，直接而且全面地牵连着人与自然、海洋与陆地、地方社会与王朝国家、市场体系与贡赋体制的关系。可以说，食盐的流通编织出王朝体制下地域社会网络的动态过程与静止结构，一个地区的食盐流通格局及其运转，呈现出这个地区的市场格局与权力关系的历史图像。段雪玉在书中详细讨论了两广盐区广东与北海两个盐课提举司的格局，以及后面省河体系与潮桥体系的形成及其动态变化。这个由食盐流通网络构成的区域历史，同以国家行政区域建置为基础展开的地方历史之间，存在一种空间的错位与内在动力的互相补充和牵制，形成相互交叠的图层并由此合成为更加厚实的历史结构。

  饶有趣味的是，我在这里抽象地阐述的话题，在段雪玉的书中，是通过很多具体的人的活动来展开的历史。我们看到在食盐流通这样一个舞台上的种种角色，有多重的性格和身份。首先最天然的属性，就是有一批寻求收益最大化的理性商人，他们从事食盐运输和买卖，为高额的市场差价所吸引。因此，我们第一个可确认的事实，就是这些人的行为，制造了一个由沿海盐场向内陆伸展的市场，划出了一个由供求关系和运输交通线路形成的流通网络。但是，我们不可能视而不见的，是他们逃脱不了的国家体制。所有的市场活动，都一定是在这个体制之下进行，甚至私盐贸易，实质上也是以另一种方式在同一个结构下进行。在这个体制中的地方官员及其随从，不仅要利用这个市场获取利益，实现政府的运作，而且更多的是直接插足市场流通。于是，权力的交换和利益的分配机制，一定会凌驾在市场机制之上，食盐流通一定是在贡赋体制的主导下运作。在这个体制架构下，产生了基于国家管控机制的有不同特权或专营范围的商人。这些商人如何在官府的管控下获得资格和机会，如何在国家体制下经营生意，如何利用和应付非市场的力量，如何同种种政治与社会势力（包括海上的军事集团）互相利用及博弈，又如何促成国家体制的改变，这些在该书中都有生动的叙述。通过这些叙述，我们能够真切地体察和认识这个历史舞台上的人，他们的活动，他们的文化性格和价值，他们做出选择的方式，他们受制于其中的社会结构与政治资源。该书考察的"生产空间"和"流通机制"，呈现的不只是一个行业的历史，而且是一部盐卤泡出来的活的地域社会历史。

以上所谈，是我阅读该书时的一些感受。写下来的想法一定是枯燥无味的，相信读者一定宁愿到书中去阅读生动的事实。我还是少说一些为佳！

2020 年 3 月 16 日

从田野出发的中国研究

——丁荷生教授访谈录

丁荷生　余　康　刘永华　王思思*

访谈说明

2020年上半年，因新冠肺炎疫情肆虐，原定对丁荷生（Kenneth Dean）教授（正文简称"丁"）的访谈改用线上方式进行，访谈者为刘永华（简称"刘"）与余康（简称"余"），记录人是王思思。访谈于4月28日、6月26日分两次以汉语进行，录音稿由余康、王思思共同整理。本文由余康、王思思校读，刘永华补充，丁荷生教授核定。

丁荷生，新加坡国立大学（National University of Singapore）莱佛士人文学科讲座教授（Raffles Professor of Humanities）、中文系（Chinese Studies Department）系主任，亚洲研究中心宗教与全球化研究组主任（Research Cluster Leader for Religion and Globalization Asia Research），加拿大麦吉尔大学（McGill University）荣誉教授。曾任麦吉尔大学东亚系（Department of East Asian Studies）詹姆斯·麦吉尔讲席教授（James McGill Professor）、东亚系主任。丁教授长期致力于民间信仰、仪式网

---

* 丁荷生，新加坡国立大学莱佛士人文学科讲座教授；余康，新加坡国立大学中文系博士研究生；刘永华，复旦大学历史学系教授；王思思，新加坡国立大学中文系博士研究生。

络及区域社会史研究，主要著作有《第一个与最后一个皇帝》（*First and Last Emperors*，与 Brian Massumi 合著）、《中国东南的道教科仪与民间信仰》（*Taoist Ritual and Popular Cults of Southeast China*）、《三一教主》（*Lord of the Three in One*）、《莆田平原的仪式联盟》（*Ritual Alliances of the Putian Plain*，与郑振满合著），编著有《福建宗教碑铭汇编》（与郑振满合编）、《新加坡华文铭刻汇编》（与许源泰合编），导演纪录片《天堂无聊》（*Bored in Heaven*）。

一 从田野开始：走出文献的道教研究

1. 从文学到道教研究

余：您的博士学位论文中提到您在斯坦福大学念书时，刚开始对中国古代文学很感兴趣，对道教的关注也与中古时代的道教诗歌有关。您为何后来放弃文学转而关注道教呢？

丁：文学可能是早年的兴趣，我在中学和大学都是看中国文学，诸如诗词之类，尤其喜欢道教文学。我的导师刘若愚（James Liu）先生的兴趣是比较文学。他从 Phenomenology of Art（艺术现象学）入手，用一个较为复杂的比较文学架构来讨论古代诗词。当时他的对手是薛爱华（Edward Schafer），两人经常进行辩论。刘先生有一篇文章叫"Polarity of Aims and Methods: Naturalization or Barbarization?"，[①]他认为 Schafer 的研究带有传统汉学那种喜爱中国古怪现象的偏好。把中国的东西变得越古怪越好，这是当时汉学的一种倾向。因此，他致力于通过比较文学的方式，来说明中国诗词的特色与境界及其产生的跟阅读的关系。这些问题，他谈得比较深刻。后来司马虚（Michel Strickmann）一来 U. C. Berkeley（加州大学伯克利分校），我们都感到很刺激。之前的道教文学、道教研究

---

① *Yearbook of Comparative and General Literature*, 24 (1975), pp. 60–68.

大部分是 Schafer 一类的作品，从文学本身找出一些奇特的现象。Strickmann 带来法国道教学的学术传统，他跟这些研究对话，剖析给我们听，这令我们非常惊佩！他上课很好玩，上半堂是看道教文献，一个字一个字地研读、讨论；下半堂他就开始评论其他人的研究，批判整个学术界，特别是汉学界，很有启发。他提出很多新思路，让我们意识到美国社会学式的中国研究有多狭隘。施舟人（Kristofer Marinus Schipper）则跟他又不一样，是很特别的老师。当时我去法国，中国台湾的邱坤良先生也在那里读博，他研究的是台湾的地祇戏，我就跟他一起在 Schipper 家里上课。

余：当时您在斯坦福大学跟刘若愚先生念文学，而 Strickmann 先生去的是伯克利，您是两边上课吗？

丁：因为这两所学校都在旧金山，我们既可以住伯克利，也可以开车去斯坦福。车程是一个半小时。一开始是两边来回跑，后来我基本上都住在伯克利，较少去斯坦福。因为我觉得那边的课比较有趣。Strickmann 给我们的刺激确实很大。

刘：Strickmann 哪些东西看起来比较新？

丁：当时他关于茅山上清派的文章刚刚出来，正在收集敦煌文书的图像，找出它们跟咒语、印章的联系。这些他后来都一章章地写了出来。我认为他是我碰到的能在《道藏》里"游泳"的人，阅读能力比一般学者强很多，非常了不起！当时我们听到的所有内容都非常新鲜，是他新发现的。他把自己正在阅读的东西带到课堂上，比如前面提到的咒语，佛经与道经中均有，可以对比。通过这种方式，他把学术创新的氛围带进了课堂。我们都积极参与他的研究，帮他查找敦煌资料，找那些符咒。还有一些有趣的小文章，如讲一个人在镜子里能看到自己会变成什么东西，观音章放在头上可以直接涅槃。这类细微、杂乱的资料都被带到课堂，他能一下子将它们跟其他资料联系起来。他个人的图书馆里面什么都有，与民俗学、人类学相关的书相当多。他对日本这方面的研究也非常熟悉。他讲话时每十分钟好像就会变成另一个人，语序、发音都会变，会从英式英语变成美国南方英语，不断地变来变去，然后讲无数的故事，非常有趣！应该说当时道教研究在北美还没有真正开始。他课上的学生 Stephen Bokenkamp（柏夷）、Terry Kleeman（祁泰履）、Edward Davis（戴安德）、Peter Nickerson（倪辅乾）等后来都成了有影响力的道教学研究者。他也一直建议我去巴黎跟 Schipper 学。

余： 讲到这里，您能否介绍一下北美道教学现状？

丁： 前面提到 Strickmann 课上的这几位学生，有一个共同的特点，那就是重视经典的阅读，同时也主张把经典放在一个具体情境中去分析。因此，他们的研究基本集中在天师道及后来的天心正法这些派别上。此外，还有一批学者有欧洲的背景，诸如 Livia Kohn（柯恩）、Vincent Goossaert（高万桑），他们开始做全真教的研究。这些研究贡献很大，如新加坡国立大学历史系王锦萍的研究就在相当程度上利用了他们的成果。Strickmann 的这几位学生，现在还在进行相关研究，如 Kleeman 有一本关于早期天师道的书刚出来，① Bokenkamp 还想翻译《真诰》全书。他们的研究都很不错，只是很少涉及当代道教。

余： 可以看出 Strickmann 对美国道教研究影响非常大。

丁： 是的。但问题是，道教研究没有达到像佛教研究那样的发达程度，那些最高层次的大学并没有道教研究的专家，有点可惜。可能最靠近的是 Michael Puett（普鸣），他开始对道教研究有兴趣，但基本上是为了与早期中国的仪式理论做比较。他认为道教是救济众生的团体，这一类团体以诚心的信仰为主，而原来的《礼记》那一套实用性很强，就是为了避免一些邪气，诸如祖先变成鬼这一类问题。但是他的阅读有一个很明显的缺点，就是把仪式变得非常抽象，没有考虑到仪式实际的多元性，没有注意到仪式在当代道教活动中的多种可能性。在这一方面

---

① Terry Kleeman, *Celestial Matters: History and Ritual in Early Daoist Communities*, Brill, 2016.

还有工作要做。接下来，我们依然要思考的是，怎么把道教的研究和人类学的研究融合，突破各自领域的局限。

余：您觉得他们还没有完全走出文本，对道教文献和当代道教做一些贯通性思考，Strickmann 留下来的重视文献解读的传统仍然在延续？

丁：是。他们的成果对当代的道教研究很有启发，但是没有做田野调查，没有办法解决一些根本的问题。

余：那老师您的研究会不会被他们视为异类？您的主要兴趣还是在当代，和他们的做法很不一样。

丁：因为有机会在中国做田野调查，就可以碰到很多新领域，发现很多新问题。像在莆田这种有多种复杂宗教活动的区域，我们可以看到很多不同仪式架构并存。这种思考就把仪式理论变得更加复杂。我希望可以将人类学对普通人的兴趣和对道教仪式专家本身的研究兴趣融合起来。我有好几篇文章，都是在尝试能不能总结出一条新路，把这些研究连接起来。所以，我提出一些概念，也做过一些个案研究，然后又扩展思考的范围，扩大到这些跨国网络、仪式革命等问题。这些可能都是从田野开始的。因为田野中它们都在，只是要考虑怎么先把这些分开讨论，然后再合并起来，这还是蛮困难的一条路。

余：在讨论田野前，我们先聊聊文献。在去法国之前，您接触过《道藏》吗？

丁：读过一些很基本的东西，如老庄，还有一点点《列仙传》，这些跟文学比较接近。另外，葛洪的《抱朴子》接触过一点。但没有系统地学习、了解《道藏》。它怎么变成一个体系？如何发展、演变？不同派别的文献各自的特征在哪里？这些都是当年 Schipper 团队做《道藏手册》（即《道藏通考》——整理者注）要解决的问题。这个团队大概有三四十人，我去法国的时候已是大团队工作的最后一年（1983～1984），他们正在做一些补充。其实，后来 Schipper 还用了十多年补充别人做不了的内容，及剩下来两三百本书的提要，因为别人不做了。那时他们差不多已做了十多年，内部已经出现了很多矛盾。前面的工作已经够复杂，三四十个人写的提要，他还需要进行整合。虽然那个手册还是有很多不足，但贡献已经很大了。因为关于《道藏》的一些基本问题，诸如组织方式、不同类别、不同派别、内部流通和外部流通等，相应的看法都建立起来了，都有证据佐证，而且都说得过去。当我们看到Strickmann 和 Schipper 等提出很多新的研究方法、新的研究问题时，就觉得道教学可以做，可以真正变成一个学术性领域。

余：1983～1984 年，也就是您在巴黎的时候，有没有看《道藏》以外的文献？

丁：我们基本都是看《道藏》文献。但跟邱坤良上课时，主要是谈那些庙宇中仪式的分配、安排，还有剧团、戏神的问题，如仪式的时间安排，什么时候唱戏的要上台，什么时候下去以便道士登台进表，等等，这些比较复杂的关系，他们都讨论得很仔细。他的论文后来主要是讲这些东西，以及整个仪式结构与剧团、道团怎么利用空间。这也给我很多启发。不过，跟 Schipper 看的还是《历代崇道记》那一类的东西。他叫我翻译《历代崇道记》。然而他没告诉我的是，他已经叫傅飞岚（Franciscus Verellen）也翻译了这个文本，并把它放在他的书里，后来出版了。他比较喜欢把两个学生拿来对比，做一些竞赛，那是他的教育方法之一。这类竞争的关系一直到现在还存在。Franciscus 很厉害，他有一本书写唐朝日常生活中的道教写得相当好！[①] 他将中国道教与欧洲日常生活中的宗教做了很多很深刻的比较，真的是有比较研究的味道。

Schipper 就是那样子上课，他几乎每个星期都带我到他的研究中心，去看他们做《道藏手册》的准备工作，翻译或者对比，非常详细。

---

① Franciscus Verellen, *Imperiled Destinies: The Daoist Quest for Deliverance in Medieval China*, Brill, 2019.

那个时候电脑技术还不太发达，主要靠手写，记录哪些人名、哪些神出现在哪些书中，然后进行比对，看产生时间的先后，是相当复杂的工作。那时，我也看到了法国学术界的一些特别镜头。比如在研究中心，我们排队跟在导师后面，跟鸭子排队走路一样。敦煌学的学生跟苏远鸣（Michel Soymié）走过去，我们看见都要停下来，让这批"鸭子"先过去。根据老师的年龄和名气排队，都排得很清楚，非常有等级制度的味道。当时，他的敦煌学目录正在编写，Schipper在编《道藏手册》，两个队伍在同一个楼，但是他们都不让成员互相讲话，好像都要分开，非常法国化。

2. 闽台田野调查

余：回到田野的讨论，您曾提到您在施教授的推荐下，去台南跟随陈荣盛道长学习当代道教的文本与仪式。您去田野前有培训吗？能跟我们介绍一下那次田野调查的情况吗？

丁：我的培训很实在，没有方法论，是直接被"扔"到道士当中。在台南的时候，Schipper跟陈荣盛说好，要他带我到各个庙去看，所以陈荣盛一有道教仪式就带我去。我去了不到一个月，就参加了一场罗天大醮，整整49天，住在庙里。在这49天，他把他能做的各种醮，如罗醮、瘟醮，还有各种功德都统统做了出来。我一下子就看到了他的整套东西，它们都在这49天一个连着一个被做下去。功德的加入是为凑足49天，因为他们没有办法按照《道藏》中的罗天大醮来做。虽然里面讲了3600个神像放在哪里，但还是不够做49天。我一方面是跟他和道士们跑，另一方面在晚上和我夫人找到Schipper认识的南声社。南声社是唱南音的，蔡小月是主要的唱手。他们都是在保生大帝庙活动，每天晚上都唱，先让那些业余的人唱，然后到晚上很迟那些真正专业的人才出来唱，所以整个晚上都可以听南管。从南管这个圈子也可以看到很多闽南文化中比较有特色的地方，包括它的整个组织，背后出钱的人，仪式活动怎么进行，他们和其他庙的关系。

我当年住在一个叫作"中国城"的大厦,就在中正街的街头,台南唯一的高楼。晚上,从那边可以看到什么地方在放鞭炮。台南大概有300多座庙,每天晚上至少有两三个地方都在放鞭炮。我有空就开车到那边去看,看哪些地方在做仪式。后来我就慢慢搞清楚了陈荣盛的活动和他的联络网,跟哪些庙活动,也弄明白了其他道士跟哪些庙活动。我们也看到了南声社的音乐网络,同时开始慢慢接触早期的碑文。最重要的是城隍庙。台南有过一个比较特殊的时代,在一个地方官的组织下,曾编过一套碑文,并把所有大庙的位置写出来、画成图,讲仪式体系,所以可以看到一整套的闽南文化。这样一来,一个拥有300多个庙宇的城市和它的仪式空间的构成、分类、等级,包括参加城隍庙的游神活动等,都看得比较清楚。我们也接触了一些大佛寺,我夫人的很多朋友都是去那些大佛寺,所以她也跟他们去了解这些东西。她跟这些人很熟,经常在他们家里观察他们的关系,诸如家庭间的来往、家庭与庙宇、庙宇与选举等,这些关系非常有趣。台南还算是保留了比较传统的闽南文化体系,没有被破坏。当然也有改革与改变,特别是日据时期,但它还是保留了很多比较完整的东西,至少从文化角度可以看到很多层面、很多关系。Schipper有一些文章就介绍了它内部的团体。

余:就在那本施坚雅(G. W. William Skinner)编的论文集里。[1]

丁:对。我在台南学习、了解那些道教仪式怎么进行,他们的团体怎么发展,道士怎么晋升到更高层的高功。我也出去看其他的团队怎么进行发度牒的仪式。我们看到了很多东西,那一年非常开心。唯一的问题是,那个时候没有全部开放,所以还有一点来自警察的麻烦。我的车子经常被警察拖走,因为他们要我每个星期报到,但是我经常不去,于是他们把我的车子拖到那边去,我就必须去把车子领回来。

余:在那之前您去过台湾吗?

---

[1] 〔美〕施坚雅主编《中国帝国晚期的城市》,叶光庭等译,中华书局,2000。

丁：我小时候在台湾待过七八年，在台北、台中都住过，所以台湾还是经常去，但那一年比较好玩。因为当时我父亲是一个代表，是"美国在台协会"建立之后的一个头头儿。有一次，我请他参加罗天大醮，带着他的孙女，也就是我的女儿，到台南去看看。他们让他去鹿耳门大庙，给他穿长袍之类，很隆重。后来出了照片。他说那个照片比他在台湾做的所有工作宣传用处都大，所有开的士的人都认识他，就是因为那个照片，说明他对台湾地方文化有兴趣。

刘：丁老师，除了您自己，还有其他的道教学者参加吗？也跟陈荣盛道长学习吗？

丁：有。John Lagerwey（劳格文）有本书，全部写的是陈荣盛到巴黎那一年开课的内容，专门解说他的仪式，等于是将课堂笔记变成一本书，所以他早就认识陈荣盛。Poul Anderson（安保罗）也是到那边就认识了陈荣盛，后来他觉得要跟其他的道士团队做比较研究，才跟了一个姓郑的家族道坛，主要做这个道坛的研究。还有其他人，包括大渊忍尔，也是跟陈荣盛，他在《中国人的宗教仪礼·道教篇》里详细介绍了陈道长的仪式与科仪本。丸山宏也在台南进行了深入调查。Schipper 在那边待过七八年，所以我这里也有一些他早期的照片，如他穿着道袍参加小型功德，就是在角落举行的那种仪式活动。他收藏了很多当地道教经典与科仪书，回到法国建立了一所道教文献研究室。

余：丁老师，您曾给我们展示过您读杨庆堃《中国社会中的宗教》一书的笔记，您读这本书是在这之前，还是之后？

丁：不太清楚什么时候开始的。但这本书确实很有启发性，因为杨庆堃的做法是面对现实问题，也有很多翔实的田野调查内容在内。他总体概念比较模糊，但是具体调查都很清楚，可以说明很多问题，所以我们在里面还是看到有很多文章可以写。他提出来的问题是很深刻的，结论不一定深刻。这本书不仅提出一大堆问题，而且让我们看到了现存资料的丰富性。当时我们都将这本书与萧公权的书做对比,萧公权讲专制制度在清朝那么可怕,我们都不太相信。等看到杨庆堃的研究,我们看到了一个非常多元的地方社会,就感觉很值得去调查研究。这给我们带来很多希望,亲自去看,可能会看到更多。

余: 所以这是在去巴黎之前?

丁: 应该是,我现在想不起来了。那个时候我也在看施坚雅的东西,因为他在斯坦福,后来也要参加我的博士学位论文小组,所以我们必须面对这些不同学科的东西。当然他不是我们主要的导师,我们不是从历史学,也不是从社会学、人类学角度进入,但必须对这些东西有所了解,才可以提出一些研究计划。那个时候我们要争取一些奖学金,出国的奖学金还得另外申请,也要写一些研究计划,找一些老师,所以我先写了东西去跟 Schipper 学习。后来去中国台湾做 Fulbright(富布莱特项目),也需要这类的计划。还有一个美国中美学术交流的奖学金,我也拿到了。

我原来去大陆,计划做的是类似台南道教文化那样的题目,对道教在地方文化中的角色进行调查,但在当时的情况下我不敢写,怕被拒绝。于是,我又提出要对道教与唐诗关系进行研究,然后到厦门去。厦门大学没找到合适的辅导老师,就找到了柯兆利,只有他才有可能有这样宽的研究背景,他们觉得这个人可以当辅导老师。后来我也只好跟他坦白,说我的研究兴趣不是在唐代道教和唐诗,实际上是地方调查。他帮了我许多忙。我大概去了半年以后,他就开始带我去同安,到安溪清水祖师庙等几个点去认识人,其中很多是他自己的亲戚,或者当地干部朋友,或者厦门大学的朋友及他们的亲戚。通过这些关系,他带我进入了乡下。我开始看到当年民间宗教的演变与重新建构的过程。这里面很多是偶然的事情。

余: 所以柯兆利先生当时就在厦门大学?

丁: 是。他的背景很特别,他的父亲是国民党时代漳浦的一个政府官员。"文化大革命"期间，他曾被下放，演了些样板戏。因此，他有那种戏台动作。他也是非常戏剧化的一个人，非常幽默，非常聪明！后来他申请到中国社会科学院读研究生，成为改革开放后的第一批硕士生，写了一篇有关王阳明和佛学的论文，但一直没有办法出版，很可惜。至少在那个时候，这是一个很新鲜的研究题目，当时很少有人敢写这样的东西。他在北京待了两年，后来才到了厦门大学。他们把他放在《厦门大学学报》编辑部，因为真的没有太多地方可以让他发挥才能。

刘：他应该也在历史系上课，我没上过他的课，但是我记得他主要的研究方向是魏晋南北朝时期。

丁：我不懂他讲的是什么课程，我只记得他的硕士学位论文写的是王阳明和佛学。实际上，他比较爱喝酒，所以我来了，他就很高兴，因为他可以把我拉到他所有的朋友家里去喝酒。前六个月，我们每天都要跑好几家，整个晚上都喝酒，轮流喝酒。他将我介绍给他的朋友，也让他的朋友认识我。半年以后，他们都觉得可以了，可以带这个人到乡下去。在那个时代，这也是一个很难做的决定，因为很多人还是很担心外国人在中国做研究。我记得有一次他带我去参加他父亲的丧礼，在漳浦，这是我在当年中国第一次看到非常传统的葬礼。他穿着孝服，然后有好几个人抬着棺材，街道上有很多吹鼓手。他开玩笑地跟我说，我一个人跟一个吹鼓队有同样的吸引力。我跟着他们跑了整个漳浦的老街道，再到山上去，送走他的父亲，这是一个很特别的经历。后来他跟我讲，他早期是在福建师范大学跟刘蕙孙学习。刘先生就是研究太谷学派的那位学者，一个很特别的老教授，好像是《老残游记》作者刘鹗的后代。他手头上有很多太谷学派的手抄本。柯兆利是他的学生。

余：这些经历后来都出现在您的博士学位论文里，让我觉得柯兆利先生对您的博士学位论文影响好像很大。

丁：很大，是他让我进入田野，所以我非常感谢他。同时觉得他的精神可贵，他了解这些东西的重要性。他了解这些情况的演变，包括他个人角色的演变，他好像能很清楚地思考、理解，所以是一个很特别的人物。他经历过"文化大革命"，后来又读书，又教书，又编杂志，碰到外国人也愿意带他到田野去，而且也愿意参与那些田野调查，有亲身的感受，我觉得这是很少见的。他的年龄比我们都大一辈。郑振满老师是完全不同的学术来源，因为当时他跟傅衣凌老师已经在非常仔细地阅读那些地方文献，也参与了很多社会经济史的讨论。那个时候，他正在构想宗族内部组织的理论。

余：那您是在哪里认识郑老师的？

丁：他就住在柯兆利的隔壁，厦门大学芙蓉六宿舍。当年每一个老师全家一间房，所以柯兆利的父亲就躺在床上，他的夫人在旁边煮菜，他的孩子在旁边读书，他在那边跟我聊天喝酒。然后外面那些老鼠，哇，比小狗还要大！那个时候的条件，真的是和现在无法比。他隔壁就是郑振满，郑老师跟他的妈妈、他的孩子，都在一个家。范可就在楼上。我们几个都是在那边认识的。

余：所以他就把郑老师拉过来喝酒。

丁：对，柯兆利叫他过来喝酒。柯兆利肯定觉得跟我跑太累了，所以他叫年轻人带我去一些他不愿意天天跑的地方。我是一直要求跑，他就觉得太累，于是他就叫郑老师带我到莆田。我就开始逐渐发现莆田多层面的资料情况，非常复杂、集中。我是先做三一教的调查，再是碑文的调查，然后做村庄的调查，每次都把研究对象扩大，但是必须重复跑同样的地方。我们也是一个个村子跑，看到很多情况，像杨庆堃的调查，他那本书我最喜欢的几篇就是很实在地介绍地方仪式或宗教活动的。郑老师的背景跟我很不一样，他是社会经济史出身，所以刚开始的时候他一直跟我吵架。他问我："那些仪式有什么意义？为什么我们要花那么多时间参加那些仪式？"每天晚上我们都吵架。但我从他那边学到很多，了解到仪式当中有很多社会经济史的动机，必须有制度史的背景才能看得出来。他能看到这些仪式组织背后的社会单位是什么，它的社会关系是什么，经济意义在哪里。这些问题他很快就掌握了，替我解释。我从他那里学到了很多新视角。而我要向他证明的是，仪式是一个社会的 motor（发动机），是一种产生社会的机制，是一个很重要的机器。所有人都是机器当中的部分，都要参与。我不断地跟他提出这些问题，我们一起讨论了很多年。后来，我才慢慢地开始把问题扩大到历史背景、扩展过程、仪式联盟的演变等多层面的整个历史进程。还有不同仪式的产生时代，做一种可以看出好多层次的仪式考古式的分解，把这些仪式改革或者仪式革命与不同时代带来的新的社会关系相联系。仪式的社会后果是反映那些东西，还是产生那些东西，是我们一直在讨论的问题，到现在还一直在辩论。

二　超越区域来思考区域：区域视角与跨国网络

余：长期以来，您对地方宗教仪式传统十分关注，从东南沿海的保生大帝、清水祖师与广泽尊王等地方神到莆田平原的仪式联盟，从东南沿海区域到莆田平原，这里面似乎不仅是区域规模的变化。不知道您是如何理解区域？如何理解地方？

丁：我记得 1995 年，我们都到牛津大学参加一个由科大卫（David Faure）召集的会议。当时，刘志伟、郑振满、程美宝、陈春声、宋怡明（Michael A. Szonyi）、周绍明（Joseph P. McDermott）、杜德桥（Glen Dudbridge）等都有参加。那次会议有考虑到区域定义的问题，因为我们都关注不同的流域，如莆田的木兰溪、漳州的九龙江，还有较大的韩江流域以及更大的珠江三角洲。其实这些都有一个从山区到海边的过程，都有它们单独的历史演变过程。不同因素如何结合和分开发展？当时我们觉得有几个单元可以分开讨论比较，比如宗族在这三五个地方怎么发展，神明庙宇系统是怎么演变的，政府和科举在这些地方是怎么运作的，类似的问题很多。但后来没有完全解答，因为每个人都在忙着做自己的研究。很多基础的工作其实应该先做，才可以做这些结论性与比较性的研究。比如，我们关于碑文的收集出版花了很多时间，在福建也做了很多族谱、仪式科仪本、契约的收集整理，这些都是相当重要的。因为这个工作提供了足够多的材料，来做这种类型的比较研究。

当然这些区域和施坚雅讲的有点不同，他讨论的是经济区域，要通过山脉、内部交通来分析，他的宏观区域都是以经济为主，关注地形与经济的问题。最近亚利桑那大学吴疆提出一个宗教区域体系（regional religious system）的概念。他们团队主要利用官方资料来画地图，看哪些宗教分布在哪些宗教场所。按照政府的登记，看它们的分布情况如何，能不能改变施坚雅提出的边界，或者有不同的思考。这个是他们正在讨论的问题，已经开过一次会，论文集也快要出版了。基本上，他们在考虑一些区域的不同定义或可能性，他们的想法大意是说这些宗教区有自身的逻辑。这个其实是桑高仁（P. Steven Sangren）早先已经提出来的问题，他研究过台湾的一个小村子，发现村民们都要先去大甲那边进香，然后才可以回到自己的小镇建立起属于他们自己的仪式系统与神明的力量。吴疆他们的问题是材料很有限，不知道最后的结论会不会被材料限制带歪了。施坚雅的理论是建立在他自己的材料上，他比较了很多不同来源的材料，然后才建立他的资料库，很多不同的因素都分析得很细。

余：施坚雅的区域虽然从地形、交通与经济出发，但最后也试图把其他因素整合进来。尤其是在80年代的一篇文章中，他以东南沿海地区为例，讲区域演变的特性。虽然他用的是"周期"一词，但已经和现在大家经常用的区域脉络有点类似。

丁：但这个区别很重要。地理学的一些老师，如Carolyn Cartier

（卡罗琳·卡地亚）很早就批评了，也提出了一些根本问题，[①]我们也是在这个基础上发展的。而比较关键的是这些变动中的空间，那些往东南亚移民的地带都有这个特点，当地人都会往东南亚发展，或者到海外北美、欧洲。他们所理解的区域、空间，已经是跨国的、跨界的，我们也必须思考这个问题，当地人怎么思考自己的空间及流动的可能性。他们建立了一些很具体的跨国网络，可以把很多亲戚朋友带过来，也可以多次来回。因此，山脉决定的，或者是流域确定的经济区域确实都不够灵活。

余：所以老师回到了人本身，从人际网络而不是外部的环境来思考这个问题。老师的新文章也提到了 networking technology（织网技术），所有的区域划分都是从人本身的活动出发，而不是假定它是经济的、宗教的。在不同的情况下，关键因素不一样，有时是经济，有时则是宗教仪式。

丁：管理学中有一个词叫"连接资本"。有些人很会跟别人沟通，擅长动员别人，让他们活动起来，把钱拿出来。这些人在莆田的地方文献中叫作"能干"，我觉得很有趣。

余：我突然想起来《征信录》这类文献，里面常有不同地区的募集人，这些人是不是老师说的"能干"？把所有人的钱收集起来，用于修桥建庙等。

丁：这确实是个很特别的以人为主的视角，也可以考虑人怎么流动，有时候钱比人跑得还快。

余：网络往往超过人实际的活动区域。我注意到那些徽商在家里的通婚网络越具有地域性，外面的生意网络越大；越有区域性，网络越强大。

丁：越有区域性，越有跨区域性。现在地理学开始注意到一些问

[①] 参看 Carolyn Cartier, "Origins and Evolution of a Geographical Idea: The Macroregion in China," *Modern China* Vol. 28, No. 1 (2002), pp. 79–112。

题，如网络具有层次性，那么它的最高层次，如全球形式，是如何影响到最底层的。在一个小镇，一些形式是 localize（在地化的），同时是 trans-localize（跨域化的）。他们正在思考这些矛盾，考虑到整个网络各个层次之间的互动、影响，有点像声音学上的不同杂音的问题，像 patterns of redundancy and feedback（冗余与反馈模式）。他们一直在讨论这些问题。这些讨论就比现有的某些徽州研究更有意思，因为那些书只是在讲徽州人在徽州之外建立的会馆或俱乐部，根本没有考虑到这些因素对徽州本身同时产生区域化与跨区域化作用的一些可能性。

余：现在不少关于徽州的研究确实忽视了外部的力量对本地多元化塑造的多种可能性。

丁：这个问题确实很复杂。福建所谓的"侨乡"，定义是华侨华人超过10%的乡村，但是有的乡村华侨华人超过80%或90%，侨乡内部类别是很复杂的。那些不算侨乡的人，也很可能有办法到区域外活动。特别是19世纪的交通革命以后，以及电报之类的推广，确实改变了很多人对空间的理解。我们不能认为空间一直是同一个意思。我们正在将这个问题的视野扩大到海外，思考所谓海外华侨与当地的仪式传统怎么结合，思考一些文化资源来到一个地方，和当地的一些文化现象如何开始对话、混杂、交融，改变双方。这在东南亚有相当多的个案。这个网络本身也不停地在变，因为这些经验一直在聚集、累积。所以，我一直认为这些成功的个案应带回去，丰富故乡的文化数据库。我碰到一些人跟我讲，已经回中国老家的人，比留在国外的还多，特别是在理事会。这批人回去后，改变了当地的做法，如思考方式、商业模式等，种种可能性都有。

余：基于以上考虑，所以您目前将主要关注点放在东南亚，尤其是思考那些跨区域与文化混杂问题的时候。

丁：是的，关于文化混杂，我是吸收了莫斯（Marcel Mauss）与王斯福（Stephan Feuchtwang）所讨论的文明技巧（civilization techniques）

这一概念。这些文明不限于一个国家，也不限于一种文化，它们是可以跨文化被其他文化拿来利用和改变的，这就可能产生混杂文化。我们在东南亚的几个点就有比较明显的例子。我有一篇文章，开头是批判韦伯对道教的理解，而后就是把道教还有一些神童文化、庙宇网络这些东西当作文明技巧来理解，讨论它们怎么被传到东南亚各个地方，最后有些例子也说明他们可以跨越文化边界。

其中最好的例子是在山口洋，它在印度尼西亚婆罗洲的加里曼丹，原来有一批客家人到那边，建了很大的兰芳公司，挖金矿。目前，那个城市70%的人口是华人，它的市长也是华人。他们认为这里是印度尼西亚最和谐的一个小镇，因为每年元宵节都有1000多个神童和他们的队伍去那边游街，而且其中大概1/3看起来是当地的Dayak（达雅克人）。但是这300人内可能有2/3是华人，他们打扮成本地人，去参加神童活动。虽然他们打的是gamelan（印度尼西亚传统乐器——整理者注）而不是敲锣打鼓，但是都坐上同样的神轿（刀轿），而且都在那边做同样的动作，如表演穿脸之类的。我们后来问为什么有那么多华人会打扮成本地人，然后又参加这个活动。本地人说因为他们当地的神童必须在每一个庙的若干家庭内一代代地学会跳神。假如你不是在这种老庙的系统内，你就很难参加这些活动。但是Dayak的Datuk（神童）很容易把自己的跳神方法教给别人，很多华人先学他们的做法，然后就跳神起来，就可以参加活动。政府也会给补贴，所以很多人都会做这个事，如今这已变成了一个旅游项目。那个地方的华人都被称为"半唐番"，很多人很早就已经和当地人开始通婚，进行各种各样的文化交流，这是比较有趣的一个例子。我思考的，一方面就是这些文化跨边界的问题，另一方面是回到仪式理论中国家与地方势力之间关系的问题。

我还有一个例子是诗巫，一个小地方。那个地方好玩，当地人有一个口号，是跟"一带一路"类比的，叫作"一海一庙"。这个"一海"是说他们都在中国南海范围内，每一个港口都有它的土地公（当地叫作大伯公），这是"一庙"。因此，他们就可以建立一个土地公网络。他们自己已经跑了 80 个地方，将这 80 个港口的土地公也"请"过来参加他们的通信网络，这不是自上而下的，而是一种完全独立、平行的关系网络，很有趣。所以这几个发现，是最近几年这一带比较新鲜的发现，还是有点意义，可以作为补充，我不知道你们觉得怎么样？

刘：挺有趣的，而且把这个思考写出来，对区域史研究有特别的意义。我觉得您提到的这些研究，可以带着我们去思考怎么跳出区域层面，去探讨因为区域、人群而建立的跨地域关联，思考这种关联究竟是通过什么样的一个机制建立起来的，文化、宗教因素或是制度因素在其中究竟扮演了什么样的角色。对这些问题的讨论，我觉得对我们思考区域史是十分有意义的。我个人感觉区域史研究在近几年推进得不够，必须探索区域史研究的新方法，包括思考怎么样超越区域来思考区域史。

丁：这个很重要。包括道教学也应当反思自己的研究模型，提出新的意见。

刘：对，近年的道教研究当中，林振源策划了一个课题，侧重从不同地域关联性的角度来思考道教在各个地方的发展。他们在研究当中发现了不少不同地区道教科仪的共通之处，尤其是在仪式结构上的相似之处，我相信您在中国与东南亚研究当中也可能有类似的发现。

丁：是，刚好有四五家来自不同方言区的道教团队都在新加坡或马来西亚活动，因此可以看到不同地方的仪式传统。有时候他们也要合并，而且都要受到世俗化政府的限制，所以他们也要简单化，也要统一化。有时他们甚至被神童推到一边，各种情况都有。所以这是很特殊的一种演变，还是很值得研究。龙彼得（Piet van der Loon）在 20 世纪七八十年代就跑这些地方，收集了不少科仪书，还录了一些宗教音乐，放在牛津大学 Bodleian（波德林）图书馆 19 个盒子里，他的书稿、原始资料，都放在那边。我们这里有一些学生也正在做进一步的调查，所以你刚才提到的一些问题是可以讨论的。我想区域的定义，从里面看区域，从外面看区域，这些都是很值得讨论的问题。我接下来就想把厦门那些主要村子跟东南亚的关系画成一些图。我们找到了一个方案，可以把一个人在新加坡跑过的地方都画出来，这个人在海外的关系也可以画在同一幅地图上，比较好玩。

刘：您用什么材料把这个东西做出来？

丁：比如说槟城（Penang）有个来自厦门市海沧区新垵的邱氏家族，他们在东南亚各个地方都有分庙、分祠堂、公司，在东南亚有七八个地方都有他们的点，这就是一个跨国网络。因为这类例子，郑老师最近一直在推动做新的全球史，要从厦门谈起。

刘：从厦门出发的全球史。

丁：是，这个比较好玩。因为确实那几个村子的海外网络是非常具体、实在的，也可以从这个点谈起来，应该可以做一些文章出来，是个好题目，至少可以写出一本有意思的小册子。

三 数位人文：民间文献的收集与整理

余：您对区域的理解，已经从区域本身扩展到跨界的人际网络，并以此来反思区域的问题，这是不是可能也与一些新技术的利用有关，特别是数位人文？老师已经做了新加坡历史地理信息系统（SHGIS），去年还推出了新加坡历代人物传记数据库（SBDB）。

丁：是，我们当时做莆田的调查，资料实在是太丰富，我们很难同时全部了解或者思考到位。前面已经提到我们进行了多次不同的调查，一次是碑文，一次是村庄，不断增加相关的资料，包括方志、庙志、水利志等地方文献。当将那些资料放在地理信息系统平台的时候，就可以看到不同的因素如何影响其他因素，并慢慢提出新的问题。你必须考虑为什么一些神只出现在某些地方，能不能从其中看到一些规则。从很多因素来思考一个问题。我们将这些资料放在一幅电子地图上，问题就出现了。研究者必须思考很多新的解释方式，再找资料，再改变研究问题。它是一个不断复杂化的研究方法。

余：GIS提供了新的整理数据的方式。

丁：整理的时候，把各种要素放在一起，又会提出新问题。这是它特别麻烦的一点，因为它让你重新思考原来掌握的材料，让你提出更新的问题，并将不同的因素包含在内。当资料够多、够清楚的时候，也许可以看出一些基本的历史演变过程。像我们在莆田看到的里社的演变、"七境"（莆田平原历史上形成的仪式联盟——整理者注）的发展，可以将这个历史过程当作一个主线，从这个主线可以看到很多具体的情况。几乎每个村都可以被当作一个证据，它什么时候被吸收到这个过程当中，也是可以看得出来或有资料证明。所以，它就变成很有解释能力的工具。当然，有时候我们可能很长时间看不到分布的意义，头很大。这个既是它的讨厌之处，也是它的可爱之处。我们在莆田看到当地文化因素的分布情况以后，一直在考虑其中的海外关系。我们在八九十年代收集了很多资料，但因为种种原因没有全部出版，其中很多资料就跟海外关系有关。这些海外网络的建立，带给我们很多新的理解，比如有关老百姓对庙宇可能性的新理解，都可以看得出来。所以，我们就想根据这些线索了解东南亚兴化人的分布情况。

余：正是基于这样的考虑，您从2010年开始每年都来新加坡？

丁：因为那个时候有关莆田的书已经出版，[1] 第二步工作还要做下去，那就是这些兴化人的海外网络，我们要跑一趟。后来我在新加坡得到一个工作机会。

余：那您是怎么认识许源泰老师的？

丁：那时候我是想先跑这边的庙宇，认识了容世诚、Jack Meng-Tat

---

[1] Kenneth Dean and Zheng Zhenman, *Ritual Alliances of the Putian Plain*, 2 Vols., Leiden: Brill, 2009.

Chia（谢明达）等。当时 Jack Chia 已经写了一篇关于广泽尊王的论文，所以他跟我联系，并向我推荐了源泰，说他很了解当地宗教界的情况。然后，源泰就开车陪我跑。他是很有耐心的人，我做事情很乱，他会不断收集、整理资料，我们一起讨论它们的意义。因此，我们就一起跑了三五个夏天。有一年休假，在那边待的时间比较长，就整理出了我们的第一本书，就是新加坡碑铭汇编。① 目前在做第二本，可能还有第三本。第二本主要以碑铭为主，也要介绍庙宇、会馆的背景，可能有 300 多个单位，时段为 1911~2019 年。我们也考虑另外专门讨论 68 座联合庙所包含的 300 多座庙宇。联合庙的碑文很有意思，他们都要谈到 20 世纪 70~90 年代如何从原来的村子被搬迁，如何渡过这个灾难，再建立一个新的场所，有点像莆田那些讲"文化大革命"的碑文，诸如"春风再来了"，类似的话很多。所以不仅仅是政治运动，还有积极城市化改革也会改变过去的生活方式、村庄文化。

余：老师除关注碑文外，有没有关注这些庙宇的其他文献？

丁：这个很值得做，而且我们也应该组织人手收集当地的道士文书。我们正在和新加坡 MCCY（Ministry of Culture, Community and Youth）讨论，他们要求我们做一个宗教领袖的访谈计划。目前，SHGIS 最新加的一层就是 1000 个宗教场所，有 600 多个基督教堂，300 多个诸神庙宇与佛寺，包括他们每年的收支，特别是他们每年的慈善经费。他们大概有 2 亿新加坡元的经费。根据地图，一下子就可以看到哪些地方是最有钱的，整个情况如何分布。原来的村庙因为政府规划等，都必须搬迁，分布到一个新的棋盘，因此没有办法找到一个像莆田那样有深刻历史演变的过程。80 年代以后的 HDB（建屋发展局）统一规划建楼，分一块地当作宗教场所，谁钱多谁可以买到，还有一些地必须留

---

① 丁荷生、许源泰主编《新加坡华文铭刻汇编（1819~1911）》，广西师范大学出版社，2017。

给伊斯兰教的清真寺。庙宇必须到处搬迁，整个岛变成一个工地，只有极少数的庙宇可以留在原来的地方，而政府只给予30年的地契。

余：这给在地图上标点带来困难，不同时段它们在不同地方。

丁：这是一个很复杂且很现实的问题，特别是每一座庙都搬迁了三五次，因此我们在地图上要说明这些问题，等于是每座庙都要弄清它的演变。我们想做下来，但是不知道能做到什么程度，估计还是可以做，就是时间的问题。

余：嗯，还有时间层。

丁：对，应该要有时间演变，但是这方面很多点都在变。

余：新加坡有很多地图，但叠合过程很麻烦。

丁：那些最重要的历史地图我们都已经加进去了，而且也可以下载，包括我们的点数据都可以下载。这些数据有共通的格式，可以很容易被利用和交流。我们希望资料可以公开。现在莆田的资料又要重新放在网上，继续发展，这个在麦吉尔大学时就做过一次，现在又要重做。目前，我们分成三四个计划，一个是新加坡本身，一个是莆田，另外一个是马来西亚。目前马来西亚计划我们已经加了1000多座庙，4000多座会馆，还有400多个华人新村，当然当地原来也有基本地图，展示了城市、人口、交通和这些点的分布情况。从地图上，一下子就能看到老镇、华人集中在哪里，也可以看到整个城市的历史演变轨迹。假如我们有足够多的历史地图的话，就可以看到马六甲是怎么扩大的，新村怎么被并进去，老街道还保留了哪些庙宇和会馆。也可以追问像新加坡的中国城，人都跑掉了，变成了旅游点，是不是出现了类似的变化。我们做了很多诸如此类的分析，也可以看到那些新村早先分布在不同的地方。原来有1000多个村子，我们还没能找回它们原先的地方，但是至少可以知道大概范围有多大，现在它们的庙宇都"跑"到了这些新村里。这些庙宇都是从几里外的部落或小村搬过来的，所以有很多研究可以继续做。第四个就是东南亚的港口都有中国城，如越南的会安。这个地方有 17 世纪的碑文,一直保存到现在。我们在那边也找到了郑成功的后代。假如把这些线索都变成大资料库,特别是把碑文包括进来,我们很快就可以看到哪些人名出现在哪些地方。比如新加坡巨商陈金声,就出现在缅甸、越南、中国福建,还有本地的碑文中。我不知道来不来得及,按道理是值得做的计划。我们想将整个东南亚,包括缅甸的基本资料,至少那些中国城的基本单位、它们的碑文,整合成一个资料库。加上 TEI(Text Encoding Initiative),可以变成 XML 的版本,一个可以有索引与寻找功能的资料库。

余:现在有很多学者和项目都在做类似的标记工作。

丁:对,我们已经做了《新加坡华文铭刻汇编(1819~1911)》第一册的全 TEI,找到了 4 万多个人名、1 万多个商号,过去新加坡的研究肯定没有这么多,每一个至少连到一个地方或单位。假如好好分析出来,就可以当作新加坡早期经济史的基本资料。假如整个东南亚都可以加进去的话,那是相当了不起的。我们跑去砂拉越的诗巫,那里的永安亭有光绪年间的碑文,记录了很多船号,都是从新加坡来的,它们也跟中国的泉州、漳州都有关系。这些都是基本资料,在没有收集起来之前,很难讲将来会提出哪些问题,有哪些新的研究可能性。但是至少可以找到一些很清楚的网络,个人的或者公司的。我觉得这个方向是应该继续发展下去的。

余:第一步是做 GIS 数据库,下一步是人物网络分析。您去年在 SHGIS 的基础上,又推出了 SBDB。

丁:SBDB 原来是和国家图书馆、国大图书馆合作做的,本来是利用一些比较简单的资料,如《新华历史人物列传》。[①] 问题是这些资料有很多错误,所以我们现在一步往前,一步往后。一方面往后是要找出这些资料的来源,证明这些资料对不对,再补充,花了很多时间;另一

---

① 《新华历史人物列传》,教育出版社私营有限公司,1995。

方面是往前发展，原来差不多有 1000 个人的传记。现在我们放到网站的是 200 个人，是为了纪念新加坡开埠 200 周年。根据这 200 个人和其他 600 个人的关系，诸如亲戚关系、同行、经济合作等七八个不同的类别，可以做出这些社会联系图（SNA）。然后由我们技术人员把这些东西放在网上，供人参考。他们可以把一个人的资料点开，看他关系网络中都有谁。网上能实现的东西有限，因为如果人数太多，整个系统会变得太密太乱，没有办法分开看，所以我们只好将这些人名放在一边，然后将更丰富的底料做成一些 Excel 供人下载，人们可以在电脑上利用社会网络软件做更细的分析。目前我们系统里已经有 4000 多个人，根据《南洋名人集传》①整理，里面是 20 世纪二三十年代的商人，分布在整个东南亚。其中 500 个是新加坡人，还有更多是来自马来西亚、印度尼西亚、泰国等其他地方的，这是我们已经放进我们资料库的基本资料。接下来我们想要补充一些墓碑的资料，我们已有 1500 个清代墓碑资料，大部分墓主都是从福建来的，我们也找到了他们福建故乡的 150 个镇或村子。此外，我们还想添加 Bukit Brown Cemetery（新加坡武吉布朗坟场）的那些人名。我们已经将其数位化，好像是 6 万多个人名。我们还有很多其他类似的资料，比如保存在档案馆的福建坟墓记录，这些还没有数位化。同时，我们也在考虑做一些手机 App。我们已经有一些 App 可以让学生从一个庙或会馆直接上传照片到网络数据库。我们接下来希望可以做到，有人在拍一个墓碑的时候，可以自动链接到那些人的名单与年代，看看时代接近的是哪些人。只要确定是这个人，我们一下子就可以自动将它加到我们的资料库，比如来源在哪里，后代有多少之类，也许我们可以做到这点。

  前面提到 TEI 有 4 万个人名，这些也可以放进去。哈佛的 CBDB（中国历代人物传记资料库）有 40 万个人物，我估计我们这个不会超

---

① 《南洋名人集传》，南洋民史纂修馆编辑部，1922~1941。

过20万个。但是我们的资料很不一样，CBDB依靠的是同质性很强的官方文献，格式一样，便于批量自动整合资料。而我们那些都是商人，不是读书人，商人的合作可以是长期的，也可以是短时期的，所以很复杂。我们也要考虑怎么在我们的人物传记资料库显示这些不同点，有很多新的困难我们还没有解决。在我们之前没有其他人做过类似工作，我们要发明一些新方法。

余：这里涉及很多基础的工作，很多资料需要重新收集，甚至有些还不在原来的文献种类之中，尤其是 Bukit Brown（武吉布朗）的墓碑。

丁：那个是比较复杂的，我们已经跑了好多次。现在 HDB 又要我们做一批，他们可能要拆。我们也利用这个机会多收集了一些资料。

余：他们会把墓碑留下吗？

丁：他们没有这个兴趣，但是他们要让学者先做记录才可以拆。

余：墓碑可以留给博物馆啊。

丁：他们完全没有地方放。我们上次找了一块很好的石碑，放在历史博物馆的仓库里，需要用叉车把它搬出来才可以看得到。博物馆太小了，没有办法。此外，偶尔也可以发现其他的资料，比如南安会馆有一个会馆记录，大概有五大本，希望今年图书馆能出版。类似的东西，越来越多。

余：这类文献在新加坡出版确实比较困难。因为相关机构都在运作，即便已经过了几十年甚至上百年，这些资料依然被认为具有私密性。

丁：这类资料确实有一大堆没有办法动，很多类似的资料还在，怎么挖出来还是值得考虑的问题。

余：您用影像来记录历史过程的方法，也很有趣，*Bored in Heaven*（《天堂无聊》）就是其中一部重要作品。这有点类似影视人类学的做法。能否以此为例来谈谈您对音像资料与学术研究的理解？

丁：现在录像机变得非常普遍，手机都可以录像且效果越来越好，在电脑上可以学会很多电影软件的使用方法,大家都可以做,都应该做。我的感觉是田野没有这些影像资料,可能不太够。这些可以在将来变成出版内容的一部分,很多出版可以数位化,在网上出版,能链接到影像资料会更好。现在有很多搞人类学的人,都需要这些能力才可以找到工作。我们需要一个多元资料库。哈佛大学东亚系的学生有一句话说,没有自己的数位人文资料库,就没有工作。实际上,人类学早就意识到了,田野工作必须包括影像材料,最好通过这些多元化材料讲一些故事,做一些可以出版的成果。不一定要做整部电影,因为那样太耗费时间,但短片可以做,而学会这些技巧不难,年轻人现在都会做。这个是未来很重要的能力。影像人类学也在反思自己,最近几年也提出一些新的想法和做法。因这个地带(指东南亚——整理者注)的仪式传统是很多元的,我正在考虑要不要再拍一个关于山口洋的纪录片。这并不是为了好看,而是为了思考一些文化混杂现象,通过一些影像记录,包括访谈,去好好分析这些东西背后的意义,包括当地人怎么理解这些东西,这是一个很有趣的可能性。我认为影像资料是将来出版非做不可的一块。

余:容世诚老师说他也拍过很多关于新加坡的戏曲与仪式的影像。

丁:这些材料都在我的办公室,我还来不及把它重新数位化,因为都是胶卷,我还得想办法给它数位化。这些数位化的东西都有这个麻烦,包括碟子都很容易坏,将来我们的资料库怎么长期保留也是相当大的问题。牛津大学的一批人在这方面是最先进的,上次我听他们谈话,他们一直在讨论,一定要简单化,一定把那些 Open Source(开放源代码)的软件放进去,一定要把资料放在一个叫作 Github 的库里。它是一个仓库,可以交换资料,你的资料可以用最简单的方式,如 Excel,放在库里,别人自己下载分析。我们的新加坡资料已经放进去了。这个也是将来学术界要进入的新领域,目前有很多关于建立统一交换标准的资料形式的讨论,包括影像,它的规格应该怎么样,才能被其他人应用，才能流动起来。这个我估计也是一个相当重要的阶段，假如这些基本问题可以解决，人文研究就会有很大的改革。

余：老师讲到一个很重要的问题，很多学者和机构都在做数位人文。那么，如何建立统一的标准，打通各个数据库以便共享？

丁：Github 就是一个交换的总仓库。但是 TEI 也是类似的工具，它有办法把任何一个文件变成一个电脑能转化成资料库的东西。还有一些如 IMMI，就是图像的统一规格，涉及怎么介绍一个图像的内部信息，怎么通过这些信息来实现交换，他们正在开发类似的技术。包括我们的地图，通过 OGC（Open Geospatial Consortium），任何做地理学的研究者都可以把这些资料打到他们的地图上，用来做自己的分析。我们以前很少这样子考虑学问，它现在就变成了一个共同努力的方向。所以对于前面讲到的比较区域历史的问题，我觉得有点遗憾，因为每个地方都没有完成这些基本资料的收集工作。我知道现在中国有一些地方在收集碑文，但这方面可能还要继续多做一些。

余：中国有很多地方在做，但质量参差不齐。

丁：很不一样，没有统一标准，很可怕。台湾在这一方面做得不错，他们的汇编有日本人的研究基础。他们就一直在往这个方向发展，这在将来是很重要的。而且台湾在数位人文这一块也跑在前面，在很多方面做得比别人多。

余：数位人文的基础就是资料收集。

丁：编资料目录很重要。马来西亚会馆的总目录还没有出来，新加坡的已经出来了，新加坡国立大学图书馆还做了 1000 多册会馆特刊的目录。马来西亚有两三千个会馆，我们首先要做的是让基本资料集中在一起。当地族谱目录也还没有做出来，我觉得很遗憾，一直在等他们族谱学会的目录出版。这个要抓紧，把这些基本文献集中起来，尽量数位化，才可以看它们的互动关系，这是每个区域研究的出发点。当然，大家一起做就比较好。

四　在田野中思考：道教研究的微观社会学

1. 专制主义如何改变仪式与社会关系

余：多年以来，您一直在反思与突破既有道教研究框架。您曾在课堂上提到一般的道教研究有过于执着道教仪式，没有很好吸收人类学的方法，缺乏对地方或区域历史的感知，很少处理与其他宗教仪式传统的关系等不足。且事实上，从博士学位论文开始，您的研究也一直在致力于突破这些局限，先后提出混合场域（syncretic field）、仪式权力（ritual power）与另类现代性（alternative modernity）等概念。接下来，我们就聊一聊您提出的一些核心概念。

丁：我觉得我们可以从我跟 Brian Massumi（布赖恩·马苏米）写的那本书（First and Last Emperors）开始谈起。那本书写得比较早，讨论的是专制主义如何改变社会关系。我们开始是先谈秦始皇，但是后来把这个问题关联到布什、伊拉克战争，还有日本的一些情况。我最近一篇关于仪式理论，特别是有关村落仪式的文章，也在讨论这个问题。其中，仪式理论那一部分讨论仪式专家的位置，仪式专家在仪式当中可以把很多资源转来转去，好像一直让给别人，然后他自己的位置就提高了。文章讨论的实际上是仪式怎么产生权威与价值的问题，有点人类学的味道在里面。

最近 David Palmer（宗树人）有一篇写 Marcel Granet（葛兰言）的文章。[①] 我觉得很有趣，因为他把 Granet 跟社会学、人类学的主要理论做了一个对比，他发现人类学或者是早期社会学，一直在回避比较复杂的国家、文化及其历史演变问题。他们会尽量讲到那种一般的或者比较

[①] David A. Palmer, "Cosmology, Gender, Structure, and Rhythm: Marcel Granet and Chinese Religion in the History of Social Theory," *Review of Religion and Chinese Society*, 6 (2019), pp. 160–187.

普通的、部落性的、简单的社会，因为在简单的社会里，可以看到仪式活动所反映的社会关系、社会分类、社会权威与价值如何产生。但是在一个比较复杂的，有相当长的历史的，特别是有帝国形态的国家中，这些东西变得非常复杂，每一种社会关系、社会来往，都透露着专制主义的影子，也会改变它们的一些关系。所以最近在写一篇相关的文章时，我就想起了我最早的那本书，它也算是我早期在斯坦福大学读中国思想史的一个结果，跟前面谈到的 Strickmann 和刘若愚都有关系。我后来一直讨论的当代民间宗教的那些仪式理论，也要回到这个问题。我一直感觉这个问题还在：地方权威可以产生多大的效果，在仪式当中可以产生什么新的价值与价值分配？这个问题要面对来自国家的力量，要跟国家的力量妥协，但它不一定全然等同于国家的系统。科大卫、蔡志祥一直认为道教把国家的符号、象征带到了民间那些仪式框架当中，但是我们看到很多道教的仪式跟神童有关系，跟神童也有一个妥协的面向。这些跳神所代表的民间力量，好像跟道教仪式也有一点不同，跟这些专制主义的国家主义还是有不同的意义或者不同的可能性。我最近也一直在思考这些神童在中国文献中的反映与演变，感觉加上田野调查就会有很多新的突破和理解，和完全依赖传统文献有所不同。因此，也许可以从神童的位置在整个比较多元的仪式框架当中看到一些变化，这个应该是比较新的想法。

刘：丁老师，您刚说您对这个问题的兴趣在博士生阶段就产生了，是吧？

丁：是的。

刘：当时是什么缘故让您突然对专制主义感兴趣了？我是说，您在一个民主国家当中生活，为什么突然会对专制主义有了兴趣？

丁：最直接的就是伊拉克战争。从一开始，这就是一种骗人的手段，我们看透了这个问题，想了解为什么美国公民会跟着跑，跟着唱同样的调子。我们发现这个跟领导的身体很有关系，所以一定要看到领导的身体在媒体上面怎么带动一个国家的运作，这个是我们当时想深入调查的问题。那本书的前半部分是讲法西斯的一种理念、动态与倾向，是把秦始皇的故事重新讲了一遍，用《商君书》及韩非子、李斯的一些文章，进行了一些概念性梳理，不是很有考证学的味道。

这个题目我们很早就提出来了。因为在斯坦福大学的时候，我自己提出跟 David S. Nivision（倪德伟）读《商君书》，把整本书读下去。当时很好玩，跟 Nivision 一起讨论这些问题，他非常特别。当时也没有电脑，也没有太多可以利用的索引。我问他一个问题，他就在那边大概十分钟不回答，我以为他睡觉了，结果他突然间就说原来是在某一书某一章某一节有这个概念。他就在他自己的脑子里面去寻找，然后找到了这个概念出现在某一段话当中，就可以从那里开始谈起。他是一个很特别的学者，有这种本事。

我记得在 AAS（亚洲研究协会）里边也做过讨论，发表了这些分析。组织者、参与者很尴尬，他们觉得不可以把古代中国的问题和当代政治结合起来讨论。他们觉得这样做肯定不是学术性的，所以他们很替我担心。但是没有关系，有的学者至少听了一下报告，有的学者还提出了一般的问题，很有考证学色彩的问题，虽然没有明白我们想做什么。但是有一两个人还是听懂了，特别是 Angela Zito（司徒安），那个时候很支持我们。有文化人类学背景的人可能比较能接受我们的做法，传统汉学就很难理解，这是比较好玩的一件事。

实际上，我们在很多情况下没有办法在比较传统的学术史里面谈论这些问题，也不知道应不应该放在访谈里。

刘：没有问题，我觉得访谈应该是开放性的，访谈就是不要局限于非常严格的学术话语，只要能跟我们思考这个世界有关系就行，而且实际上您的很多思考是来源于我们的现实生活，也跟学术界思考的一些关键问题有关系。

丁：这是当年为什么要研究这些问题的动力。可能是想搞清楚伊拉克战争为什么会发生，为什么要走上这条路，或者说掉入陷阱。我们已经看得很清楚，这是一个陷阱，会把整个国家的物力都集中到这个方向上。我们觉得必须有人来反思。

刘：当时 Massumi 也在斯坦福大学读书吗？

丁：他不是，他是在耶鲁大学。他基本是在那边开始翻译 Gilles Deleuze（德勒兹）的作品，很多年通过翻译过日子，大概翻译了十来本书，大都是 Deleuze 的作品，以及其他几个法国知识分子的书。我们后来有一年都在一起，是我在巴黎的时候。我先是跟 Nivision、刘若愚学，再跑去 Berkeley 跟 Strickmann 学，Strickmann 建议我去巴黎看 Schipper，那一年 Massumi 先生也去了巴黎。当时他正好在翻译 *A Thousand Plateaus*（《千高原》），Deleuze 的名著，所以很忙，整天都在翻译。我跟 Schipper 学到很多东西，但他也不想让我多留，要把我送到台湾去。他觉得我没有办法同时兼顾道教研究和道教文学两条路，必须更进一步了解道教本身，也许以后还可以进行文学研究，但首先要了解道教在中国社会中是什么样子的，所以他就竭力叫我去台南。

刘：所以您跟 Massumi 先生是在巴黎认识的？

丁：没有，我们在布朗大学一起住在同一个宿舍，本科时就认识。那时候我们一起参加阅读课，读海德格尔，还有梅洛-庞蒂的书。那时，我们就有一些共同兴趣，所以后来我们留在大学继续读书，虽然跑不同的系、不同的学校，读研究生时还是保留了一些联系，觉得应该要讨论一些问题。我们当时已经开始讨论怎么写这本书了，所以这本书的想法是慢慢发展出来的。后来因为战争的关系，我们就觉得一定要把它写完出版。表面上看，这本书的写作是因为面临那些政治情况，但里边的问题已经很早就提出来了。后来，我看 Palmer 讨论 Granet 的时候，感觉这仍是一个比较根本的问题。中国早期帝国的建立所带来的这些专制主义，是怎么渗入各方面的社会关系、仪式、符号，改变它原有的意义？它有没有一个彻底的透入，还是有多少透入？在不同的情况下，在不同的时间、不同的政府中，国家的演变会产生多少对立性？我们能不能把这些问题分析出来，把它们挖掘出来讨论，我觉得还是有意义的问题。

刘：那本书我记得叫作《第一个与最后一个皇帝》。

丁：First and Last Emperors: The Absolute State and the Body of the Despot (New York: Autonomedia, 1992)。

刘：您为什么说秦始皇是第一个皇帝？他的专制具体体现在哪些方面？表现出什么样的特征？

丁：我们列了《商君书》的几个做法，统一文字……

刘：书同文，车同轨。

丁：对。《史记》里面讲到最后秦始皇到了海边，想打一条大鱼，用连弩来打它。可以看出，这个海已经变成他没法控制的空间。不久他就死了，他的尸体被送回咸阳，为掩盖散发的尸臭，送丧的官员下令载了一石的鲍鱼。我们在书中对这些小笑话做了发挥，也是对专制主义者最后的死亡境界进行了反思。

刘：这些专制主义在仪式方面和象征上，会留下什么样的表现和印记？

丁：Palmer 最近那篇文章综合评价了 Granet 的几本书。一本是写《诗经》的，① 讨论一对对的年轻人，男女对歌。这种现象与涂尔干笔下的澳洲土著居民差不多，但这类故事在涂尔干那边就变成了社会分类、社会价值的产生和来源。但是他的第二本书，就是 Danses et légendes de la Chine Ancienne 这本书（《古代中国的舞蹈与传说》，Paris: Félix Alcan, 1926），开始看到战国时候的一些变化。原来《诗经》中那些开心的仪式，开始遭到控制与操弄。随着王权的发展，在城市建立了祀典中心。再下一步，就是所有的诸侯国都被兼并，中国统一成一个帝国，Granet 认为 relative cosmology 是政治发展的结果。

---

① 〔法〕葛兰言：《古代中国的节庆与歌谣》，赵丙祥、张宏明译，广西师范大学出版社，2005年。

刘：这个词，中文译为"关联性宇宙观"。

丁：对。因为由《诗经》中的娱乐节日，到战国的那些封建诸侯，再到有一个统一帝国和皇帝，仪式在变，仪式的形式也在变，到最后整个仪式体系都在变，整个宇宙观也会受影响，这是他讲的三个阶段的演变。但是Palmer指出，很多社会学家不愿意追随他的路径，他们只想研究早先的情况，而不想考虑后面国家统一了以后帝国体制带来的改变。道教研究中，Michael Puett也对这些问题做了阐发，如黄老是不是可以让皇帝成仙，这是其中的一个可能性。他后来把道教研究也放在这个框架中去讨论，觉得道教继承了这种自我成仙的精神。这一时期帝国分裂，道教开始兴起，各种成仙方法都被提出来。所有这些可能性都存在于文化仓库当中，都可能发展出不同的混杂情况。在帝国兴起之后的时代，不同地方是在祭祀原来那些本地神明，还是转而寻求那种能带来富有、多子的神仙的帮助？在当代或者历史上不同民间仪式活动中，是不是还可以看到这几个层面同时并存？这些是Granet提出来的一些可能性，但是分析起来很困难。他后来也没做什么实地调查，全部根据古代的书籍和诗歌来提出他的看法，所以没有人把他的那种多层面的东西带到一个比较具体的仪式场所来进行讨论，但我觉得这种做法是可行的。

刘：听起来是很有趣的，其实Palmer的讨论里边，比较有趣的就是对社会学、人类学的批评，以及Granet早期的学术遗产中被后人忽视的部分，那么我们重新去阅读他的时候，是不是需要从这些部分出发，继续沿着他的思路去开拓研究？

丁：是，是很有启发，他甚至讨论了婚姻交换、婚姻关系的演变。婚姻关系也是涂尔干、列维－斯特劳斯关心的问题。而斯特劳斯也经常指出是Granet给他的启发，但是他也不讨论Granet举出的那些例子，因为这些例子太复杂，太麻烦，很难把它们简单化成general（普遍的）和secondary exchange（再交换）这类东西。可能还有很多启发可以讨论，我觉得这些问题至少是我最近那篇文章试图讨论的。也许那篇文章可以讲得更清楚一点，或者是还没有讲得更清楚。

刘：挺有趣的，我以前接触过王铭铭与王斯福的东西，他们十几年前已经在讨论文明的问题了。他们一直在思考 Maurice Freedman（弗里德曼）。其实，Freedman 一直对社区研究有很多批评，他的基本判断是，社区研究是一个死胡同，没有办法把握中国社会的特性。所以六七十年代的时候，他开始考虑对中国这一类型的社会，要用什么样的思路或者是视角，才能更好地去理解。这个社会空间那么大，包含那么多人，结构又是如此复杂，他认为很多事情在社区层面可能是无法讨论清楚的。

丁：所以他的宗族要在国家跟社会之间找到一个定位，他提出的模型也就变得很抽象。质疑社区研究，讲中国社会的历史演变，这个是应该的。他确实面临的是一个丰富复杂的文化，所以一定要找出妥当的分析路径，一个提问题的方法。我想这些问题还没有完全解决，所以都必须带到田野调查当中。

刘：王铭铭是在这个基础上去提一些看法，比如他提跨社会体系的概念，从文明的角度去探讨不同社会关联性的问题，这方面他自己和学生都做过一些工作。他倡导的是去研究所谓"中间地带"的问题，就像汉文明和印度文明之间的那些空间。在他看来，这些空间是文化上的中间地带，在这些地带特别容易看到不同社会之间的关联性部分。这些思考在具体方向上跟您可能不太一样，但是在更抽象的层面，是不是有一些共通的地方？

丁：应该是，有一些类似的问题在内，特别是我最近在做关于东南亚的研究，婆罗洲的情况也是可以讨论共通的问题。虽然华人文化在这一带面临很多层不同的文化环境，问题可能更复杂，不仅是一种文化如何面对另外一种文化，或者那种中国文化本身是什么东西的问题，可以放到这个脉络中进行思考，而且还要求把问题更加复杂化。在这种情境下，文化不一定一直保留一个定性，也不一定能简单地断定它必然包含哪些因素，在东南亚有很多复杂演变和混杂、再混杂的现象。

刘：这些研究与您在第一本书中讨论的专制主义问题有何关联？

丁：可以看荀子如何讨论礼仪，他会把很多专制主义的东西放到里面。在荀子介绍的仪式当中，仪式专家的位置就是一个很关键的位置，他们可以进行所有社会地位的分配，以及所有仪式所吸纳进来的资源分配。因为他们刚好站在中间，可以对整个仪式进行控制，制造一些价值观、权威，所以这种仪式理论还是一个专制主义跟儒家思想相结合的成果。那么应该追问，专制主义精神或帝国主义精神是怎么进入一个仪式体系的，把它变成这类区分高下的机制。当时一些历史场所，还保留了一个很强大的国家体系，以及很多很强大的仪式象征和国家符号。但这些仪式场所是不是还有其他的因素在内，还可不可以看到不同的像 Granet 讲的那些层面，也就是比较原始的、具有农业性色彩的那些东西？是不是可以假设，神童研究也可以谈那些层面，对神童的讨论也可以谈到政治层面，或者是资源分配？这些可能不仅涉及国家符号是怎么闯入这些民间场所的，而且民间自己在提出这些想法和要求的时候，也会面临这些压力，也会跟各种压力和因素妥协，包括资本主义、国家的因素，这些力量可能现在还在妥协。当然这个还需要一步步细讲，这样太乱。

刘：不会。

丁：我提出了一个概念是 ritual polyphony（仪式复调），这个词是指在仪式当中，各种不同的参与者可能会对仪式有不同的理解。这可能太简单。人类学家一直在思考仪式怎么重新分配社会地位、权威、社会资源之类，如何把等级制度重新表达、再生产出来。但是我们也可以看到其他层面、其他可能性，这是我试图在这篇文章中提出来的一个想法。但是这个研究要面对专制主义怎么渗入以及怎么进入社会的各个方面——包括它的仪式、语言、符号之类的问题，这个问题需要具体的例子来进行分析，才可以谈得比较清楚。

余：这篇文章打通古今中外，很值得期待。

丁：这篇文章没法发表，太啰唆了，肯定要切成好几块。主编已经跟我说了，只给我6000字，只是它现有篇幅的一半。它可能涉及几个不同的问题。一方面是对于这些丰富复杂的仪式，能不能通过一种人类学的分析，看到它怎样产生价值、分配资源，并重新思考社群的独立性。由于中间牵涉到不同族群的自我定义，其实很难搞清这些仪式的基本意义是什么。另一方面是要面对它的丰富复杂性、各种杂音、各种各样的吸引力量，怎么在一个场所把不同的流动力量合并起来，使之成为一个整体。这是一个相当有难度的分析对象。

余：这篇文章将您以前的田野经验与理论思想又推进了一步。

丁：现在有一种 material religion（物质宗教）的研究，从各种各样不同新的角度分析宗教现象，包括宗教的音乐、祭品、神像等各个方面，都可以作为出发点，这个应该是很多学科都在讨论的问题。

2. 道教仪式框架

余：丁老师，从您的博士学位论文中可以看到两种张力，一种是Schipper或者说法国道教研究传统的影响，另一种是跑过田野之后您自己的很多新想法。特别 Taoist liturgical framework（道教仪式框架）这个概念，当时您为什么会选择用这个概念来理解中国的社区宗教？

丁：我跟邱坤良一起跟Schipper老师上课的时候，讨论到舞台的安排、庙宇空间的安排，发现道教的仪式时间安排是最关键的，其他所有的活动都要围绕它来进行，一定要在需要他们上台的时候才可以上台，他们的整个仪式有自己的节奏，各种各样的东西都有时间、空间上的安排。整个庙宇的空间变成一个天堂的台阶，这些东西都是根据道教的仪式象征体系演变发展而来，所以道教仪式框架这个概念，是根据这些具体的思考、安排提出来的，要解释道士怎么把空间变成他所需要的宇宙空间，怎么跟其他来到空间里面的人进行互动。比如说那些老百姓要送礼品,他要放在哪里,能不能进入庙里。假如在台湾的话,要送猪,只有会员可以进庙,老百姓只能在外面另外安排桌子,但是那些桌子也不能放在台上,因为待会儿道士要上去做仪式。

我看到的最好玩的一个例子,是在新加坡九鲤洞,他们每十年要做一次逢甲普度。这次他们的空间被压缩了,因为政府占领了一块地,本来他们在那边开不同的坛,现在只好把他们的空间变得非常舞台化。一个空间可以转变,很快可以改造成不同的空间用途。可以建立舞台,也可以把舞台拆解。整个空间非常灵活,因为同时有三四种仪式在进行。有人在扶乩、跳神,道士要做一套,戏班要做一套,和尚也要做一套,老百姓要送很多祖先礼品,也要进来出去。所以整个空间安排,都是他们非常灵活地在处理。用处理现代舞台的方式,把一个空间改来改去。新加坡有很多不同的庙,它们是怎么安排这些东西的,不同的空间怎么利用,怎么扩大,如何根据具体条件来协调这些活动的时空安排,我们都可以看得很清楚。

但是后来这个问题变得比较复杂,又变成了一个定性的概念,大家都认为,它只有在这个道教仪式框架内才算是道教的东西,已不是我原来的意义。我本来也不愿意只看道教本身而不看其他互动的东西,如活动的资料、视频、人物,还有音乐团队。我为了更进一步展现这些复杂关系,就提出了一个多元仪式架构的概念。因为现场真的可以看到,各种团队安排的时空是不一样的,但都是共同增加不同层面在里边,非常复杂。有时候很具体,就像是现在的舞台,这边变高,那边变低,这种理解可能就是这个框架的基本意义。我是觉得多元框架概念可以让道教研究反思自己的局限。过去两批学者研究仪式,人类学者在庙外,问老百姓他们怎么看这些仪式,而道教研究者一直在跟道士一起,追问那些道士在做的仪式有什么意义。两者没有互动,没有讨论其他因素。不过Schipper有一篇写王醮的文章,写得相当好,已经讲到对王爷的三层不同理解是怎样同时进行的了。他认为道士用特殊的道教遁甲方法,把王爷们从宇宙的cracks（裂缝）中推出去；而董事会认为他们在接送一个黑社会的老大，所以要送给他很多礼，让他们开心地走；老百姓觉得这些王爷是来救他们命的，他们都要用锁锁住自己的身体，然后等待王爷来救命。三种不同的理解，通过不同的仪式行为，都在同一个地方进行，不同的节目都可以被编排出来。这类文章也给我很多启发。后来主要是永华在四保找了很多礼生的文献，给了我更多的启发。因为看他们的资料，知道了这批人也有很重要的仪式与社会角色，只是我们过去比较少考虑到。他找到和分析的那些资料，改变了我对狭义道教仪式框架的理解。

余：所以在您的博士学位论文里面就可以看到一种张力，您的introduction（引言）写的是要从道教来分析，但是最后早就脱离了道教的框架。

丁：我是希望把那个框架的讨论范围，从仪式本身扩大到游神、分香，观察不同的空间如何一层一层地扩大，这也可以说是一个道教框架如何组建的问题。但是这中间牵涉到分香与进香，分香可以从祖庙分到很多代的寺庙，形成第二代、第三代的网络，同时这些分香庙也可以在固定的时间回到那个中心来。我一个是看仪式结构，一个是看空间的创造，这两方面都要跟道教仪式框架结合起来。但是我没有说得很清楚，这个我可以承认。所以科大卫的书评写得很搞笑，他说我的那本书①像牛津大学阿什莫林博物馆，就是里边什么都有，但是你不知道为什么它们都在里边。他说的也有道理。

刘：我看您后来的研究，是慢慢走出道教研究的基本框架，然后去做莆田仪式联盟的研究，把各种各样的议题都纳入讨论范围。这么来看，道教在您整个研究对象中的重要性是慢慢变小了。

---

① Kenneth Dean, *Taoist Ritual and Popular Cults of Southeast China*, Princeton: Princeton University Press, 1993.

丁：没错。主要是写三一教的时候，确实是感觉所谓的秘密宗教之类，其实也是村子可能的一层面，他们可以参加，也可以不参加。参加以后他们就进入了另外一个平台，可以表演他们的道德修养，或者赚钱，反正他们都有一层一层可以套进去的关系。看到三一教以后，就知道了融合性的倾向可以把很多不同的因素加进去，把它变成一套。这个经验也使我重新思考一个单独的道教仪式框架的局限。到我们去莆田调查的时候，确实发现很多仪式是跟宗族有关的，如宗族的关系、影响力怎么出现在各村的角落，然后这些角落又如何出现在仪式当中。一个村庄或角落的演变过程，或是它与周围村子之间关系的演变，跟它们原来的一些仪式角色是相当有关系的。这个问题牵涉到宗族及其历史演变、社坛的演变、开垦过程、人口增多等问题，还包括一些环境资源的使用或者破坏问题，这些都可以也必须谈到。谈到这些问题，我的博士学位论文已经被打败，可以扔到垃圾桶了。

刘：论文还是很重要。

丁：对当时的中国研究来说，它还算是比较重要。因为当时真的很多人怀疑当年的中国这些文化组织已经全部消失，在这方面它是稍有贡献的。

刘：道教仪式框架还是一个很基本的概念。

丁：那些台湾的学者一直要求我重新定义，让他们更有自信。我觉得没有必要，大家可以自己走出比较妥当的研究路子。他们一直问我这个道教仪式框架可不可以再维持，再强调，他们好像很怀念。

刘：其实还是很基本的概念。我们看到在乡村的仪式当中，它肯定是非常重要的层面，只要跟道士有关系，就会涉及这个概念，除非道士不在场。

丁：我现在担心的是，这个框架比较不让神童出场。在新加坡就看得很明显，神童已经把道士推到一边，道士变得非常不重要，神童才是主要演员。这可能跟移民有关系，因为很多仪式是神童而不是道士带过去的，道士的东西可能后来才被移民拿来，并且只拿了一部分，而不是一个统一的固有文化。闽南文化有它的家族、道士、社团等不同的等级、不同的势力。新加坡移民涉及很多不同方言，他们到处乱跑，政府也把他们搬来搬去，然后他们就混杂起来了。很多情况是只有神童才有力量把这些会员拉过来，让他们的庙宇继承下去。

刘：神童有没有他自己的仪式框架？我想道教仪式框架最重要的地方，是让整个社区或是社会可以参与仪式活动。在参与的过程中，它提供了一个框架，这个框架不仅仅是对道士有意义，更重要的是，它打通了道教和社区之间的关系。如果把这个问题放到神童研究中来看，那么我们是否也要聚焦这个过程，神童提供了类似道士提供的那种框架吗？在时间、空间的安排上，在社会的组织方面，是否提供了类似的框架？

丁：应该没错，就是在新加坡有比较固定的过程，神童跳神比较固定，跳了以后，人家排队，在那边提问，一直到最后没有人再问，才退下去。

3. 微观社会学的思考

余：您的研究受 Deleuze 的影响比较大，您是怎么接触到他的思想的？前面您谈到 Massumi 先生翻译 Deleuze 的作品，您是跟他一起读的吗？

丁：是的，我也上过 Deleuze 的课，他当时讲 Spinoza（斯宾诺莎）的思想。我至少见过他三四次，印象很深。他是很特别的一个演讲者，一直在思考一些问题，不断地转转转，直到讲到一个很有逻辑性的结论，我很佩服他。他的表达能力，他的思考与创新，都是令人吃惊的。他提出了一些比较根本（如本体论）的问题。针对 subjectivity（主体性），他提出相当多新的思考方式，包括他所批评的 the image of thought（思想图像）等那些从亚里士多德下来的一些基本思考方式，他想找出不同的思维形式。他后来的很多书都在证明他的这个出发点，可以带来哪些新的体会。他经常会谈到很多问题，有一些当时也是跟专制主义有关的。

其实我们讨论的仪式和第二政府，跟他就有一些关联。在20世纪90年代，一个村子做个仪式，要考虑有多少空间做这些事情，多少能力，到什么时候碰到局限，什么情况下可以成功，什么情况下会被压下来。几乎当年我参加的所有仪式都是一种集体试验，很多人都在利用他们所有的关系、联系与能力来让一个仪式成功举办，甚至神明也被"请"下来帮忙，他会写很多信（应是通过扶乩或跳神的方式——整理者注），鼓励大家继续做仪式。在这些现象当中，我看到了神童的重要性，他可以在人间代表神灵，充当一种桥梁，他可以让大家觉得他们背后有很大的力量，可以实现他们的想法。那个时候，我看到很多地方官员一直跟那些老板搞好关系，因为他们的薪水几个月就会花光，而那些老板就是帮助这些庙宇活动的。在这种情况下，这些庙宇，在我看到的那段时间、那个地区，可以看作一个很重要的社会纽带。特别是那些退休的干部，他手上有人际关系网。还有富有的新老板，他们通过参与活动，可以得到一些社会认可。很多老百姓也可以参与活动，跟他们的神明交流，受到神明的保护。各种各样的音乐队伍、艺术队伍都可以在那边活动、表演。戏台也好，傀儡戏也好，敲锣打鼓也好，还有那些西洋乐队，各种各样的群体都在同一个场所进行活动，进行集体试验。所以那个时代是个很特殊的时代，后来也保留了一定程度的活动。

余：老师进入田野的时候正是改革开放的初期，有很多新的问题出现，老师对仪式与现代性交涉的问题思考是不是与此有关？

丁：对，我们大概考虑了好几个不同的因素，如国家、资本主义。资本主义改变了很多社会关系，很容易破坏集体的仪式活动，可以把它变成商业化表演，会改变它的一些其他可能性。而且一个村子做仪式的时候，怎么避免变成纯宣传活动，保留自己的空间，看自己的活动会变成什么东西，可以达成哪些期望，获得哪些新的对自己有利的能力，在当时都是一个试验。整个村子的这种试验，非常值得研究，具体到什么地步可以避免成为纯宣传活动或是变成资本主义，从而保留他们的空间，需要深入思考。现代性包含了这些矛盾与冲突。借助很多新的技巧，政府的控制日益深入。随着科技的发展，政府的渗透能力越来越强，改变了很多东西，如国家银行的大计划，整个交通条件的改善，基本建设的变化都属此类。但是最基本的，村子的建设，还是靠庙宇来收钱、出钱，修路建殿，建厕所，搞老人会，它们都在做。虽然它们不是水利的组织单位——因为国家的工程师已经代替了这个职能，但它们是一个控制财产的总机构，它们进行资源分配，用于基本建设，所以它们确实是正在建立一种新型的另类现代性。我们也许不用担心这种现代性最后会变成资本主义。

余：也不是杜赞奇（Prasenjit Duara）描述的那种国家的内卷化。

丁：对。他的内卷化讲的是专制主义的噩梦，或者是整个社会瓦解的结果，那是一个很可怕的可能性。其实我们看到很具体的做法，包括神童的位置、仪式传统的复兴、互相抄经文、互相交流法服，种种现象表明，大家都在重新建立一个地方仪式传统，也是在发明地方仪式传统。仪式传统是整个族群都参加的活动，而不仅仅是道士。这让我想起"迎神赛会"整个词。这些活动确实是一个比赛。当然这个表述中的"赛"字有不同的内涵。各个村子看到别的村子做得好，他们要做得更好。这是一个不断复杂化、丰富化的过程。

余：整个也跟经济的发展有关系。赛会发展会改变甚至破坏原来的仪式联盟，但后面联盟可能会再次出现。

丁：都有可能，都在变，可以变得很快，且破坏后会重新调整。莆田平原搞出来一个玉皇殿，背后的主导者都是一些新兴的阶层，他们希望强调象征资源，来说明他们比原有的其他联盟更高一层，而且往往是有钱的商人在玩。他们能不能成功？成功到什么地步？下面的联盟会不会复兴？复兴到什么地步？或者重新演变？各种可能性都有，包括城市化让不让仪式活动继续下去。莆田只有南门那一带还保留着一些区域性的仪式活动，其他地方都消失了。很多很多不同的情况，同时在一个很小的地方发生，这是一个很复杂的棋盘。

余：老师在这些不断变动的地方仪式传统中看到了神庙在地方公共资源管理中一直扮演着重要角色，于是您提出神庙是"第二政府"（second government）。最近，您与郑振满教授在《民俗曲艺》上发表了一篇讨论宋代以降莆田"以庙宇为中心"的社会（"temple-centric" society）的文章，也表达了同样的看法。① 您是如何定位这个"第二政府"的？它在多大程度上属于"地方自治"？

丁：我们基本上是讨论自治化。"第二政府"这个词是当地人讲的。我觉得很有意思，可以拿来跟其他的理论进行讨论。杨美惠（Mayfair Yang）有一本书刚刚出来，② 讲 civil society（市民社会），她认为宗族与庙宇可以在地方创造市民社会。但是我很早以前就反对利用这个词来分析中国现象，我对她的重新解读不太认同。这个词还是有太多西方历史的痕迹，它很难很好说明当地的问题，而且这个词在中国一直被否定，重炒这个概念没有意义。最好是可以找到当地人自己的词，或者分析一些具体的情况，包括分析整个仪式中的各种力量。通过这个方式，我开始考虑混合场域，还有仪式权力问题。为了发现另类现代性，可能要考虑这些东西会不会包含一些特别的因素，特别的异质力量、权力，是否有创造不同空间的可能性，我提出那些概念，正是为了分析这些问题和具体情况。

这个混合场域，考虑的是在仪式当中看到的现象。比如道士、经师、和尚在那边做着很整齐又很复杂的各种各样象征性的动作，如内观、画符、朗诵真言等。但是整个仪式不仅仅是他们在做，那些神童、

---

① Kenneth Dean and Zheng Zhenman, "The Rise of a 'Temple–Centric' Society in Putian in the Song and Later Transformations of the Ritual Sphere," *Min Su Qu Yi* 205 (2019), pp. 103–159.

② Mayfair Yang, *Re-enchanting Modernity: Ritual Economy and Society in Wenzhou, China*, Durham, NC, and London: Duke University Press, 2020.

老百姓也在外面做，整个场所及广场内的所有现象都很重要，包括这个空间跟村子之间的关系。一方面，可以说道士把神明"请"到他们的身体内，然后又分配至整个村子来保护村民。但是神童做得更直接，有时候会替神讲话，也会到每家每户去看他们摆的祭品。所以实际上一开始，仪式活动就改变了那些神明和神童原有的位置，把他们背后原有的巨大力量集中于同一个方向。这个方向就会把原有的不同力量，不管是保护性的还是破坏性的，富有还是疾病，都集中在一条比较美好的路上，把这些东西拉到民间去了。这个是我看到的圣和灵的一些区别。

当我在思考这些概念的时候，碰巧有一个学生叫王坤利，他跑过来说，他在新加坡发现一个非常有趣的现象，那些地狱的神"跑"出来了。各个庙旁边都有大伯爷、二伯爷这些地狱官，现在他们都以跳神的形式出来了，所有的庙都有，但是没有一个庙是专门拜他们的，因为他们都不是主神。现在这种信仰非常普遍，而且他们会批给你四个字——"需要买票"，很多人信他们。他们甚至不用在庙里，就在一个普通的场地开酒会，很多正在跳神的地方神明都跑过来，他们的所有信徒也都跑过来，有人给他们唱歌，有人给他们倒酒。举行这些活动的地方，既不同于一个庙宇空间，也不同于一个固定的烧香场所。神童与信众在那里开 party（酒会），然后又散掉，相当于原来的仪式边界已经有些损坏。王坤利提问说，这些活动是不是属于俗文化，一个戏谑的文化场面？这是一个俗与圣之间的关系，他说的俗就是 profane，圣就是 sacred。这是一对老的矛盾，伊利亚德（Mircea Eliade）及其他很多人就讨论过。王坤利认为灵是跑来跑去的，有的时候是在俗这边，有的时候是回到圣的一边。他的讨论很有启发。但我跟他说，我的圣与灵不是二元对立的，它们是 bipolar（两极）。这是说它们是在一个比较复杂的力量场所中形成的两股吸引力，而不是无法并存的。二者是两股能影响整个场所的流动力量，而不是二元对立的东西。当然，他的这个说法还是不错的，他提出了幽默在这些场所的重要性，幽默也许还能改变这个架构本身。

余：您讨论的是仪式的情况，而他看到的是仪式与生活交叉后出现的现象。

丁：对，但问题是酒会是不是一个仪式？这种酒会没有固定的时间，就是一个大家都在玩，一起听音乐、喝酒，然后散掉，非常松散的结构。他们有时候是开那种带音响效果的面包车过来的，看到他们的时候就已经是跳起来的状态了，但是我们不知道他们是什么时候开始跳神的，我们看不到开头，也看不到结尾。

余：应该可以算是仪式，但这是一个日常生活实践，与场景在庙里的仪式不一样，是一个生活化的仪式。神童的生活确实与仪式是分不开的。

刘：他们怎么知道在这个地方要搞这些活动？

丁：他们有一个网络，在新加坡好像有五六个团队，每个团队都有十几个、二十个庙，他们知道什么时候在哪里搞活动，所以肯定有些中间人在安排时间、地点与设备，然后很多人通过 social media（社交媒体）知道要到哪边去。这个非常好玩，也让我们重新思考架构本身，是一个比较好玩的挑战。

刘：非常有趣，怎么去把握它的特点是一个问题。

丁：我想 Robert Weller（魏乐博）一听到这个就会反对。他觉得这种现象太超出人类学的范畴。

刘：很难把它结构化。

丁：是的，它就是在流动。假如我们把这些东西看作一个流动的安排，那也许可以这样子去思考。但是一般情况下很困难，因为大家都要求一个空间的安排、时间的前后。但也因此很有趣，我也没有完全想清楚这一点，但是觉得这是个很好的挑战，包括前面提到要不要把俗的、笑的、游戏的一块，加进我的 bipolar force field model（两极力场模型），那些圣和灵间关系的抽象面向。

刘：蛮有趣的，其实我们的研究就是经常面对这些经验事实，去反思过去概念的局限，思考怎么把这些经验包容进来。

丁：是，我想这个是我们做这方面的研究必须面对的现实，必须面对新的发现，必须不断产生新的概念、新的理论与新的思维方式。因为太多新现象正在形成，包括最近的新型冠状病毒会带来什么样的宗教现象，我也不知道。过去所有的宗教社会学都很关注集体活动，现在集体活动不能做了，会产生什么样的理论？还有线上的仪式肯定会发展得很快，但会不会再发展出什么个人化、私人化的宗教现象，一如世俗化理论一直在强调的？我觉得不一定。因为现在很多宗教组织也有很多具体问题：他们的房租怎么付？他们的基本机制怎么运作？新加坡的庙宇每30年要换一次地契，这意味着每隔30年就要付一大笔钱，所以他们有很多很具体的问题要处理。

余：是的。我们在这次的谈话中获得了很多灵感，感谢丁老师百忙之中接受访谈！

专题研究

明清珠江三角洲宗族的形态转变*
——以南海石头霍氏为例

周　肖　任建敏**

摘　要：本文以明中叶著名士大夫霍韬的宗族建设为起点，考察霍韬在大宗与小宗名义上进行的宗族实践的不同特点，以及明清时期石头霍氏宗族形态的后续演变。霍韬的大宗建设，改造了传统宗法制度"大宗"的观念，使"大宗"变成了一个涵盖始祖以下所有房支人丁的群体概念。霍韬的小宗建设，通过庞大的积累财产来维持小宗在经济生活上的共同联系。霍韬耗费心血最多的小宗建设，到明后期已逐渐解体，而其重新定义的"大宗"形态的"大宗祠"，在后世仍然作为石头霍氏的礼仪中心。明清之际，石头霍氏各房纷纷以本房祖先为名创立房祠，形成新的祭祀分支。以宗法为外衣的宗族组织原则让渡于以世次亲疏为内涵的房支形态。清中后期，大量社会经济实力雄厚的支派建立起支祠，形成了遍地祠堂的新局面。清后期，珠江三角洲各地普遍出现了文化认同层面的同姓合族浪潮，石头霍氏各房内部出现了一个整合分散支派的新趋势。

关键词：霍韬　石头霍氏　大宗　小宗　宗族

---

*　本文系2018年广东省哲学社会科学规划项目"南汉至清代珠江三角洲佛教兴衰与社会变迁研究"（项目号：GD18DL15）的阶段性成果。

**　周肖，佛山科学技术学院马克思主义学院讲师；任建敏，中山大学历史人类学研究中心、历史学系副教授。

既有研究表明，明代是传统中国宗族社会形成的关键时期。罗一星、刘志伟、科大卫等学者的研究，以珠江三角洲为主要的田野考察现场，令人信服地揭示了明代珠江三角洲地区宗族形态的主要特点及其演变过程。① 其中，明代中叶是珠江三角洲地区宗族建设的一个关键时期。经历了 15 世纪下半叶两广地区此起彼伏的漫长动乱期后，到了 16 世纪，珠江三角洲呈现出勃勃生机，在仕宦、思想、经济与社会上都有迅速的发展。正德、嘉靖年间，珠江三角洲成长中的士绅阶层积极融入明中叶新兴的白沙之学、甘泉之学、阳明之学等理学流派之中，一方面向地方社会盛行的佛教及"淫祀"开战，争取地方信仰的主导权，同时还通过禁毁淫祠寺观的活动夺取了大量田产；② 另一方面，这些新兴士绅阶层将注意力放在当时最为关注的礼仪问题以及宗族建设问题上，通过灵活运用宗法原则，构建出披着宗法原则外衣的新兴宗族模式。

霍韬与佛山石头霍氏就是这批新兴士绅与宗族的先驱和代表。明代中叶之前，石头霍氏在佛山地区是一个寂寂无闻的小族，其先祖既无绵长的历史，亦无显赫的官职，也无雄厚的财富。直到正德年间石头霍氏第六世霍韬高中进士，并在嘉靖初年大礼议后迅速成为明世宗所倚重的大臣，石头霍氏才成为能与石碣梁氏（正德朝首辅梁储家族）、黎涌伦氏（弘治朝状元伦文叙家族）相提并论的名门望族，并与孔边方氏（方献夫家族）、沙堤湛氏（湛若水家族）、黎涌伦氏（伦文叙家族）、鹤园冼氏（冼桂奇家族）、弼唐庞氏（庞嵩家族）、叠滘庞氏（庞尚鹏家族）等珠江三角洲的仕宦望族形成了千丝万缕的姻亲关系网。霍韬的宗族建设可以归纳为以大宗之名建立大宗祠、以小宗之名实现合爨共

---

① 可参见罗一星《明清佛山经济发展与社会变迁》，广东人民出版社，1994；刘志伟《地域社会与文化的结构过程——珠江三角洲研究的历史学与人类学对话》，《历史研究》2003 年第 1 期；科大卫《皇帝和祖宗——华南的国家与宗族》，卜永坚译，江苏人民出版社，2009。

② 任建敏：《明代广东寺观田产研究》，中山大学出版社，2019。

居、以禁毁淫祠之便积累族产、以书院教育培养子弟四个层面。既有研究对这四个方面有或多或少的探讨，如罗一星、科大卫、井上彻等学者对霍韬宗族建设的理念及特色、宗族组织的模式都有较为深入的研究，具有很高的解释力，在学界产生了广泛的影响。① 但大体而言，往往未能清晰阐明霍韬宗族建设中的大宗与小宗之别，亦未关注明中叶以后石头霍氏实际宗族形态的演变，因而无法了解霍韬的宗族建设理念在明清石头霍氏的宗族运作实践的后续影响。总体而言，既有研究集中讨论明中期霍韬时代的宗族建设，但对明后期乃至清代石头霍氏宗族形态的发展演变讨论不多。本文以霍韬的宗族建设为起点，在既有研究基础上考察霍韬在大宗与小宗名义上进行的宗族实践的不同特点，并进一步考察明清时期石头霍氏宗族形态的后续演变，以期通过这一典型个案，探讨明清珠江三角洲宗族形态转变的历史过程。

一　嘉靖初石头霍氏大宗祠的创设

学界对明代中叶珠江三角洲的宗族建设十分关注。很多研究指出，嘉靖十五年（1536）礼部尚书夏言上疏请求允许天下臣民冬至得祭始祖是中国宗族史上的一件大事。不过，就珠江三角洲地区而言，早在夏言上奏之前，地方上建设宗祠祭祀始祖的风气便已经出现了。如井上彻认为："在广州建设祠堂祭祀祖先的风潮与《广州志》编辑的时期相近，即大概开始于15世纪的后期。"② 但其流行仍然集中于"士大夫之家"，未及庶人。从嘉靖初年"大礼议"开始，民间宗族建设与国家礼

---

① 罗一星：《明清佛山经济发展与社会变迁》；科大卫：《祠堂与家庙——从宋末到明中叶宗族礼仪的演变》，《历史人类学学刊》第1卷第2期，2003；井上徹「霍韜による宗法システムの構築——商業化・都市化・儒教化の潮流と宗族」『都市文化研究』第3號、2004。

② 井上彻：《魏校的捣毁淫祠令研究——广东民间信仰与儒教》，《史林》2003年第2期。

秩之争发生了联系。科大卫指出：

> 嘉靖年间的法律改革与当时的"大礼议"很有关系。霍韬、方献夫等在"大礼议"中支持嘉靖维护孝道的官员，同时也支持在地方上毁减"淫祠"，这些官僚中有好几个是广东人。明中叶后，因为得到这些人的推动，家族制度在广东发展得特别快，其结果就是庶人（平常人的家族）可以像明初的贵族家庭运用同样的礼仪拜祭祖先。①

大体而言，珠三角宗族的建设约略与大礼议的展开同时，与方献夫、霍韬议礼诸公有密切关联。石头霍氏的宗族建设则颇为后世所称道，而其宗族建设理念的成形，无疑是"藉霍氏这位首任官僚霍韬之手开始的"。②

霍韬宗族建设的一个标志性事件，就是位于其家乡石头村的大宗祠的创建。科大卫将大宗祠与霍氏家庙视为两个不同的建筑，代表不一样的礼仪传统。③ 关于这一问题，还需要先将"大宗祠"与"霍氏家庙"的关系辨明，才能做进一步讨论。

据现存光绪年间所修《石头霍氏族谱》记载：

> 一大宗祠地原系淫祠。嘉靖初年，奉勘合拆毁发卖，时文敏公承买建祠。嘉靖初年又奉勘合，折毁寺观。简村堡排年呈首西樵宝峰寺僧奸淫不法事，准析寺卖田。时文敏公家居，承买寺田三百亩，作大宗蒸尝。嘉靖十九年文敏公薨。二十一年，寺田复奉勘

---

① 科大卫：《国家与礼仪：宋至清中叶珠江三角洲地方社会的国家认同》，《中山大学学报》（社会科学版）1999年第4期。
② 井上彻：《中国的宗族与国家礼制——从宗法主义角度所作的分析》，钱杭译，上海书店出版社，2008，第293页。
③ 科大卫：《祠堂与家庙——从宋末到明中叶宗族礼仪的演变》，《历史人类学学刊》第1卷第2期，2003，第15~16页。

合，发卖增价。佥事与瑕、分宜与瑺增价买回。内将二顷入祠堂，将五十亩入社学，五十亩赡族。嘉靖三十九年（1560）复奉勘合增价。瑕、瑺兄弟哀诉于两广郑军门，行府县议减纳饷，乃得为祭祀，计田二顷，僧米十石七斗，又加虚税粮二石七斗，所入甚薄，而粮差甚重。每岁春秋祭祀外，存积不多。与瑕虑寺田终有更变，乃樽缩前租，买到简村堡田数十亩，永作大宗蒸尝。

一霍氏家庙坐前街之北，东向。系嘉靖四年乙酉正月初一庚申日建，奉祀始祖，以二世、三世、四世之祖配之。①

《石头霍氏族谱》的上述记载，将大宗祠、霍氏家庙分列两条。这就引出了一个比较重要的问题：以上记载中的"大宗祠"与"霍氏家庙"是何关系？据霍韬所著日记性质的《石头录》记载：

（嘉靖）四年乙酉（是年公三十九岁）正月朔一日庚申创大宗祠，奉始高曾祖考妣主。②

另外，霍韬门人沈应乾在《石头录》该条注中称：

时公无居室，与兄振先谋曰："君子将营宫室，宗庙为先。"乃创大宗祠，中为始、高、曾祖神位，而以各房伯叔之祖附之。或问："各房之祖同祠，礼乎？"公曰："高祖于曾祖，父子也。一父数子同居共食，礼也。生可共食，没独不可共享乎？若只宗子、嫡孙入祠，则三四世后，各房皆舍其祖拜嫡子之祖，生者安乎？礼非从天设地产，因人情耳。况《家礼》有附食之文乎？"霍氏之合祀

---

① 《石头霍氏族谱》卷1《祠记》，广西师范大学出版社，2015，第73~74页。
② 霍韬：《石头录》卷2，《北京图书馆藏珍本年谱丛刊》第45册，北京图书馆出版社，1999，第229页。

各祖于宗祠，自公始也。①

由此可见，霍韬在创建大宗祠的时候是有自己的考量的。其一是霍韬当时还没有"居室"，也就是说他仍与诸兄弟共居。而在新建"居室"之前，霍韬认为，自己作为朝廷命官，可以按照明代礼仪标准，先营"宗庙"。所以在营建"居室"前先创大宗祠。霍韬创设大宗祠在嘉靖四年，正当大礼议论争最为激烈之时。当时霍韬因大礼议中"濮议派"的强烈反对而退隐西樵山，但霍韬的议礼之疏得到嘉靖皇帝的嘉许，屡次召命催促上京。在这个背景下，霍韬大宗祠的创设第一次将始、高、曾、祖、祢等祖先合祀于宗祠，表明霍韬有意识地要确立大宗祠祭祀始祖的地位，当然亦有支持嘉靖皇帝维护孝道的意义。科大卫指出："霍韬建立祭祀祖先的家庙，与他当时在乡下实行的一系列措施一样，都是当时地方官员和本地士绅一起在乡村推行教化，建立儒家礼仪秩序的重要环节。"②

《石头录》作为霍韬的日记文字，是现存有关石头霍氏大宗祠最早的记载。该记载比较简略，其中有两个重要的信息：一是提到了创建大宗祠的时间，即嘉靖四年正月初一；二是奉祀的神主为"高曾祖考"四世。沈应乾的注释虽然较为晚出，但距离霍韬创建大宗祠的时间并不太远，应该是比较有价值的补充。其在注释中提到，霍韬所创设的大宗祠并非只有始祖以下的"宗子""嫡孙"，还包括"各房伯叔之祖"。为此，霍韬还为这一似乎不合礼法的做法进行了一番辩护，强调高祖、曾祖的关系其实就是"父子"；既然生前的"一父数子同居共食"是礼，那么死后的一父数子自然也应该可以共同接受祭祀；如果只有宗子、嫡孙才有资格入祠，那么三四世后，各支子的房支都只能拜嫡子之祖，而舍弃其本

---

① 霍韬：《石头录》卷2，《北京图书馆藏珍本年谱丛刊》第45册，第229页。
② 科大卫：《祠堂与家庙——从宋末到明中叶宗族礼仪的演变》，《历史人类学学刊》第1卷第2期，2003，第16页。

身之祖,这样生者也不能安心。霍韬更进一步阐释,认为所谓礼者,并没有"天设地产"的成规,应该因应人情而制。所以霍韬所创大宗祠的形制,并非只有宗子一脉的"高曾祖考",还包括始祖以下的"各房伯叔之祖"。霍韬这一设计,其实是有两个主要考虑。一是霍韬的祖父霍厚一是三世祖霍玄珍的三子,并非"宗子嫡孙",如果严格按照宗法制度的家庙祭祀,霍韬的祖父将被排除在大宗祠的祀典之外,这对已经崛起但属于小宗的霍厚一这一支子孙是非常不利的。所以霍韬必须找一个能涵盖霍厚一入祀的理由,才能使霍厚一这支保持对大宗祠的控制权。二是对明世宗"大礼议"的遥远支持。正如霍韬所强调的,祭本生之父祖,是"生者安"之道,不应强迫支子舍其祖而只拜嫡子之祖,须知明世宗之父兴献帝之于明孝宗也是小宗,既然民间都能不只祭嫡子之祖,那么明世宗尊崇其本生父兴献帝,亦是"因人情"而设的礼义,无可厚非。

因此,要判断大宗祠与霍氏家庙是否为同一建筑,需要对两个关键要素做进一步的分辨:一是建造时间,二是所在位置。

首先是建造时间。《石头录》提到大宗祠的营建时间是嘉靖四年正月初一,没有提到霍氏家庙。而《石头霍氏族谱》没有提到大宗祠的营建时间,只能确定是在嘉靖初年稍后。值得注意的是,《石头霍氏族谱》还称霍氏家庙建于嘉靖四年正月初一,与《石头录》所载大宗祠建造时间一致。另外,《家训》内有一篇嘉靖五年所作《告家庙》文,[1] 可见霍氏家庙应在嘉靖五年之前已经落成,显然与大宗祠同时。

其次是方位。《石头录》记载,霍韬于嘉靖四年十月建石头书院。而沈应乾该条的注释称:

> 院在大宗祠左后堂,教乡族子弟十八岁以上者。前堂聚乡族童

---

[1] 霍韬:《家训》卷1《汇训下第十四》,《涵芬楼秘笈》本,第31页。

子教之。①

由上可以推断石头书院与大宗祠的相对位置，石头书院应在大宗祠左侧。而《石头霍氏族谱》的石头书院条则称：

> 一石头书院，坐家庙之左，东向。系嘉靖四年乙酉十月日建。文敏公年谱载云：本文院一连三进，后堂延宿儒为师，令乡族子弟十八岁以上者听讲程朱训、习四礼。前堂延小学师聚乡族童子教之遵守家规。②

由上则可以推断，石头书院位于家庙左侧。综合以上两条可见，与石头书院相对应的右侧建筑物既是大宗祠，也是家庙。因此，无论从建造时间还是方位都可以推断，大宗祠亦即霍氏家庙。而且，笔者在田野考察中也在石头村当地霍氏族人口中得到"大宗祠就是家庙"这一肯定说法。

而之所以会将霍氏大宗祠与家庙误以为是两个不同的建筑，原因其实在于《石头霍氏族谱》的《祠记》部分的体例编排问题。在《祠记》中，每一座建筑物前，都有"一"作为提示。其目如下：

> 一大宗祠地……
> 一霍氏家庙……
> 一石头书院……
> 一西樵书院……
> 一慎德书院……

---

① 霍韬：《石头录》卷2，《北京图书馆藏珍本年谱丛刊》第45册，第230页。
② 《石头霍氏族谱》卷1《祠记》，第74页。

一肃宾馆……

一文敏公官厅……①

乍看上去,大宗祠和霍氏家庙应是两个不同的建筑,但如果细读条文,可以看到"大宗祠"条并没有如后面六条一样说明坐落方位,反而主要是在说明该"地"的由来以及赋役问题。所以第一条其实并不是在讲大宗祠,而是在讲"大宗祠地",是作为《祠记》部分提纲挈领的条目。而记载大宗祠的建造时间、方位和供奉情况的是霍氏家庙条。

在霍韬的概念中,这一建筑更多的功能是祭祀始祖以下历代祖先的"大宗祠",而非一姓官员按照礼法原则祭祀宗子嫡孙的家庙。一个值得重视的现象是,霍韬在家书中多次提到"宗祠""大宗祠""祠堂""大宗祠堂""石头祠堂",其是规训子弟最重要的场所。但除了嘉靖五年所作《告家庙》文外,基本没有提及"家庙"之语。因此,这一建筑虽有"家庙"之名(其正门匾额即题为"霍氏家庙"),但实际上已经是囊括石头霍氏各支派的共同祭祀场所了。而且大宗祠内的神主亦并非一成不变,是可以在后世进一步增加的。如霍韬在《家训》中将石头霍氏子弟的言行分为四等,其中头二等,死后是能够配食始祖祠堂的。可以说,这就是霍韬所制定的始祖祠堂的神主准入标准。第一等是类似于传统儒家思想中的"立德立言"之师才有资格称作一等。第二等则类似于传统儒家思想中的"立功"之官,且能够达到"尽忠体国"者,才能列为二等。这二等的门槛不低,因此要进入大宗祠配食并不是大多数石头霍氏子弟所能企及的。而还有第四等,即不入等,则为霍韬所痛斥的各种劣行者,要在功过簿上登记,宣之于众,并不准其入祠堂,这相当于褫夺了其石头霍氏子孙的资格。②

---

① 《石头霍氏族谱》卷1《祠记》,第73~75页。
② 霍韬:《家训》卷1《汇训上第十三》,第30页。

大宗祠创建之后，就成为石头霍氏宗族活动最重要的场所。这在霍韬的文集、《石头录》、《家训》中都有十分丰富的内容体现，比较有代表性的如《家训》提到的报功最之仪式。① 该仪式的评判标准，是上一年子孙在经济上的收益多少。科大卫对此进行了分析，指出："我们必须明白：计算功德，是在祠堂祭祖的仪式里进行的。在这个仪式中，宗族的男性成员，诚邀祖先的灵魂到场，向祖先汇报个人经营族产的盈亏，这些族产，是祖先交托给他们个人的。人们不仅相信祖先会到场听取汇报，而且还相信祖先会按照规矩，视宗族成员经营族产之盈亏，予以奖惩。"科大卫还提到，这一仪式还见于16世纪的徽州地区，但在珠江三角洲地区，"似乎很快就消失了，至少不见于《庞氏家训》"。② 石头霍氏的这一仪式要维持下来，很关键的一点是需要有相当规模的族产。因为如果子孙该年所获"岁功"在上最标准之上，还需要拿族产出来进行加赏，具体操作，即按照上最的正绩之外十分之一的比例加赏。所以，维持这一仪式的运作，一方面大宗祠的祠产要不断增殖，另一方面需要后世子孙不断捐献，这是相当不容易的。

除了创建大宗祠以及设置祠产，霍韬还煞费苦心地设计了一套管理石头霍氏的宗族制度。这套制度具体的规条集中体现在其《家训》中，此处只对设宗子一事进行考察。科大卫、常建华、井上彻等学者都指出，霍韬《家训》中论及其设立了家长、宗子、纲领田事、司货等各种职能管理者，使得宗族的礼仪、管理等事务都有专门的负责人。如井上彻指出：

在宗族组织中，利用祭祀来统治族人的宗子，或者因宗子不"贤"而选立的家长，对与维持宗族运转有关的所有业务负有全责，在此基础上，"纲领田事者"、"司货者"，负责管理作为共有

---

① 霍韬：《家训》卷1《货殖第三》，第5~7页。
② 科大卫：《皇帝和祖宗——华南的国家与宗族》，第137页。

财产的制铁业、陶瓷器业、租佃土地等。①

科大卫认为：

> 霍韬花了很大力气，要把宗族的管理与礼仪的尊卑分割开来，宗族的管理工作由"家长"负责，而礼仪方面则仍由"宗子"为尊。②

常建华指出：

> 霍氏还建立了由宗子、家长以及田纲领、司货组成的宗族组织。规定："凡立家长，惟视材贤，不拘年齿，若宗子贤即立宗子为家长，宗子不贤，别立家长。"还创立"考功"、"会膳"制度，以增强宗族的凝聚力。③

霍韬在对待宗子地位问题上，考虑十分慎重。一方面，宗子作为宗族奉祭祀之主，霍韬有意提高其地位。如《家训》中即提及："大宗祠堂谷，付大宗子出纳。"④ 这使得宗子对大宗祠族产有一定的管理权。

在这里特别值得注意的是，宗子的人选如何确定。结合霍韬《家训续编·先德篇》以及《石头霍氏族谱》所记载的世系可知，霍厚一并非始祖霍刚可的长房，而是霍刚可长孙霍玄珍的第三子。霍玄珍长子名霍厚深，号幽轩。⑤ 根据《石头霍氏族谱》相关记载推算，在霍韬创

---

① 井上彻：《中国的宗族与国家礼制——从宗法主义角度所作的分析》，第299页。
② 科大卫：《皇帝和祖宗——华南的国家与宗族》，第151页。
③ 常建华：《儒家文明与社会现实：明代霍韬〈家训〉的历史定位》，温春来主编《"中华文明视野下的西樵文化"国际学术研讨会会议论文集》，广西师范大学出版社，2012，第131页。
④ 霍韬：《家训》卷1《汇训上第十三》，第30页。
⑤ 《石头霍氏族谱》卷1《四世长房》，第98页。

建大宗祠时，霍厚深的长孙霍方仍在世。① 霍方长子霍与道生于弘治九年（1496），② 此时已经29岁，但尚未生子。③ 也就是说，如果从大宗祠始祖以下的长子嫡孙来论，霍与道应该是最有资格承担宗子之任的人选。因此，霍韬《家训》提到的"大宗子"，应该是由霍与道来担任。《家训》附录的《祠堂事例》中提到，每年"支宗子谷三十石"，应该就是给作为承祀的大宗子霍与道的待遇。

二 霍韬本支合爨共居的理想与实践

在大宗祠建立以后，霍韬开始考虑"居室"的创建。霍韬并没有简单地为自己建造新屋，而是在建设大宗祠后不久进行族内合爨的设计。与整合始祖以下宗族成员的大宗祠不同，霍韬所设想的合爨范围，仅限于自己祖父派下的亲族，即"同祖兄弟子孙"。

《石头录》比较清晰地记录了霍韬经营合爨的时间线，兹以《石头录》为本，将其时间线索梳理于下。

第一阶段为嘉靖四年实行合爨的定议阶段：

> 八月回石头秋祭。
> 十月回石头议聚爨（沈应乾注：公未第时，有志合己分之爨，著《家训》，定程式，教子弟，课农桑，公贮畜，均财产。至是亦举行之。）
> 闰十二月十日祭告建室聚爨。④

---

① 《石头霍氏族谱》卷1《六世长房》，第111页。
② 《石头霍氏族谱》卷1《七世长房》，第141页。
③ 据《石头霍氏族谱》，霍与道的两个儿子霍若海、霍若淮分别生于嘉靖九年、嘉靖十二年。《石头霍氏族谱》卷1《八世长房》，第194～195页。
④ 霍韬：《石头录》卷2，《北京图书馆藏珍本年谱丛刊》第45册，第230页。

霍韬此时在石头乡尚未有"居室",常住之所是其西樵山的四峰书院。嘉靖四年即兴建大宗祠之年,大宗祠兴建于正月,八月前当已完工,不然不会在八月举行秋祭。秋祭后过了两个月,再从西樵山返回石头乡,商议聚爨之事。协调好相关问题后,选定正式奠基建室的日子是当年的闰十二月十日。

第二阶段是嘉靖五年新居室的完工以及进行合爨仪式的实践阶段:

(正月二十三日)是日筑合爨厨。

二月六日合爨。(沈应乾注:公以是日合爨告于家庙,有祭文,见集内。公自合爨后,所置产业悉与同祖兄弟子孙共之。立家长总摄家事。宗子惟主祭祀,宗子贤则以宗子兼家长云。家众计口支谷自爨。惟朔望会膳。会膳之日,三十以下不得饮酒精食,以下肉食不过一品。立旌善纪过两簿,子姓善恶,六岁以上,六十以下皆书之。其教家矩度,详见《家训》中。邑之九江有姓陈者,兄弟八人三世同居,乡邦称为陈雍睦家。公尝赠之序,其末云:"教家不难其始,而难其终。不难于其人,而难于其躬。妇子嘻嘻,家节是漓,少长匪仪,家节是秕。一人不慎,一家是违,一念不慎,鬼神是窥。故曰身不修,家不齐也。"观此而公之所以修身齐家者可知矣。)[1]

在居室正式兴建大约一个半月后的嘉靖五年正月二十三日,合爨厨正式修筑,此后不久就于二月六日举行了正式的合爨仪式。从《石头录》的沈应乾注释可见,合爨时,霍韬还写了一篇祭文,于家庙(即大宗祠)宣读。而合爨后家族事务的具体管理,则在《家训》内有详细体现。沈应乾注释中提到的南海九江陈氏的三世同居共爨之例,对霍韬思考本宗合爨规划的影响是十分巨大的。霍韬所作《雍睦序》,以拟

---

[1] 霍韬:《石头录》卷2,《北京图书馆藏珍本年谱丛刊》第45册,第231页。

问拟答的形式，连连抛出他对合爨之举可能会产生的各种问题，实际上也是霍韬在议合爨时所顾虑的问题。从《雍睦序》归纳起来，大体而言，可以归结为亲属关系的疏远、财产分配问题、家族子嗣的本业问题、家族的勤俭用度问题、家族传承的自律机制问题等五个方面。① 这些相关问题，霍韬在《家训》中进行了十分周详的设计，大体上可以分为三大部分：一是对合爨居所的整体格局设计，二是对合爨共住子孙的规训条文，三是对合爨共住的经济安排。限于篇幅，本文只对第一部分同祖兄弟合爨居所的整体设计进行讨论。

首先要注意的是其整体的设计。《家训》卷首有一幅《合爨之图》（见图1），这一幅图与《家训》中的《合爨男女异路图说》相配合，能够更好地还原霍韬的设计，非常有价值。兹先全文征引如下：

> 凡朱扁男子由焉，墨扁女子由焉，阴阳之别也。男门由前，女门由后，外内之别也。人授两室，女从母，子从父，夫夫、妇妇、子子、女女，止其所也。男街直达，女街后转，远别也。男止中堂，女止寝堂，慎则也。女门重错，谨也。家人之义大矣哉！②

将此《合爨男女异路图说》与《合爨之图》进行对照，能更加清晰地看到霍韬所设计的家族"合爨"理念是如何运作的。在霍韬的设计中，合爨居所可以分为三个空间，居于中央的是大门、中堂、寝堂等公共空间。位于左右两侧的则是生活空间，区分内外，前面第一、第二进标注为颐期堂、安耋堂、安老堂、宁耆堂、艾堂等文字，表明是族中五十岁以上老人的居所，另左右两侧各有一个夕惕轩，注明"冠者处此"；中间第三、第四进为族中男性居所，左侧还有四个男性膳所，按

---

① 霍韬：《家训》卷1《汇训下第十四》，第32~35页；又参见霍韬《渭厓文集》卷7《述贺》，明嘉靖刻本，第36~39页。
② 霍韬：《渭厓文集》卷14《合爨男女异路图说》，第51页。

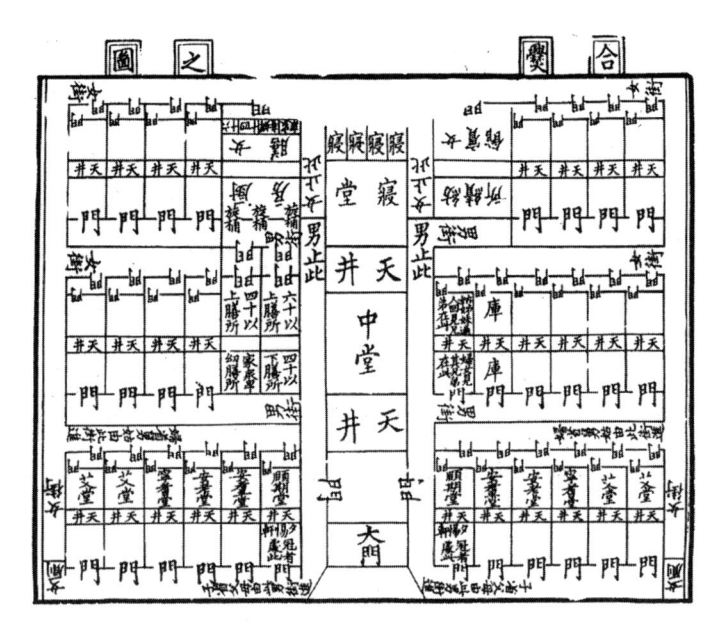

图 1 合爨之图

资料来源：霍韬：《家训》卷首《合爨之图》。

照六十岁以上、四十岁以上、四十岁以下、家众卑幼进行区隔，右侧有两个"库"以及两个分别用作姑姊妹见兄弟、妇女见兄弟的房间；后面第五、第六进为族中女性居所，此外，左侧有厨房、女膳，亦按照六十岁以上、四十岁以上、四十岁以下、家众卑幼区分，但面积没有男性膳所大，右侧有纺织所、女宾馆。除寝堂、中堂等公共建筑外，总计有单独居所60所（每个居所有多少个房间则难以确定）。此外，男街、女街亦划分井然。整体目的，就是让居处井然、长幼有序、男女有别。

《石头录》所提到的嘉靖五年二月初六霍韬合爨祭告家庙之文，在《家训》内完整地记录了下来：

> 嘉靖五年月日，男某孙某曾孙某谨告于祖考曰：惟是今日，寔我孙子女妇百口聚食于此。呜呼！祖考生我，孙子分爨，迄今余五十祀，幸今复合，实祖之赐。凡我孙子，暨我妇女，仰我考祖，如木同根，

如水同源。昔年分异，女妇哇喧，底方盖圆，割户分门。始自今兹，百子千孙，居则同堂，出则同门，食则同餐，男无二心，妇无间言，帑无异帛，橐无私钱，保此敦雍，庶尚永年。希惟考祖，佑我孙子，阴翊法宪，匡我女妇。始自今年，妇有长舌，诋好论丑，考祖殛之，俾哑其口；夫听妇言，曲人直己，谮愬诋毁，争隙是启，考祖殛之，俾聋其耳；妇帛私藏，蚁啮其箱；私窃酒食，蛆溃其肠；业儒而惰，天夺其魄；出仕而贪，殒骨异域；营私便己，灭其孙子；私其子女，女绝子死；恃强凌人，灾于其身；不守训矩，以丧廉耻，死为狗鼠；偷闲惜力，家计不恤，素餐饱食，为鬼为蜮。我祖在上，正此法纲，子孙守之，降之福祥。俾之身康，俾之命长，俾之子孙，亦流馨芳，保此家门，勿替而昌。醴牲具陈，神其降享。（此大合爨祭告词也，子孙宜熟诵之，女妇熟听之，以保敦睦）①

该文提到，从霍韬之祖父霍厚一起，子孙分爨已经五十多年了。由嘉靖五年上溯，则霍厚一支的分家大概是在成化中期。按《石头霍氏族谱》可知，霍厚一生于永乐甲辰，即永乐二十二年（1424），卒于弘治庚戌，即弘治三年（1490），生有霍光、霍荣、霍华、霍富、霍瑜五子。② 也就是说在霍厚一生前，其五子已经分居。至今，霍韬则以一人之力，使"始自今兹，百子千孙，居则同堂，出则同门"。而在祭文中，霍韬尤其强调，其子孙须关注家里的妇女，防止长舌是非，同时也要求子孙为人处世要勤劳正直，遵守训矩，不然，祖先就会降下灾殃，

---

① 罗一星提到，嘉靖五年二月初六霍韬举行合爨仪式后，率男女老幼聚于大宗祠宣读祭文，并全文引用了《石头录》卷六中的《合爨祭告家庙文》。但笔者查阅《石头录》卷六并未发现此文，罗一星所据《石头录》之祭文当另有所本。见罗一星《明清佛山经济发展与社会变迁》，第106~107页。另《家训》亦载有《告家庙》之文，文字细节与罗一星所引者略有出入。比较之下，《家训》本的成书时间、文意及完整性似更佳，笔者此处以《家训》的《告家庙》文为底本。见《家训》卷1《汇训下第十四》。
② 《石头霍氏族谱》卷1《四世长房》，第99~100页。

警醒子孙。罗一星指出，这一祭告文中的"这些诅咒，对于没有文化或少有文化的族人，尤其是对妇女，具有相当大的震撼力"。而且，由于霍韬设计的报功祭、春秋二祭等仪式只有男丁参加，而"合爨"时所有妇女都参与了聚会，因此是"更大范围内整合宗族的制度，不可简单地视为单纯联络族人感情的喜庆宴会"。① 而且，这一祭文中的诸条约束，其实也是回应霍韬在写给九江陈氏《雍睦序》中所关注的维持家族合爨必须注意的几个问题。

霍韬在嘉靖五年初议合爨的规模，可以通过《石头霍氏族谱》中的族人生卒时间做一个数据统计，以更为清晰地了解霍韬此举的意义。由于霍韬祖父霍厚一的五个儿子在嘉靖五年时均已去世，且其中霍荣无嗣，另霍氏女孩生卒时间并未载于族谱，因此以霍厚一其余四子为线索列出表格（见表1）。

表1 嘉靖五年合爨时霍厚一支系男丁统计

世系	五世	六世	七世
姓名	霍光	德	与重、与球、与珩
		江	与珠、与玘（出继霍育）、与瑶
		仪	
		仁（未娶早卒）	
	霍华	隆	与璋、与珪、与玖
		韬	与璞、与瑕、与珉、与玦
		佑	与玱
		任	
		杰（未娶早卒）	
	霍富	福	与瑚、与连
	霍瑜	泽	
		育	
嘉靖五年在世人数（人）	0	10	15

资料来源：《石头霍氏族谱》卷1，世系部分。

---

① 罗一星：《明清佛山经济发展与社会变迁》，第107页。

由表1可见，嘉靖五年霍韬合爨时，其祖父一支在世男丁一共只有25人，其中第六世大概都已经婚娶，但第七世大多年幼。其中霍与重20岁、霍与球15岁，年龄较大，也许已经婚娶，但据《石头霍氏族谱》可知，此时亦尚未有子嗣。此外，霍光等人的妻子仍在世。因此，霍厚一本支相加，嘉靖五年时，一共40余人，如果加上各家仆役，算起来应该有百人之数。

霍韬对自己的这一设计是颇为满意的。霍韬文集中有一封《与林方伯》的书信，谈及其合爨之事。按，林富任广东右布政使在嘉靖二年至五年。① 因霍氏家族的合爨举行于嘉靖五年二月初六，所以该信大概写于嘉靖五年初。霍韬在信中提到："向承执事为处学田，今俱就绪。惟僧田略有改更。今亦以次定矣。吾乡吾族无穷之泽，俱执事之赐也。生复扩充执事之教，聚吾同祖而下兄弟子孙百口共食，粗立纲纪，俾嗣有守焉。亦执事惠教之及也。《聚居图》一幅奉览，后有家规、学规、乡约，大率润泽前哲之成训者耳。俟梓完奉上，领终教之幸。"② 可见，霍韬在完成合爨工程的同时，一并撰写了家规、学规、乡约等，而这些文字应该就是其《家训》前编的祖本。

此外，还有一个问题需要辨明。霍韬所设计的这个合爨共居的建筑群与大宗祠是什么关系？在村落中处于什么地位？既有研究对此问题比较含糊，或者默认这一建筑群中间的公共空间部分就是石头霍氏的大宗祠所在地。科大卫认为："在他（霍韬）的观念上，乡村是围绕祠堂建立的。这幅《合爨男女异路图说》可能是最早表达宗族同姓村落格局的文件。"③ 这一认识恐怕需要再做讨论，再加辨明。

首先，从霍韬的整体设计来看，整个建筑群的面积非常大，以岭南

---

① 嘉靖《广东通志初稿》卷7《秩官》，《四库全书存目丛书》史部第189册，齐鲁书社，1997，第144页。
② 霍韬：《渭厓文集》卷9《与林方伯》，第10页。
③ 科大卫：《祠堂与家庙——从宋末到明中叶宗族礼仪的演变》，第16页。

地区一般的乡村建筑规格来看，普通民居一间面宽3～4米，因此该建筑群长必然超过60米，进深则超过50米。既然霍韬在给林富的信中已经提到完成了"聚吾同祖而下兄弟子孙百口共食"的整体设计，并已绘制出"合爨之图"，还详细写下"防检之式多，诲谕之意少"的单行本《家训》，①那么这一合爨建筑群应该在嘉靖八年前即已完工，并投入实际运作，不然霍韬不会将其作为一项得意之作展示给林富、孙育等人。而20世纪90年代初石头村的大宗祠建筑群，"从左至右依次为'霍勉斋公家庙'、'椿林霍公祠'、'霍氏家庙'和'石头书院'，均硬山顶，各组主体建筑为三进院落四合院式平面布局，后二进面宽进深各三间，抬梁与穿斗混合式梁架结构，总面积2484平方米。其中中间的两座略高大，建筑形式一致，造工考究，装饰精美"。②不过在2000年前后，石头书院更名为"霍文敏公家庙"，又在祠堂群最右侧增建了一座规制稍小的"荫苗纪德堂"，形成了三进五祠的格局。③笔者用百度地图测距功能大致估算，如今三进五祠大约面阔70米（不包括后建的荫苗纪德堂则为60米）、进深43米，比合爨建筑群应有之进深要窄。而且，因为石头书院的建设在合爨建筑群之前稍早，如果石头书院数百年来的方位没有发生变化的话，那么在合爨之图中，应该紧靠中间的公共空间的右侧，而合爨之图右侧根本没有石头书院的位置。而后文将提到的万历四十二年小宗祠碑记中霍韬用来合爨的"小宗地"，其名显然与"大宗祠地"不同。④更何况，霍韬的合爨计划仅局限于同祖兄弟内部，并不包括其余各房石头霍氏子孙，所以合爨群中间的公共祭祀空间，应该祭祀的是霍韬祖父一支的神主，而非大宗祠规制的始祖及以下

---

① 霍韬：《渭厓文集》卷15《家训续编序》，第1页。
② 佛山市文物管理委员会编《佛山文物》，佛山日报社，1992，第60页。
③ 据笔者2020年1月15日实地田野考察所见。
④ 宣统《南海县志》卷12《金石略》，《广东历代方志集成·广州府部》第14册，岭南美术出版社，2009，第302页。

的各房之祖。所以这一合爨建筑群并不在石头霍氏大宗祠的方位上。

那么，这一合爨建筑群应该在哪里呢？据了解，石头村"村中以前还有霍氏六世祖霍韬所建霍渭崖祠，前后共七进之深，人称'七叠祠'，可惜已毁无存了"。① 笔者在石头村田野调查时，询问石头村的霍适生老先生，老先生表示"七叠祠"位于石头村前街的中部，即原来小宗祠的位置，如今只剩下一个门面而已。据《石头霍氏族谱》：

> 一小宗祠坐前街之中，西向，奉祀诰赠三代尚书南谷公，以四房之祖配之。勉斋公送田五十亩入本祠，今奉主从祀。②

由此可见，小宗祠奉祀的是"南谷公"，即霍韬之祖父霍厚一（号南谷）。而这与合爨之图的小宗范围一致，所以小宗祠所在地应该就是霍韬当时所建合爨建筑群的位置。因此，霍韬"合爨之图"所反映的建筑格局，仅是霍韬本房之内的聚居格局，而非整个石头村生活与祭祀中心的写照。中间的三进房子，也只是作为奉祀霍韬祖父的"小宗祠"，并非石头霍氏宗族礼仪主要举行的场所"大宗祠"。

另外，还需要辨明石头霍氏"宗子"的概念。一方面，霍韬建立大宗祠的时候，所设"宗子"应该为整个石头霍氏的大宗子，上文已经就此进行推断，应为石头霍氏长房嫡孙霍与道。但另一方面，霍韬同祖兄弟的同居共爨，亦设有小宗子。从霍韬的相关文献记载来看，霍韬在世时，霍韬祖父一脉所确立的小宗子是霍韬祖父霍厚一的长子霍光的长孙霍与重。霍韬还亲自为霍与重主持婚聘事宜，《石头录》记载："（嘉靖六年三月十六日）归币于陈氏（公自注：侄与重聘）。"③ 这是

---

① 赖瑛：《珠江三角洲广府民系祠堂建筑研究》，博士学位论文，华南理工大学，2010，第115页。
② 《石头霍氏族谱》卷1《祠记》，第76页。
③ 霍韬：《石头录》卷3，《北京图书馆藏珍本年谱丛刊》第45册，第237页。

《石头录》中除了霍韬诸子之外唯一记录的为侄子辈主持婚聘的例子。霍韬虽然明确了宗子在祖先祭祀中的地位，但是在荫官入官这一事上却并未给予宗子特别的照顾。霍韬在其家书中提及：

> 予五月初二日考三年满，该荫一人入监。前日要斥出与重不荫他，今思之，各子侄皆未知谁可荫者。如荫与重，但使之守祭祀。可会兄弟告于祠堂，只与璞五兄弟不荫。自与重以下各侄俱用片纸书各名于祖考前，信手拈之，如拈着与重即许他来荫我。此处亦设祖考神位，会白山列位设球拈着何如。倘祖考要渠承祀事，即拈着渠亦罢。①

霍韬为了表明自己公正无私，以及福泽与同祖兄弟共享，所以在自己获得考满荫子之权利的时候，并不私授予其子，而是在同祖诸侄范围内抓阄确定，还规定自己所生的霍与璞等五子不准参加此次抓阄。此事《石头录》中记载称，嘉靖十三年五月十九日"晚上请祖考妣定荫，得与球吉"。② 可见这一次荫官事发生在嘉靖十三年。沈应乾该条注称：

> 公家中自合爨以来，田土布粟皆伯兄振先主之。至是择荫，公曰："祖宗福泽，不敢私吾子，吾子勿预。与重宗子也，当官之以奉祭祀。"第重材不堪官，乃自重弟与球以下诸侄十数人书名至筒中告于祖考卜之，得与球吉。奉旨入监读书，后历仕三十年，所至以廉慎称。③

---

① 霍韬：《渭厓文集》卷9《家书》，第76页。
② 霍韬：《石头录》卷5，《北京图书馆藏珍本年谱丛刊》第45册，第295页。
③ 霍韬：《石头录》卷5，《北京图书馆藏珍本年谱丛刊》第45册，第295页。

霍韬在家书中称"前日要斥出与重不荫他，今思之，各子侄皆未知谁可荫者。如荫与重，但使之守祭祀"，可见此前霍韬是打算将霍与重排除在荫官之外的，后来仍然准许霍与重参加，但最终在祖考前拈得的结果是霍与球。由此可见，霍韬在创立大宗祠、行合爨之后，家族事务由其伯兄霍隆主持，而以其子霍与重为宗子。霍韬一方面认为荫子是祖宗的福泽，自己的儿子不能参与，另一方面认为霍与重作为宗子，应该"官之以奉祭祀"。但霍韬认为其"材不堪"，因此并不给予其荫官的优先权。

此外，在嘉靖四年十月霍韬议合爨的同时，霍韬创建石头书院。沈应乾注称："（石头书）院在大宗祠左，后堂教乡族子弟十八岁以上者。前堂聚乡族童子教之。"① 因此，石头书院所面向的是霍韬"乡族子弟"。而位于南海西樵山的四峰书院是霍韬更为重视的教育场所，专为石头霍氏兄弟的子孙所建，不仅包括霍韬所在的三房，长房与二房子弟也纳入其中。如霍韬曾给为其管理四峰书院事务的好友郭肇乾写信，提到"与鉴、与球、与珠年长矣，不能防检童仆，致烧毁书籍"。② 查《石头霍氏族谱》可知，霍与鉴是二房霍太保的次子，③ 而霍与球则为三房霍德次子，霍与珠为三房霍江长子。④ 常建华称："嘉靖年间霍韬建立了两个书院，一个是石头书院，即社学，建立在大宗祠之左，教育乡里子弟；另一个是建在西樵山的四峰书院，专收霍氏子弟，实为族学。"⑤ 这一论断是很正确的。

总而言之，在嘉靖初年，霍韬通过建大宗祠、行合爨、立家长、设宗子、建书院等措施，初步将这个"并没有什么来头"的家族变成了

---

① 霍韬：《石头录》卷5，《北京图书馆藏珍本年谱丛刊》第45册，第230页。
② 霍韬：《渭厓文集》卷9《与冢山书十三》，第68页。
③ 《石头霍氏族谱》卷1《六世二房》，第117页。
④ 《石头霍氏族谱》卷1《六世三房》，第123页。
⑤ 常建华：《儒家文明与社会现实：明代霍韬〈家训〉的历史定位》，第131页。

一个较为完备的宗族形态。值得注意的是，霍韬的宗族建设是在灵活运用儒家宗法制度与明代品官礼制的基础上进行的。他以明朝品官得立家庙的制度规定，建立了名为"霍氏家庙"的建筑，同时又突破了品官家庙只奉"四世之主"的原则，奉祀始祖以下诸祖先。不仅如此，他还借助他在大礼议中所强调的"礼非从天设地产，因人情耳"的主张，改造了传统宗法制度中以长子嫡孙为"大宗"的观念，而使"大宗"变成了一个涵盖始祖以下所有房支人丁的群体概念。霍韬的日常话语中，将这一建筑称为三房共有的"大宗祠"。通览霍韬的整个宗族建设实践，传统宗法制度的"大宗"概念，在霍韬的制度设计里，只剩下一个仅负责出纳大宗祠堂谷的"大宗子"。另一方面，霍韬还特别重视本房的"小宗"建设，其特点是通过庞大的积累财产来维持小宗在经济生活上的共同联系，尤其以筑室合爨共居为标志。此外，还设立了与大宗子相对的小宗子（但本支事务不由小宗子掌管，而由家长负责），在任官荫子、财产共有等关键问题上，霍韬也严格限定于本房之内。如果详细阅读霍韬《家训》中有关经济治生的内容，可以看到除了涵盖全族人的大宗祠、石头书院、四峰书院的田产外，其他绝大多数的财产管理、口食供给等都只针对本房成员而已。

三　由大小宗到房支：明清之际石头霍氏宗族的形态变迁

霍韬的这套大宗和小宗共同建设的宗族实践，其后续的演变发展，学界尚未有更多的注意。通过现存有限的文献，辅以田野考察，可以做进一步的分析。

首先值得注意的是，霍韬耗费心血最多的小宗建设，其效果其实并不十分理想。霍韬所设想的同居共爨的居住形态，正如其在《雍睦序》中所提出的疑惑，随着时间的推移、人口的增加、亲属关系的复杂，必然产生各种问题。罗一星根据霍韬的家书推断，早在嘉靖十三年前后，霍韬给其兄霍隆的家书中就提到石头霍氏"计口耕田"与"会膳"两套制度都已经停止不办了。① 由于"计口耕田"与"会膳"两套制度针对的应该只是石头霍氏小宗的运行，可见霍韬理想化的合爨共居是很难长久维持的。

前文已提到，霍韬所创建的合爨建筑群，其规模是非常庞大的。不过霍韬对这一理想格局大概没有维持太久，最晚到万历初年就发生了很大变化。《石头霍氏族谱》记载了名为"小宗祠"与"西宗祠"的两座宗祠，原文如下：

> 一小宗祠坐前街之中，西向，奉祀诰赠三代尚书南谷公，以四房之祖配之。勉斋公送田五十亩入本祠，今奉主从祀。
> 一西宗祠坐前街之中，西向，在小宗祠后，奉祀诰赠尚书西庄公，以四房之祖配之。

笔者到石头村考察的时候，询问霍适生老先生，得知这两座宗祠坐落位置还能确定，但建筑物今均已不存，唯有小宗祠尚存一门面。前文已经考证，这两座宗祠坐落的位置，就是嘉靖五年霍韬创建合爨建筑群的原址。勉斋公即霍韬次子霍与瑕，为霍氏第七世中功名最为显赫者，由于霍与瑕生前送了50亩田入小宗祠，因此获得了"奉主从祀"的资格。

《石头霍氏族谱》两祠记录之后，还有一篇《两公祠碑记》，宣统《南海县志》与《石头霍氏族谱》均收有这篇祠记，对照之下，发现宣统《南海县志》所收更为完备准确，如关于该祠记的撰写时间。《石头霍氏族谱》之末有"万历元年孟春吉旦"的落款，宣统《南海县志》

---

① 罗一星：《明清佛山经济发展与社会变迁》，第111页。

该记后则有"万历甲寅（四十二年，1614）孟春吉旦"之语，而碑文正文中有"万历初"之说，且该碑撰文、书丹、篆额的相关官员的任职署衔，经考据也都在万历中期以后，所以前者的落款时间显然有误。

这篇碑记是了解嘉靖、万历年间霍韬小宗实践后续发展最重要的文献，兹以宣统《南海县志》该祠记为底本进行解析。该碑记第一部分如下：

> 武庙中，霍官保文敏公韬起家，大魁南省，肇大礼一议，受知世宗，为时名佐，是固恢恢乎可纪也。予由其明礼而观其立宗，亦自有足述者。是故为人祖宗，不难无显子孙，难于子孙显庸乃宗，弗克以亢也。嘉靖初，文敏尝建其始祖大宗庙矣，而两赠尚书犹然缺典，于是语伯兄隆曰："宗有祖，祖有枝，别子非大宗正配，配惟嫡长。数世下，率子姓假大宗，罔知己枝有祖，抑使实不血食，谓情何？"故亦备列各别子于大宗祠旁，皆东向。而更为其祖尚书立小宗庙，礼有"别子为祖，继别为宗"，是也。①

碑文第一部分提到，霍韬受知明世宗，号称明礼，由其明礼观其立宗，也有可以称道的地方。碑文还提到一个细节，当嘉靖初年霍韬创建"始祖大宗庙"后，考虑到"两赠尚书"，即其父、祖的祭祀"犹然缺典"，因此与其长兄霍隆商量，认为自己祖父一支是"别子"，"非大宗正配"，如果再过数世，大宗一支无知，而让别子之祖"不血食"，于情不妥，所以在大宗祠旁陈列了别子的神主。此外，还为其祖父霍厚一南谷公专门建立了一座"小宗庙"，并强调这是符合《礼记》经典所论"别子为祖，继别为宗"之意的。此处没有提及小宗庙的建设时间，从

---

① 宣统《南海县志》卷12《金石略》，《广东历代方志集成·广州府部》第14册，第302页；参见《石头霍氏族谱》卷1《祠记》，第78~79页。

上文的考证可知，小宗庙其实就是霍韬在嘉靖四年底所创设的合爨建筑群中间的公共空间部分。接下来，该碑记提到：

> 八十年往矣，霍大夫泗源先生一日授予文敏《家训》《年谱》二书，俾作小宗祠记。嗟夫！宗法之立，天下有家，匪细故也。善言国者，观于家而知政之易易；善为国者，始于家而天下固可推也。吾闻霍氏大宗，蒸有田，乡有塾，贫有赡，冠婚丧葬有赗赀，游泮领贤书，计偕有等观场卷资。惟一聚族，咸亲之爱之，本之重也。乃于小宗地，用拓金、用捐祭、用敬食、用均让、用迪宗孙、用贵皇恩，得逮厥所生，比大宗犹加意者，仁之洽也。①

从霍韬于嘉靖四年议合爨之居室算起，至万历四十二年，实际为89年，此处"八十年往矣"，是概数。"霍大夫泗源先生"，按《石头霍氏族谱》可知，指石头霍氏八世孙霍腾蛟，是霍韬长兄霍隆的长子霍与璋的次子，是继霍与瑕之后，石头霍氏在万历中后期官守最高的族人。霍腾蛟（1549~1618），万历十六年举人，历任广东韶州府仁化县教谕、福建建宁府寿宁县知县、浙江杭州府同知、江西瑞州府同知等职。②"吾闻"以下数句，应该是霍腾蛟转述给朱吾弼的，其十分宝贵，是反映万历后期石头霍氏宗族形态的珍贵资料。由其转述可知，石头霍氏的宗族建设分为大宗与小宗两个不同的层次。在大宗层面，有蒸田与乡塾，保障本族内的各项公共福利，如冠婚丧葬、科举考试等都有相应的资助，其目标是"聚族"，使宗族之内亲之爱之。至于霍韬所构建的南谷公以下一支小宗，则于"小宗地"建小宗祠，以达到捐祭、敬食、均让、迪宗孙、贵皇恩等目的，而且霍韬对本支小宗的建设比大宗的建

---

① 宣统《南海县志》卷12《金石略》，《广东历代方志集成·广州府部》第14册，第302页；参见《石头霍氏族谱》卷1《祠记》，第79~80页。
② 《石头霍氏族谱》卷1《三房九世》，第234~235页。

设更为用心，这也是"仁之治"的缘故。该碑第三段称：

> 观祠制，前后相属，门庑邃达，父子秩然，修缩寻丈，尺尺寸寸，著于图版，上之司计，若远有垂而不可湮者。故祠疏流潦，环祠而出，虽若微茫而顺性，以故由东而西，自右折左，毋壅毋病，即渠地或易，而故主神基灵源，用惟永奠。是其睦族之思，引而勿替。诗曰："惠于宗公，本支百世。"此焉谓也。不特惟是，郑有义门，张称九世，公备载之，故合爨止于小宗，朔望会膳，群惟小宗，子姓生聚训养，不越于规。曰庶几同此爨者，瞻祠而念我祖缔造之艰，其有兴乎！①

由于朱吾弼并无广东任职经历，因此他应该从未去过石头村，所"观"祠制，应该只是霍腾蛟提供给他的图画与文字。从"门庑邃达，父子秩然"的描述来看，其底本应该就是霍韬《家训》内的"合爨之图"，但"合爨之图"并没有做到"尺尺寸寸，著于图版"，所以应该是在此基础上加以细化了。朱吾弼还提到，小宗祠的外面还有环绕之水。另外，朱吾弼还着意提到了"合爨止于小宗，朔望会膳，群惟小宗"，这也是霍韬设计合爨的原意。该碑第四段称：

> 时未有西庄尚书庙，庙地即文敏曩时所建赐书楼。万历初，官保嗣君佥宪勉斋先生读礼，率众合锾董治之，故其砌基视前祠高二丈许，最后寝所，前门堵中响亭，亭畔浚垮深六尺，大半之使受祠四面水，注前池，入于海。其右町疃界，为大巷透后地，地深四丈许，植木蓊然，人迹罕至，迂曲可三百武。引而前祠，亦绵宛幽

---

① 宣统《南海县志》卷12《金石略》，《广东历代方志集成·广州府部》第14册，第302页；参见《石头霍氏族谱》卷1《祠记》，第80页。

郁，不通行，行惟左。此风角家谭，而曾孙谨之，不敢越。曰："是先君之志也。"①

从上文可知，霍韬只是创建了大宗祠与小宗祠，并未建奉祀其父霍华的西庄公祠。西庄公祠（西宗祠），是万历初年由霍韬次子霍与瑕在霍韬所建赐书楼基础上建起来的。御书楼，为霍韬于嘉靖五年十月十四日建，为的是贮藏明世宗御赐的《文献通考》一部。② 至于霍与瑕改建御书楼的时间，据考证，霍与瑕于万历五年被御史张简攻讦而辞官归乡，③ 因此，霍与瑕将御书楼改建为西庄公祠应在万历五年以后。按碑记，西庄公祠的基址比小宗祠还要高两丈多，其周围还有亭、池、巷、木等环绕。朱吾弼对该祠的周边描述十分详细，大概也是来自霍腾蛟的转述。接着第五段是：

夫祠以栖神也，祀以肃将也，宗以明分也，记以表年也。两祠递成，岁月于征，弗记。记于今也，何居？嗟夫！世有易地，人无易态，渐俗则然哉。彼拥尊膴，持巨赀，自视恒赫赫也。则悬□乎仁义，土苴乎绳检。甚者箕帚耰锄，豆箪羹食，见于词色，执涂人如是莫不鄙之者矣。何论赡智，假令沿习，不知其日入于非。视此祠，初合家千指一人焉，竭蹶以趋，不背驰乎？④

这段的信息十分重要，表明了为何要建设两祠。朱吾弼提到，在两

---

① 宣统《南海县志》卷12《金石略》，《广东历代方志集成·广州府部》第14册，第302页；参见《石头霍氏族谱》卷1《祠记》，第80～81页。
② 霍韬：《石头录》卷2，《北京图书馆藏珍本年谱丛刊》第45册，第233页。
③ 任建敏：《从"理学名山"到"文翰樵山"——16世纪西樵山历史变迁研究》，广西师范大学出版社，2012，第402页。
④ 宣统《南海县志》卷12《金石略》，《广东历代方志集成·广州府部》第14册，第302页；参见《石头霍氏族谱》卷1《祠记》，第81～82页。

祠落成之际，并未有祠记，而如今才受托写记，其原因为何？他说，在这个世上，人事是不断变迁的。有一些巨绅富豪之家，虽然自视甚高，气焰烜赫，但是却罔顾仁义，不遵法度，所谓"甚者箕帚櫌锄豆箪羹食，见于词色"。① 这是以商鞅变法后秦国上下一心为利、罔顾仁义伦理的典故来指代家人的日常生活起居、饮食颇多龃龉，路人看到都会十分鄙薄，不能说是智慧之举。假如这种风尚继续沿袭，则不知不觉越来越错。而石头霍氏的小宗祠，一开始的想法是"合家千指一人焉"，亦即霍韬的合爨共居的理想，但假如穷尽一切来实现，却做不到共居之人同心一德的话，也是和建祠的原意背驰的。细品这番话的意思，可以看出，霍韬合爨之初，只有男丁25人的合爨之家，随着时移世易、人口繁衍，已经人多口杂，难以"合家千指一人焉"，反而容易因为琐屑家务事纷争不断。合爨的理想，终究不能长久维持。该碑记最后一段：

> 宫保曩为清白吏，善政懿行，克先其子侄，俾孝悌而力田，尊君而亲上，故自麻苎衣服之节，器用饮食之微，祭祀宾客之品，雍睦敬让之训，曲处而调约之，缅缅可指。然则霍大夫虑质行之鲜惇，纷靡之日，究去宫保之世远，易创画而难守成，乌在其为绍述匹休哉？予故受而笔之，俾垂之世，世而勿坠，微独一家一国之规也。予因曰天下可推也，万历甲寅孟春吉旦。（右碑嵌本祠）②

在这段中，朱吾弼回顾霍韬的创设原意，是要使其子孙能够出孝入

---

① 典出西汉贾谊《治安策》："商君遗礼义，弃仁恩，并心于进取。行之二岁，秦俗日败。故秦人家富子壮则出分，家贫子壮则出赘。借父櫌锄，虑有德色；母取箕帚，立而谇语。"班固：《汉书》卷48《贾谊传》。
② 宣统《南海县志》卷12《金石略》，《广东历代方志集成·广州府部》第14册，第302页；参见《石头霍氏族谱》卷1《祠记》，第82~83页。

悌、躬行田事，并且能够尊君亲上。所以对于衣食住行的规矩、祭祀礼宾的礼节，还有家人雍睦的训示，都清晰仔细地在《家训》中加以斟酌调约，其文字绵绵可数。而霍腾蛟作为南谷公一房当时官位最高者，对此颇为留心，他顾虑子孙的品行会越来越缺乏敦行，日渐纷靡，而离霍韬的创设之意越来越远，所谓创设容易，守成更难，继承霍韬的先志并发扬则更为不易。因此，朱吾弼认为，把这一经过记录下来，可以垂范后世，可作为家国天下之规。

由此可见，霍韬的小宗之法的践行历经数十年，很多举措在推行的过程中困难重重，难以为继。早在霍韬生前，作为小宗共居经济保障的"计口耕田"与"会膳"之法都已难以执行。霍韬《合爨男女异路图说》中的理想空间布局，以及《家训》所制定的严格规条，也被后来的事实证明并不可行。小宗祠、西宗祠的建立，就是在霍韬小宗之法难以为继的情况下，石头霍氏三房对其内部结构的调整。

除了三房之外，其余诸房的情况又如何呢？石头霍氏的房支划分，据《石头霍氏族谱》，始祖霍刚可只有一个儿子霍义，而霍义有三子元珍（霍韬《家训续编》作玄珍，应为避清圣祖玄烨讳改为元）、元安、元智（无后），因此元珍应该算长房，元安算二房。又因元珍有三子厚深、厚德、厚一，在石头霍氏的后世子孙中人数最多，所以三子分别为石头霍氏的长房、二房、三房，而元安之后则改称老二房。要考察各房的发展情况，《石头霍氏族谱》所列举的石头霍氏修祠情况很有价值。《石头霍氏族谱》历史上虽历经五次修撰，但流传至今的只有第五次即光绪二十八年的版本。不过，其卷一的序、记、坊表部分，大多注明了是第几次重修时所增，可以据此考察部分五次修谱过程中相关原文。其中，《祠记》部分的宗祠列表详细罗列了自明代嘉靖四年到清末将近三百年石头霍氏创设宗祠的具体情况，可据此了解明清不同历史阶段石头霍氏的祠堂体系。

其中,《祠记》的第一部分为"七世孙与瑕识"的内容,兹将其整理成表2。

表2 霍与瑕记录石头霍氏兴修祠堂(建筑)

序号	祠堂/建筑名	主奉祖先	所属房支	位置	朝向	配祀情况	创建时间/备注
1	大宗祠地						嘉靖初年
2	霍氏家庙	始祖霍刚可		前街之北	东向	以二世、三世、四世祖配	嘉靖四年正月建
3	石头书院			家庙之左	东向		嘉靖四年十月建
4	西樵书院御书楼						嘉靖五年十月建
5	慎德书院			省城越秀山麓			后改为祠
6	肃宾馆			前街之南			嘉靖六年二月建
7	文敏公官厅	霍韬	三房	佛山汾水	北向		

资料来源:《石头霍氏族谱》卷1《祠记》,第73~75页。

关于霍与瑕该记录的具体时间,据霍与瑕从侄霍尚守所说,万历二十六年,"家观察"(指霍与瑕)将修谱之任"举以相属",不久霍与瑕就去世了。① 因此,以上记载最晚可以反映万历二十六年的记录。其中记录最晚的是"文敏公官厅",应该是在嘉靖十九年霍韬去世后所建。但前文提到的万历初年霍与瑕以霍韬所筑赐书楼改建而成的西宗祠并未在表2中出现。霍与瑕未将其列入祠堂之内,可能是因为在他记录的时候,小宗祠属于合爨建筑群的一部分,尚未被视为独立的祠堂。笔者推断,霍与瑕的以上记录,其下限应该在嘉靖后期。由以上记载可见,嘉靖后期石头霍氏的祠堂只有大宗祠(家庙)以及奉祀霍韬的官厅而已,其他都是书院、书楼、客馆等建筑。且官厅位于佛山汾水,应该是在霍

---

① 按,《石头霍氏族谱》载霍与瑕"终万历戊戌十月初一日未时,寿七十七"。《石头霍氏族谱》卷1《七世三房》,第175页。

韬生前所买下的一处房产基础上改建而成的。这种情况在明代后期并不少见，如位于省城西门外芦荻巷的奉祀方献夫的文襄公祠，就是在嘉靖初方献夫所买的一处地上所建五箴亭的基础上由子孙改为祠堂。① 实际上，这样的祠堂或官厅应该是霍韬、方献夫等家庭的私人产业，与后世珠江三角洲普遍存在于乡村的由房支所有、共同祭祀支祖的祠堂、公厅的性质是有所不同的。而除了大宗祠（霍氏家庙）外，没有看到三房以外其他房支的建祠记录。

《石头霍氏族谱·祠记》第二部分为注明"重修增刻"的内容，反映了宗祠数量大为增加。

此处的"重修"，应指康熙二十九年（1690）的第二次修谱，而非霍尚守首次撰谱，因军营祠条已经出现"崇祯六年"的纪年，时间远在霍尚守编成族谱之后。该谱系石头霍氏的十世孙霍际斯所修。霍际斯为石头霍氏三房第十世，生于天启六年（1626），由南海县学附生应康熙二年乡试，中第四十名举人，康熙二十四年任湖广武昌府蒲圻县知县。霍际斯中举，对石头霍氏而言意义重大。他是石头霍氏入清以后第一位取得举人功名的族人。族谱还记载，霍际斯中举后，"时旬夫太重，人苦力役。登科后，即呈请优免减额之半。族众与诸仆从此夫务得轻"。② 由此可见，在明清之际改朝换代中遭受了重大打击的石头霍氏，其优免地位已经荡然无存。直到霍际斯中举，石头霍氏才终于获得一定申诉之权，最终使本族族人及奴仆的力役之征得以减半。这一阶段的祠堂兴建数量较嘉靖年间大大增加。其中，据前文考察，小宗祠就是霍韬创建合爨居室建筑群的中间公共空间部分。而西宗祠为霍与瑕所建，前文已述，建于万历初年。其余七处新建祠堂，都未见创建时间的记载（见表3）。

---

① 《南海丹桂方谱》,《方谱祠墓》，广东省立中山图书馆藏清刻本，第4页。
② 《石头霍氏族谱》卷2《十世三房》，第494页。

表3 康熙二十九年重修族谱记录石头霍氏兴修祠堂

序号	祠堂名	主奉祖先	所属房支	位置	朝向	配祀情况	创建时间/备注
1	小宗祠	诰赠尚书南谷公	三房	前街之中	西向	以四房之祖配	霍与瑕送田50亩,从祀
2	西宗祠	诰赠尚书西庄公	三房	前街之中,小宗祠后	西向	以四房之祖配	
3		五世祖慎乐公	长房	后街	东向	以列祖配	
4		五世祖月梅公	二房	隔坑	西向	以列祖配	
5	西庄公祠	五世祖西庄公	三房	省城流水井			
6		六世祖正庵公	长房	后街	西向	以七世、八世、九世祖配	
7	军营祠	霍文敏公	三房	原坐石头。崇祯六年移建军营磨刀石		以勉全公袝祀,以六房之祖配	
8		七世祖寅宾公	长房	后街	东向	以列祖配	
9		七世祖侣竹公	长房	后街	东向	以列祖配	宏进、宏翔有田1.33亩袝祀本祠

资料来源:《石头霍氏族谱》卷1《祠记》,第76~84页。

通过祠堂名号翻查《石头霍氏族谱》的记载可知,有四座祠堂属于石头霍氏三房,其中,南谷公即霍韬之祖霍厚一,五世祖西庄公即霍韬之父霍华,霍文敏公即霍韬,不必赘述。而其余五座祠堂,有四座属于长房,一座属于二房。但上述记载,都没有说明这些祠堂建于何时。据《石头霍氏族谱》,五世祖慎乐公,名霍德富,是长房霍厚深的次子,卒于正德十二年。① 五世祖月梅公,名霍民端,是二房霍厚德的三子,卒于嘉靖八年。② 六世祖正庵公,名霍方,是长房霍厚深长子霍德

---

① 《石头霍氏族谱》卷1《五世长房》,第102页。
② 《石头霍氏族谱》卷1《五世二房》,第104页。

贵的长子，终于嘉靖元年。①七世祖寅宾公，名霍与迪，是长房霍厚深长子霍德贵的次子霍銮的长子，终于万历十一年。②七世祖侣竹公，名霍与遵，是霍銮的次子，终于嘉靖三十五年。③以上诸人，虽然去世时间较早，但由于霍与瑕的祠记部分并未记录，其祠堂创建的时间并不清楚，估计大部分在万历年间，甚至更晚，下限是重修族谱的康熙二十九年。由《祠记》来看，这段时期新修的祠堂格局比较明确，长房祠堂都在后街（位于今石头村东侧），二房祠堂在隔坑（位于今石头村西南方），三房祠堂在前街（位于今石头村西侧）与省城。由上可见，在明代后期，虽然以霍韬子孙为代表的三房在功名成就上远远多于长房、二房，但修建的祠堂还是集中在霍厚一、霍华、霍韬三代人上。相比之下，长房霍厚深一支，其所生二子中，霍德贵一支建有三座祠堂，霍德富一支建有一座祠堂，分布较为平均，可见其人丁、财力并不一定比三房差多少。

综上所述，石头霍氏各房陆续兴建起属于本房的支祠的时间，是在明后期至清初期。最晚到了康熙初年，除了人丁单薄的老二房外，老长房之下的三个房支都兴建了至少一座房祠。其中，三房的房祠集中在霍韬一脉，而长房的新建房祠数量有后来居上之势。因此，霍韬以大宗和小宗之法为基础为石头霍氏制定的宗族形态，大概到了明代后期就发生了很大变动。霍韬为其本房置下的更为庞大的小宗产业，在内外因素之下逐渐解体。无论是功名更为鼎盛的三房，还是人丁、财力更为兴旺的长房，抑或人口更少的二房，都纷纷以本房祖先为名创立房祠，形成新的祭祀分支。以宗法为外衣的宗族组织原则，让渡于以世次亲疏为内涵的房支形态。

关于这一现象，刘志伟亦曾以广东潮州府大埔县茶阳饶氏个案做了

---

① 《石头霍氏族谱》卷1《六世长房》，第111页。
② 《石头霍氏族谱》卷1《七世长房》，第143~144页。
③ 《石头霍氏族谱》卷1《七世长房》，第144页。

非常精彩的阐释。刘志伟指出，茶阳饶氏乐字房（二房）八世孙饶世庄于嘉靖十三年始建大宗祠，乐字房十世孙饶相于万历五年重修。大宗祠奉祀始祖、高祖（四世）、曾祖（五世），并设礼字房（长房）长孙为宗子。这一方面是为了遵循宗法制的原则，建立以大宗为中心的宗族祭祀制度；但另一方面没有把属于大宗而不属于自己直系祖先的六世、七世、八世祖入祠，从而体现乐字房对本族的实际权力。其后饶相又建立起本支的小宗祠。刘志伟对此有十分精辟的概括："在明清之际，为适应现实的社会关系，宗法礼仪的原则逐渐发生了改变，大宗祭祀逐渐转变为以始祖祭祀为重点，而小宗祭祀亦逐渐打破宗法和《家礼》的限制，蜕变为大宗祭祀。"而"宗族的士大夫势力从原则到形式都最终选择了完全放弃宗子宗法制，确立了士大夫宗族的新规范"，则是"明清宗族制发展中的最重要的一个转变"。①

霍韬比较成功的，是其重新定义的"大宗"形态的"大宗祠"，仍然是石头霍氏的礼仪中心。大宗祠建筑群自明清至现代，整体格局一直在扩展，成为石头村乃至佛山市禅城地区最具标志性的祠堂建筑群。不仅如此，大宗祠的祠田历经明清鼎革，至清代长期存在。霍韬为大宗祠所置办的寺田，一直到嘉庆十五年（1810）才因"佃丁多有拖欠之事"转卖出去，"移远就近"，另置本地产业39.6亩。②

四　清代石头霍氏的族谱编修与祠堂兴建

明清鼎革，珠三角地区的士大夫与宗族势力有很剧烈的升降浮沉。如罗一星提到，明代曾作为佛山合镇权力中枢的嘉会堂，在明清交替之

---

① 刘志伟：《宗法、户籍与宗族——以大埔茶阳〈饶氏族谱〉为中心的讨论》，《中山大学学报》（社会科学版）2004年第6期。
② 参见任建敏《明中叶广东禁毁淫祠寺观与寺田处理》，《新史学》第26卷第4期，2015，第117页。

后,"明代遗留的士子受到冷遇,在社会生活中不起作用,'嘉会堂'亦形同虚设"。① 且罗一星的统计显示,清代佛山侨寓杰出人物的数量,有九类人物是当地杰出人物的两倍以上,而6位名臣更全部为侨寓,在清代佛山镇的38名进士中,侨寓占了25名,大约为三分之二。② 由此可见,由明及清,佛山当地居民与侨寓力量的升降趋势是比较明显的。石头霍氏作为明代佛山镇周边的一支重要宗族力量,同样也不可避免地受到这一趋势的影响。明代中后期,石头霍氏可以说是名臣循吏辈出,但《石头霍氏族谱》中透露出的明清易代之际石头霍氏大量效忠南明朝廷的行为,也导致清朝巩固了其在广东的统治之后,必然冲击石头霍氏在地方上的既有话语权和势力。罗一星提到的雍正九年佛山"汾水正埠码头案"就是一个很好的例子。在此案中,石头霍氏自霍韬时期就在汾水码头一带的土地控制权被当时的南海知县剥夺,"使石头霍氏倚祖遗地产尽数丧失,全部归公",其衰落可想而知。③ 因史料与篇幅所限,本文无法对清代石头霍氏的变化做十分周详的考察。兹通过石头霍氏清代祠堂群的兴修历史对这一问题进行分析。

首先是《石头霍氏族谱》中注明为"三修增刻"的乾隆三十三年(1768)的《祠记》。该谱由十三世孙霍瑞及其族侄霍时茂牵头,"复沿旧本而增修之"。④ 霍瑞为三房之后,雍正五年武进士,官至署永丰营守备事。⑤ 霍时茂则是继霍际斯之后,清代石头霍氏又一位地位比较高的族人。乾隆三十年霍时茂中举后,历任广西来宾、雒容、修仁、上林等地知县,任内政绩颇著,并两次充任广西乡试的同考官,致仕后又主惠州丰湖书院讲席,著作颇丰。值得注意的是,霍时茂并非来自人才济

---

① 罗一星:《明清佛山经济发展与社会变迁》,第356页。
② 罗一星:《明清佛山经济发展与社会变迁》,第300页。
③ 罗一星:《明清佛山经济发展与社会变迁》,第308页。
④ 霍瑞:《重修霍氏族谱叙》,《石头霍氏族谱》,第45~47页。
⑤ 《石头霍氏族谱》卷5《十三世三房》,第1148页。

济、长期占据话语权的石头霍氏三房,而是来自长房四世祖幽轩公霍厚深一支。这是长房第一次成为石头霍氏族谱的主修者,可见此时长房的地位变得更加重要。"三修增刻"所兴修的祠堂情况见表4。

表4 乾隆三十三年重修族谱记录石头霍氏兴修祠堂

序号	主奉祖先	所属房支	位置	朝向	配祀情况	创建时间/备注
1	五世祖庭秀公	三房	前街之中	西向	以六世祖石隐、前奉、敬所公配	
2	六世祖昧厓公	三房	前街之南	东西向	以七世、八世、九世祖配	
3	七世祖鹤侣公	长房	西樵冈边村	西向	以八世祖慕樵、九河公配	
4	七世祖勉斋公	三房	前街之北	坐庚向甲兼酉卯	以八世、九世祖配	雍正十年十月建
5	七世祖诚斋公	三房	石头桥里	坐丙向壬兼己亥	以八世、九世祖配	乾隆十四年五月建
6	八世祖三槐公	三房	前街之中	西向	以九世祖季仙公、十世祖乐生公配	
7	八世祖如南公	三房	弼唐村	坐丙向壬兼己卯	以九世、十世、十一世祖配	乾隆二十年建
8	八世祖爱源公	三房	风翅冈	南向	以九世、十世祖配	
9	八世祖接源公	三房	前街之中	西向	以九世祖青元、澹雪公配	
10	十世祖名山公	长房	江美里	南向		
11	十世祖扩仁公	三房	弼唐村	坐丙向壬兼午子	以十一世、十二世、十三世祖配	乾隆二十三年建
12	十一世祖逸静公	长房	后街之南	坐辛向乙兼酉卯	以十二世、十三世祖配	
13	十一世祖事敏公	三房	弼唐村	坐丙向壬兼己亥	以十二世、十三世祖配	乾隆三十年建

资料来源:《石头霍氏族谱》卷1《祠记》,第84~87页。

乾隆三十三年与康熙二十九年虽然只隔七十八年,但是石头霍氏的祠堂数量迅速增加了十三座。其中,位于石头村的九座祠堂中有明确创建时间的,是雍正十年所建七世祖勉斋公祠与乾隆十四年所建七世祖诚

·117·

斋公祠。勉斋公即霍与瑕；诚斋公即霍与珙，为霍韬四子。奉祀霍与瑕的勉斋公祠今犹存，系大宗祠南侧第二座。霍与瑕与霍与珙的子孙是石头霍氏各支内人数与功名都比较突出的，所以两座祠堂的兴建，应该与二人子孙经济与社会地位的巩固有关。另外七座祠堂，长房、三房分别有两座、五座。长房第一座是位于江美里的十世祖名山公祠。名山公即霍必达，生于崇祯五年，卒年不详。① 若按60岁来推算，大约在康熙中期。第二座是位于后街南端的十一世祖逸静公祠。逸静公即霍履跃，终于康熙五十七年，② 因此建祠大概不会太早，应该在乾隆初期或乾隆中期。三房的五座祠堂，有三座都建于前街之中，分别是五世祖庭秀公祠、八世祖三槐公祠、八世祖接源公祠。庭秀公即霍光，为霍韬祖父之长子。③ 三槐公即霍公孟，为霍韬之兄霍隆长子霍与璋的第三子。④ 接源公即霍若邹，为霍韬三弟霍佑的次子霍与瑢之三子。⑤ 这几位都是霍韬祖父派下子孙，而三座祠堂坐落的位置都在前街之中，亦即霍韬所创合爨建筑群所在地，很可能是在合爨分家后，各支在其所分得的房子基础上改建成祠堂的。另外两座祠堂，为位于前街南端的味厓公祠，奉祀霍韬三弟霍佑；⑥ 位于凤翅冈的爱源公祠，奉祀霍若郁，为霍若邹的二兄。⑦

此外还有四座不在石头村的祠堂。西樵冈边村鹤侣公祠，奉祀的是石头霍氏的长房嫡孙霍与道，也就是霍韬时期所立的大宗子。鹤侣公祠所配祀的慕樵、九河，分别是霍与道长子霍若海、次子霍若淮，二人都葬于西樵圳口马头冈，且霍若海之妻为西樵大同堡樵山村郭氏。作为"主祭祀"的大宗子，霍与道不太可能迁居西樵。不过霍韬为大

---

① 《石头霍氏族谱》卷2《十世长房》，第425页。
② 《石头霍氏族谱》卷3《十一世长房》，第553页。
③ 《石头霍氏族谱》卷1《五世三房》，第105页。
④ 《石头霍氏族谱》卷1《八世三房》，第235页。
⑤ 《石头霍氏族谱》卷1《八世三房》，第253页。
⑥ 《石头霍氏族谱》卷1《六世三房》，第133~134页。
⑦ 《石头霍氏族谱》卷1《八世三房》，第253页。

宗祠设立的祭田，主要来自原西樵宝峰寺的寺田。石头霍氏大宗祠内保留的一块嘉庆十五年碑记还提到，"本宗尝业向在西樵、金瓯、大桐、九江等处"。①以上地点都在西樵山南麓。大宗子享有每年三十石的大宗租谷，与西樵有所联系。久而久之，可能有部分霍与道的子孙迁居西樵冈边村了。

弼唐村三座祠堂建设时间比较集中，在乾隆二十年至三十年。乾隆二十年修建八世祖如南公祠，如南公即霍若祺，为霍与瑕的长子，西宁县学廪生，终于万历十四年，有一子，为霍蒙拯。②据《石头霍氏族谱》的零星资料考证，霍蒙拯诸子大部分应该在万历后期已迁往弼唐村定居。另一个说法，是笔者在田野考察时所访谈到的，石头村的霍适生老先生表示他听说是因为勉斋公有一个儿子大闹科场，被官府追捕，所以到弼唐村避难，然后定居了下来。③乾隆二十三年修建十世祖扩仁公祠，扩仁公即霍学济，为霍蒙拯的第三子，生于天启三年，为香山县学廪生，康熙十八年岁贡，曾任高州府电白县学训导、署教谕事等职，"住弼唐村"，终康熙四十一年。④而在建如南公、扩仁公祠时，据族谱可知，第十四世如江公才刚刚出生。⑤也就是说，自霍道济算起，石头霍氏刚刚定居弼唐村第五代，即已有能力陆续兴建祠堂。不过，乾隆三十年所建事敏公祠，奉祀的是霍与珠长子霍若礼三子霍蒙受长子霍师毅（后出继其长兄霍蒙爵）的三子霍士玮，卒于雍正四年，其妻何氏则卒于乾隆八年。⑥这一支在何时定居弼唐村，以上数人传记中都未见线索。但可以确定的是，事敏公一支与如南公一支并不同源，这大概是事敏公一支也要兴建祠堂的原因。

---

① 该碑位于广东省佛山市禅城区石头村霍氏家庙内，笔者于2014年10月12日访碑。
② 《石头霍氏族谱》卷1《八世三房》，第241页。
③ 据笔者于2020年1月15日在石头村的田野访谈记录。
④ 《石头霍氏族谱》卷2《十世三房》，第472页。
⑤ 《石头霍氏族谱》卷6《十四世三房》，第1410页。
⑥ 《石头霍氏族谱》卷3《十一世三房》，第661页。

《祠记》中注明"四修增刻"的内容,则反映了咸丰七年(1857)石头霍氏祠堂的兴修情况。石头霍氏的第四次修谱,由十六世霍彰、十七世霍寿荣于咸丰七年主修。据族谱可知,霍彰出自长房,光绪副贡。① 这是长房第一次获得修谱主导权,而霍寿荣则来自弼唐村分支的三房。石头村三房第一次没有进入主修者的行列。霍彰自述其工作是与族侄霍寿荣等一起,在旧谱基础上"考核之,清厘之","搜其残而补其阙",前后用了八个月,完成该谱。② 霍寿荣的序则提到,霍彰邀请霍寿荣襄助修谱,霍寿荣推辞不下,只能应允。但他提到自己"徙居既久,宗人多未谋面"。霍寿荣属于三房霍与瑕长子一脉。霍彰力邀霍寿荣同修,大概有通过修谱之举,强化石头村与弼唐村霍氏的宗族关联的考虑。第四次修谱的新建祠堂见表5。

表5　咸丰七年重修族谱记录石头霍氏兴修祠堂

序号	主奉祖先	所属房支	位置	朝向	配祀情况	创建时间/备注
1	六世祖桂庵公	长房	江美里	东向		
2	六世祖老洞公	三房	前街之中	西向	以七世、八世、九世、十世祖配	
3	八世祖端洲公	三房	前街尚书里	坐亥向巳兼乾巽		道光二十年六月建
4	九世祖德伯公	三房	江美里	坐壬向丙兼亥巳	以列祖配	
5	十世祖参元公	长房	前街之北	南向		
6	十世祖三一公	长房	石脑冈之北	坐辛向乙兼戌辰	以列祖配	嘉庆七年建
7	十世祖见葛公	三房	弼唐村		上祀九世祖咸有功,以十一世、十二世配	乾隆四十九年建,道光十三年重修,十四世维卓公送田0.6亩入祠
8	十一世祖持平公	长房	前街之中	坐乙向辛兼辰戌	以列祖配	道光二年建

① 《石头霍氏族谱》卷9《十六世长房》,第1991~1992页。
② 霍彰:《重修族谱序》,《石头霍氏族谱》,第57~59页。

续表

序号	主奉祖先	所属房支	位置	朝向	配祀情况	创建时间/备注
9	十一世祖穗园公	三房	弼唐村	北向	以十二世、十三世、十四世祖配	创建时间未载,但小字注明光绪重建
10	十二世祖宗岐公	长房	后街之北	坐酉向卯兼辛乙	以列祖配	咸丰二年建
11	十三世祖乐亭公	三房	省城小新街	南向	以列祖配	
12	十四世祖丰云公	三房	江美里	坐壬向丙兼亥巳		咸丰六年建

资料来源:《石头霍氏族谱》卷1《祠记》,第87~90页。

第四次修谱距离乾隆三十三年修谱已经将近九十年,这段时期新修祠堂也不少,共十二座。位于石头村的九座新建祠堂中,有五座属于长房,四座属于三房。长房的新建祠堂中,有三座注明了明确的创建时间,分别是:嘉庆七年所建十世祖三一公祠,三一公即霍士标,顺德县学附生,生于万历二十二年,终于康熙二十四年,年寿九十二岁,传记称其"敬神为祖,排难解纷,赈贫穷,恤孤寡,老二益壮";① 道光二年 (1822) 所建十一世祖持平公祠,持平公即霍履通,为三一公霍士标的次子;② 咸丰二年所建十二世祖宗岐公祠,宗岐公即霍邑,是三一公霍士标三子霍履跃的次子。③ 由此可见,这三座祠堂都是三一公一脉派下所建。如今三一公祠、宗岐公祠仍然存在,并依旧在发挥祠堂的作用。另两座没有注明创建时间的长房祠堂,一座是位于江美里的六世祖桂庵公祠,奉祀长房霍厚深次子霍德富的长子霍朝熙;④ 另一座是位于前街之北的十世祖参元公祠,参元公即霍元赞,生于万历十九年,终于顺治六年。⑤

三房的四座祠堂中,有两座注明了修建时间。一座是道光二十年六月所建,位于前街尚书里的八世祖端洲公祠,端洲公即霍若裎,是霍与

---

① 《石头霍氏族谱》卷2《十世三房》,第392页。
② 《石头霍氏族谱》卷3《十一世三房》,第552页。
③ 《石头霍氏族谱》卷4《十二世三房》,第742页。
④ 《石头霍氏族谱》卷1《六世长房》,第115页。
⑤ 《石头霍氏族谱》卷1《六世长房》,第115页。

瑕的三子，国学生，授鸿胪寺序班。① 另一座是咸丰六年所建，位于江美里的十四世祖丰云公祠，丰云公即霍胜丰，生于乾隆十八年，终于道光十九年。② 该祠的创建，距离霍胜丰去世不过十七年的时间。另两座没有注明创建时间的祠堂，一座是位于前街之中的六世祖老洞公祠，老洞公即霍隆，为霍韬的长兄。由该祠所在位置推断，其应该也是建在原合爨建筑群内。另一座是位于江美里的九世祖德伯公祠，奉祀霍蒙薰，为石头霍氏三房长孙霍德三子霍与珩的次子霍若试的次子。③

此外，坐落于省城小新街的是十三世祖乐亭公祠，乐亭公即霍勇官，属于霍氏三房，以其子霍湛达请封典而赠奉直大夫。④ 该祠虽未写创建时间，但据霍湛达传记可知，霍湛达于道光十三年由监生报捐州同后为其父敦请封典，并在道光年间于省城小新街建乐亭书舍，祭祀其父乐亭公。⑤ 因此，这一省城祠堂实际上是霍湛达祭祀其父亲的私人祠堂。

位于弼唐村的两座祠堂分别是建于乾隆四十九年的十世祖见葛公祠，以及光绪年间重建十一世祖穗园公祠。见葛公即霍师毅，为乾隆三十年所建事敏公祠所奉祀的霍士玮的父亲，为霍与珠一支。⑥ 穗园公即霍文粹，为乾隆二十三年所建十世祖扩仁公祠所奉祀的霍学济的次子，为霍与瑕一支。⑦ 以上都是在弼唐村两支石头霍氏基础上进行的祠堂增建。

最后是注明为"五修增刻"的光绪二十八年（1902）五修族谱时新建祠堂的情况。石头霍氏的第五次修谱，亦即如今传世的《石头霍氏族谱》，成书于光绪二十八年，由十六世孙霍熙、霍绍远主修。值得注意的是，二人都是三房子孙，可见此时三房重新掌握了修谱主导权。霍绍远

---

① 《石头霍氏族谱》卷1《八世三房》，第243页。
② 《石头霍氏族谱》卷1《十四三房》，第1359页。
③ 《石头霍氏族谱》卷1《九世长房》，第318页。
④ 《石头霍氏族谱》卷5《十三世三房》，第1139页。
⑤ 《石头霍氏族谱》卷5《十四世三房》，第1455~1456页。
⑥ 《石头霍氏族谱》卷2《十世三房》，第482页。
⑦ 《石头霍氏族谱》卷2《十一世三房》，第646页。

谱序还提到了清末石头霍氏一系列的宗族建设举措，包括光绪八年重修大宗祠及建二世祖椿林公祠、光绪二十四年重修七世祖勉斋公祠，霍绍远都亲自参与，身当其役。第五次修谱所记录的新建祠堂情况见表6。

表6　光绪二十八年重修族谱记录石头霍氏兴修祠堂

序号	祠堂名	主奉祖先	所属房支	位置	朝向	配祀情况	创建时间/备注
1		十四世祖浩然公	三房	弼唐村	东北向	以列祖配	道光十九年建，同治六年重建
2	南宗义塾		三房	在小宗祠左			咸丰年间建，祀南宗房历代无嗣者，冬至祭
3		六世祖宙山公	三房	石头之北水巷口	南向		咸丰年间建
4	樵卿家塾	九世祖樵卿公	长房	厚街		以列祖配	咸丰十年十二月建
5		四世祖耕荣公	二房	隔坑	坐丙向壬兼午子		同治十二年建
6		八世祖慕樵公	长房	十字街中	南向	以列祖配	光绪七年建
7		十世祖斗山公	长房	田边之北	坐庚向甲兼西卯	以列祖配	光绪七年建
8		二世祖椿林公		霍氏家庙之右	庚申西卯向	以三世、四世、五世、六世祖配，及配享乡贤名宦者	光绪八年建
9		六世祖贤所公	长房	厚街	坐西向卯兼辛乙	以列祖配	光绪十年建
10		八世祖冰壶公	三房	石头书院之左	坐庚向甲兼西卯	以列祖配	光绪年间建，天爵公捐银30两从祀
11	书室	十四世祖云高公	三房	敦厚里	坐甲向庚兼寅申	以十五世、十六世祖配	光绪二十三年建

· 123 ·

续表

序号	祠堂名	主奉祖先	所属房支	位置	朝向	配祀情况	创建时间/备注
12	如祖义塾		三房	粥唐乡如南祖之右			咸丰年间建,房内无嗣者七月十二日烧衣
13		七世祖益斋公	长房	石脑冈之北	坐辛向乙兼酉卯	以列祖配	光绪二十年建,如式公捐地,生辉捐500两,浩辉捐70两从祀

资料来源:《石头霍氏族谱》卷1《祠记》,第90~93页。

第五次修谱所记录的十三座祠堂都比较明确地注明了创建时间。其中石头村十一座,粥唐村两座。

石头村的十一座新建祠堂中,二世祖祠一座,长房五座,二房一座,三房四座。其中比较重要的是二世祖椿林公祠,椿林公即霍义,为石头霍氏始祖霍刚可的独子。椿林公祠位于霍氏家庙(大宗祠)之右,霍勉斋公祠之左。该祠建于光绪八年,其规格形制与霍氏大宗祠相等,并列于前街之北的祠堂群中,可见其规格之高。而且,椿林公祠还把三世、四世、五世、六世祖全部纳入配祀,同时还配享石头霍氏的乡贤名宦者。这一做法,把除始祖之外的清末所确立的石头霍氏二世至六世完整的合族谱系放进了祠堂之中。

其次是五座长房祠堂,最早的一座是位于厚街的樵卿家塾,族谱祠记中称樵卿公为九世祖,但查族谱正文可知,应为十世祖,为长房嫡孙霍与道次子霍若淮六子蒙宥之子。[1] 第二、三座是同为光绪七年建的位于十字街中的八世祖慕樵公祠与位于田边之北的十世祖斗山公祠。慕樵公即霍若海,是长房嫡孙霍与道的长子;[2] 斗山公即霍元登,为霍若淮

---

[1] 《石头霍氏族谱》卷2《十世长房》,第398页。
[2] 《石头霍氏族谱》卷1《八世长房》,第194页。

四子霍蒙宏长子。① 第四座是光绪十年所建的位于厚街的六世祖贤所公祠，贤所公即霍良，是长房长孙五世祖霍德贵的三子。② 第五座是光绪二十年建的七世祖益斋公祠，益斋公即霍与近，是霍与道的二弟。③

再次是二房的耕荣公祠。与长房、三房相比，二房人丁最少，实力也最弱。笔者在石头村采访时，霍适生老先生提到二房如今只有几十人。于明清之际在隔坑建了五世祖月梅公祠后，就不再见有二房新建祠堂的记载，直到同治十二年，才又在隔坑建起二房的房祖耕荣公即霍厚德的祠堂。

最后是三房的四座祠堂。第一座是位于小宗祠左侧的南宗义塾，咸丰年间所建，冬至时在此祭祀南宗房历代无嗣者。第二座是位于北水巷口的六世祖宙山公祠，宙山公即霍任，为霍韬四弟，是霍韬在外当官时三房的家长。第三座是位于石头书院左侧的八世祖冰壶公祠，冰壶公即霍若祐，是霍与瑕的次子。该祠系光绪年间所建。④ 如今该祠堂原址已经改建为荫苗纪德堂，是为了纪念石头霍氏第十八世孙、居住于香港的乡贤霍藻棉（字荫乔）及其夫人陈秀苗对家乡公益事业以及石头村教育事业的大力支持。1994年霍藻棉又鼎立赞助修缮霍氏宗祠群，并兴建荫苗纪德堂，因此石头霍氏取"荫""苗"二字命名。该堂的寝堂内如今安有霍藻棉夫妇、父母的神主。⑤ 第四座是建于光绪二十三年位于敦厚里的书室，奉祀十四世祖云高公，云高公即霍愈衍，生于乾隆七年，终于嘉庆二十二年。⑥

剩下两座位于弼唐村。一座是道光十九年建的十四世祖浩然公祠，不知为何未进第四次修谱时的祠堂名录之中。浩然公即霍如江，据族谱梳

---

① 《石头霍氏族谱》卷2《十世长房》，第396页。
② 《石头霍氏族谱》卷1《六世长房》，第113页。
③ 《石头霍氏族谱》卷1《七世长房》，第142页。
④ 《石头霍氏族谱》卷1《八世三房》，第242页。
⑤ 据笔者于2020年1月15日在石头村田野考察所见记录。
⑥ 《石头霍氏族谱》卷6《十四世三房》，第1241页。

理可知是穗园公霍文粹之子霍观贤四子霍照光的长子，为从九品职衔，其传记载道光十四年霍如江去世前"因徙居弼唐久，遗命建祠祀始祖以下"。① 另一座是如祖义塾，建于祭祀霍若祺的如南祖祠的右侧，每年七月十二日在此为房内无嗣者举行烧衣仪式。

五 从祠堂兴建看石头霍氏各房的实力升降

如将不同时期石头霍氏祠堂的兴修时间进行统计，还可以更进一步了解石头霍氏各房在不同时期的实力变化，并据此一窥明清时期珠江三角洲地区祠堂兴建的时间特点。兹先将《石头霍氏族谱》所记载的所有祠堂按时间、地点用柱状图表示（见图2）。

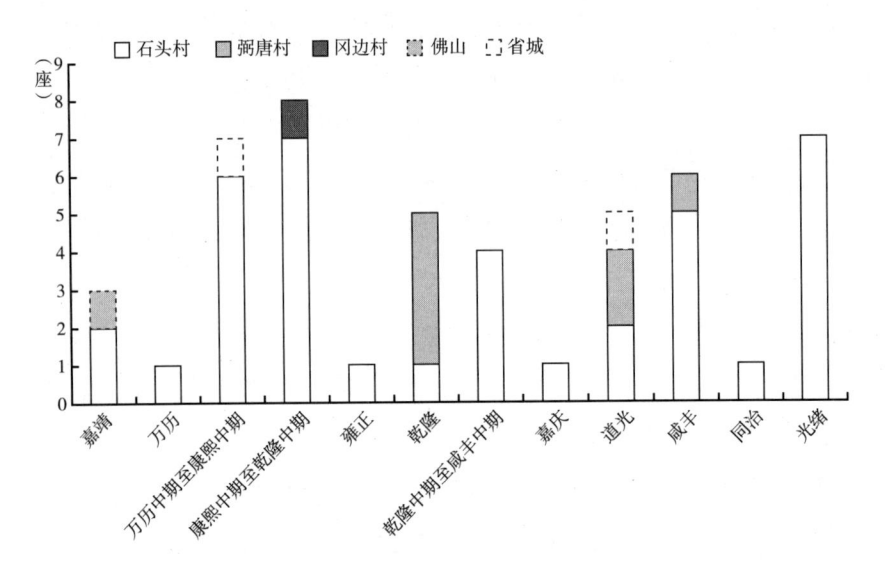

图2 石头霍氏历代兴建祠堂时间统计

注：因《石头霍氏族谱》所载部分祠堂没有明确创建时间，只能断定大致时间段，所以部分数据以时间区间为单位标示。

---

① 《石头霍氏族谱》卷6《十四世三房》，第1410~1411页。

由图2可见，石头霍氏祠堂的兴修，发端于嘉靖年间，万历至乾隆年间是兴建祠堂的高峰期，此后的道光、咸丰、光绪三朝也是兴建祠堂的高峰期。各房兴建祠堂的数量用柱状图表示（见图3）。

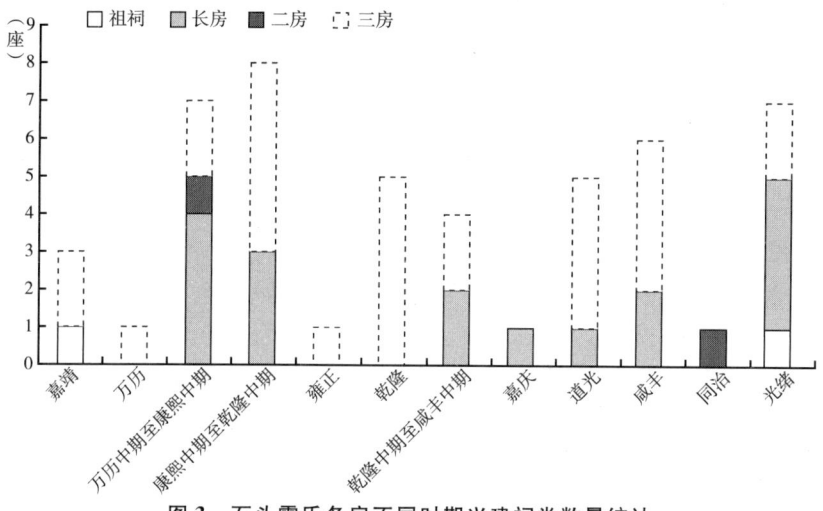

图3　石头霍氏各房不同时期兴建祠堂数量统计

注：因《石头霍氏族谱》所载部分祠堂没有明确创建时间，只能断定大致时间段，所以部分数据以时间区间为单位标示。

由图3可见，在石头霍氏中，二房的祠堂数量最少，只有万历中期至康熙中期、同治朝两个时期各兴修了一座祠堂，且都没有保存下来，其规格应该都不算大。而长房、三房则几乎平分秋色。如果剔除省城、佛山、冈边、弼唐四处的数据，仅以在石头村的祠堂论，长房有十六座，三房有十二座。

进一步统计以上祠堂所奉祀的祖先的世次情况（见图4）。

可见，在第五次修谱之时，四十九座祠堂里面，奉祀六世、八世祖的比例是最高的，十世其次，七世、五世又次之。而具体到不同房支，长房中奉祀十世比例最高，七世其次，六世又次之。而三房中，奉祀八世比例最高，其次是六世，再次是五世。

其实除了由石头霍氏三世祖霍元珍所传下来三房之外，还有霍元珍

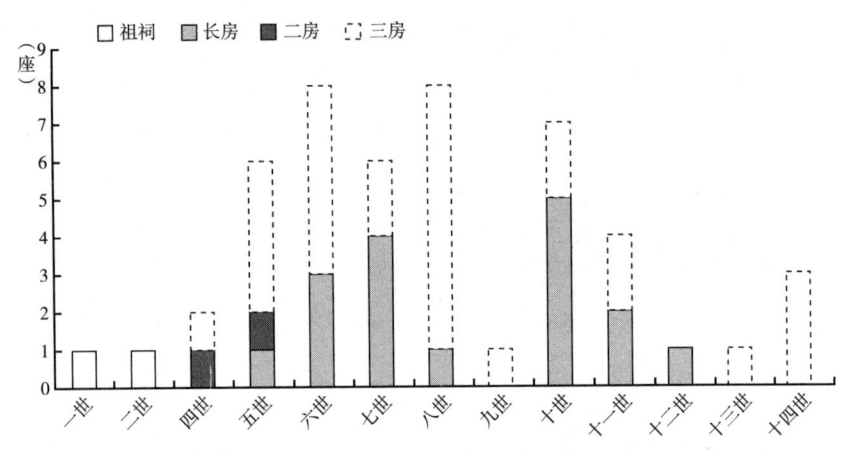

图 4　石头霍氏各房兴建各世祖先祠堂数量统计

二弟霍元安所传下来的老二房，不过这一房头人丁更为稀少，也一直没有建立祠堂。霍元安所生二子——霍道深、霍遂深，因后者"未娶，祔祀大宗祠"，所以老二房实际上都是霍道深的后代。兹将《石头霍氏族谱》所记录的老二房历代男丁数量列表（见表7）。

表 7　石头霍氏老二房历代男丁情况统计

单位：人，%

世系	男丁数	无嗣数	无嗣男丁比例
三世	1	0	0
四世	2	1	50
五世	3	0	0
六世	6	1	17
七世	13	4	31
八世	18	4	22
九世	26	10	38
十世	26	14	54
十一世	19	10	53
十二世	10	6	60
十三世	7	4	57
十四世	3	0	0
十五世	5	4	80
十六世	1	0	0
十七世	1	/	/

由表7可见，石头霍氏老二房，其世次人数最多的是第九世、第十世，也不过均为26人。而且从第九世起，无嗣男丁的比例基本都超过50%。其中第十世是一个很重要的转折点，这一世代的老二房基本都活动于明末清初，大概明清之际珠江三角洲纷乱的地方局势对此也有所影响。这一世代的26位男丁中，有14人没有后嗣（如有过继继嗣者，则算作有后嗣之列）。此后老二房人丁更为稀薄，第十一世19人中，又有10人无嗣；第十二世10人中，亦有6人无嗣；第十三世7人中，又有4人无嗣；至第十五世，5位男丁中，只有霍松林有一子霍仁，其余均无嗣。因此，至第十六、十七世，就只有一脉单传。

另一方面，在《石头霍氏族谱》的记载中，老二房的人才也十分凋零。有过低级功名或者低级官吏职位者，也只有寥寥可数的四人，分别是：七世霍与相，生于正德八年，任职清远卫掾；① 八世霍若泓，任职两广军门火药把总，入舍肇庆（无嗣）；② 九世霍蒙芳，生于万历十四年，广州府学附生；③ 霍蒙庠，生于万历四年，广西新宁州学附生。④ 由此可见，老二房里面，获得低级功名或官吏职位的，集中在第七至九世，亦即嘉靖至万历年间，此后便默默无闻。

因此，在没有兴盛人丁以及足够的经济实力与政治地位的保障下，老二房连一座祠堂都无力创建，其早期几世祖先还能在大宗祠中祔祀，后面的子孙则连进入大宗祠祔祀的资格都没有了。随着时间的推移，老二房在石头霍氏中成了越来越边缘的一支。

在石头霍氏内部各房支因为社会与经济地位的升降而分化明显的同时，清中后期，还有不少外地的霍姓想办法加入石头霍氏的世系序列之中。《石头霍氏族谱》中就留下了一些蛛丝马迹，体现出每次修谱的过

---

① 《石头霍氏族谱》卷1《七世老二房》，第191页。
② 《石头霍氏族谱》卷1《八世老二房》，第265页。
③ 《石头霍氏族谱》卷2《九世老二房》，第384页。
④ 《石头霍氏族谱》卷2《九世老二房》，第386页。

程，其实也是更清晰界定谁有资格进入这一谱系，谁要被排除在这一谱系之外的一次"确权"之举。如在咸丰七年第四次修谱时有一个特别说明：

> 四修谱内，凡远支近派，异地世居，俱按旧谱挨次搜罗，不敢遗逸剞劂。将竣，有香山小榄二十许人，自认为九世祖蒙辅公之后，妣盛氏一子相延墓在小榄凤山。查旧谱载蒙辅公生三子，均有子孙，支派分明，此外并无别子。且蒙辅公生嘉靖庚申，纵有支子，再修、三修谱内早应载入，何以至此始行报明？至蒙辅公妣冼氏，并非盛氏小榄凤山之墓，亦无碑碣可据，碍难编入，特此注明。①

由以上说明可见，除了派系分支比较明确的弼唐一支外，还有香山小榄一带的霍氏，自称是九世祖蒙辅公之后。不过这并未得到石头霍氏的认同，石头霍氏拿出旧谱谱系与坟墓坐落进行比对，最后得出"碍难编入"的结论。

又如光绪二十八年第五次修谱时的两则说明，其一是：

> 光绪戊子修谱，时有香山怀灿等携家谱到石头，认为三房十三世天维公子孙二子相延，查咸丰丁巳四修旧谱，经注无嗣，并查乾隆戊子三修旧谱，天维公夫妻尚存，并无子女，亦不载迁居别地。至四修时天维公直书无嗣，删去生年，另为其胞兄天和公立继子，则天维公委系无嗣可知，且怀灿家谱载天维公长子生乾隆丁亥，然则我族乾隆戊子修谱时已两岁，何以并无有载？似此碍难编入。②

---

① 《石头霍氏族谱》，第64页。
② 《石头霍氏族谱》，第71页。

香山的这一支，应该就是咸丰七年修谱时想进入石头霍氏谱系的香山小榄霍氏一支，因为他们于咸丰七年自称是九世祖蒙辅公之子相延之后。而到光绪十四年打算重修谱时，这一支香山小榄霍氏又过来了，这次还拿着家谱作为证物。在其家谱中，相延变成了十三世天维公的次子。然而修谱者指出，这一说法仍然与旧谱不吻合，所以不能把他们这一支编入《石头霍氏族谱》之内。另一条说明是：

> 我族修谱发刻后，突有顺德羊额二人到称由我族分支，持其始祖墓碑为证。细看碑载系明七世惠隅公。及查其神主，讳平，字汝恒。惟检阅我族谱系，七世并无其人。且谱帙创自八世，尚守公近在七世，决无遗漏。偶与上园族绅晤谈，据说曾有羊额人向伊族根究，因谱系不合而止。今又向我石头，可知事涉恍惚。且惠隅公人系明代，碑系乾隆。又将我族五修谱稿首留下，如此情形，毕竟碍难编入。光绪壬寅十月既望特并志之。①

顺德羊额的这一支霍氏，其情况与香山小榄霍氏有点相似。这次他们拿来的是始祖的墓碑，但墓碑中的"明七世惠隅公"与石头霍氏世系中的七世族人并不吻合，而且他们提到羊额霍氏曾与佛山另一个大族上园霍氏攀关系，也"因谱系不合而止"，可见这支霍氏的来由并不清楚。因此在第五次修谱时，也将此事置于族谱之中，以明确该支霍氏与石头霍氏并无关系。

由此可见，清代中后期两次修谱，石头霍氏的宗族范围不仅限于石头村的族人，其是一个相对有扩展性和开放性的谱系。外地的霍氏只要能拿出表明自己是从石头村迁出的辅助证据（如族谱、墓碑之类），又能与石头村旧谱对应得上，那么族谱主修者就会斟酌决定是否纳入谱系

---

① 《石头霍氏族谱》，第72页。

之内。当然，也出现了一些因外来霍氏所提供的证据不够充分，修谱者认为"碍难编入"的情况，因此更要郑重在谱序之中进行声明。

结　语

在霍韬出仕以前，石头霍氏是一个名不见经传、在地方上较为边缘的小群体。霍韬在仕途上崛起后，通过本人以及族人对地方话语权及经济资源的高度参与、攫取，石头霍氏迅速成长为佛山地区的新兴望族。霍韬的宗族建设，是基于大小宗之别的儒家宗法原则进行的。在大宗建设层面，霍韬于嘉靖四年创设大宗祠，并灵活地运用礼法原则：一方面以品官营居室先建家庙为依据，打破庶人不祭始祖的限制，以家庙之名创立大宗祠，奉祀始祖霍刚可石龙公；另一方面扩大奉祀范围，以"一父数子同居共食"为由，使大宗祠不仅奉祀大宗一脉的列代祖先，亦入祀各房支祖神主。① 因此，霍韬所创之"大宗祠"，并不仅仅是"大宗"之祠，而是全体宗支之祠。这一"全体宗支"的认同，是由大宗祠作为最重要的认同符号。此外，霍韬还设立了大宗子，以长房嫡孙承袭。不过大宗子仅拥有"主祭祀"、管理出纳大宗祠堂的租谷两项职权，并无对全体宗族事务的约束权。

而霍韬一支作为小宗，他本人对其祖父霍厚一（南谷公）一脉进行了更为用心的措置。嘉靖四年至五年的筑居室、议合爨之举，就是限定在南谷公一支范围内的。霍韬对此投入了大量心血，通过《家训》（主要是《家训前编》）所申明的大量"防检之式"来对这一百口共爨之家进行管理，以祈求子孙能世代遵守。霍韬所规划的"家"的结构，是在由（小）宗子、家长、纲领田事、司货组成的"理事会"的基础上运作的，而小宗子与大宗子一样，仅有"主祭祀"之权，整个"家"

---

① 霍韬：《石头录》卷2，《北京图书馆藏珍本年谱丛刊》第45册，第229页。

的管理运作则由家长负责。家长并非由血统的长幼决定,而是"惟视材贤,不拘年齿",由此可以保证选拔"家"中最有地位与名望的子孙担任。应该指出的是,霍韬所撰《家训》之所以名为"家训"而非"族训",也可以反映他心目中"家"的概念,应该仅涵盖南谷公一脉而已。

霍韬以大宗、小宗为划分的宗法原则,是明代中后期不少士大夫进行宗族建设时共同秉持的原则。刘志伟非常敏锐地指出,明清之际"宗子宗法制"在原则与形式上被士大夫放弃,是宗族形态转变的一个关键标志。随着宗族建设在明代后期的进一步展开与普及,朝野间对礼法原则认知限制的松动,尤其是社会经济地位升降导致宗族内部各房支实力的差异,通过弥缝宗法原则的大小宗之分来构建宗族就变得越来越不适宜。以石头霍氏为例,如嘉靖四年霍韬以南谷公为小宗建合爨之所时,即于其中间建立奉祀南谷公的小宗祠。但到了万历初年,石头霍氏南谷公一脉也发生了分化,霍韬之父霍华一支在南谷公一脉之内的影响力与话语权越来越大,而原来的合爨格局早已难以维持。因此,霍韬次子霍与瑕主导创建了奉祀霍韬之父西庄公霍华的西宗祠,霍韬为合爨共居设计的建筑布局至此不复存在。除此之外,从上文对石头霍氏祠堂群的兴修历史考察可知,从万历中期到康熙初,除了大宗祠及霍韬祖父所在的三房外,长房、二房也分别兴建了四座、一座宗祠,与此同时,三房也新建了两座宗祠。随着霍韬大小宗形态设计的瓦解,大宗祠不再是由"大宗"所"主祭祀"的祠堂,而变成全体石头霍氏的共同祠堂。

明清鼎革之际,石头霍氏元气大伤,尤其是明中叶以来仕宦人数最多的三房受到的打击最大,而人数众多的长房则逐渐崛起,与三房并列,成为清代石头霍氏最为兴旺的两个房支。其宗族形态逐渐抛弃了宗法原则中最重要的大小宗结构,而向以房支为核心的形态转变。

大约也是在万历中期至康熙中期,石头霍氏形成了以长房、三房为首,二房次之,老二房最弱的各房并立的宗族格局。随着人口的增加,世系更亲近的族人联系更加紧密，同时也产生了陆续建立支祠祭祀其直系祖先的需要。各房支竞相建立祠堂，连人数较少、经济实力较差的二房，也建立了奉祀五世祖霍民瑞的月梅公祠。但值得注意的是，二房五世有霍民安、霍民瑞两支后代，只立霍民瑞之祠，而不以霍民安、霍民瑞的父亲霍厚德为名立祠，可见只是二房之下霍民瑞一支的祭祖之地，而非全体二房族人的祠堂。长房、三房的情况也与此相似，如在万历至康熙年间所建立的祠堂里面，长房所建的五世祖慎乐公祠，祭祀长房房祖霍厚深的次子霍德富；六世祖正庵公祠，祭祀长房霍厚深长子霍德贵的长子霍方；七世祖寅宾公祠，祭祀霍德贵二子霍銮的长子霍与迪；七世祖侣竹公祠，祭祀霍銮次子霍与遵。由此可见，长房并没有兴建其房祖霍厚深的祠堂，而是以霍厚深的两个儿子为点，长子霍德贵只有其长孙霍方一脉建了一座祠堂；而次子霍德富一脉则建起三座祠堂，包括一座奉祀霍德富的五世祖祠和两座霍德富次子两个儿子的七世祖祠。当然，由于这些祠堂确切兴建的时间已无法考证，难以确定以上祠堂兴建的先后顺序。但其逻辑，很可能是从更靠近自己世系的近祖开始，然后才到更远世系的远祖。

清代中叶，大量社会经济实力雄厚的支派建立起支祠，形成了遍地祠堂的新局面。据上文统计可知，主要集中在五至八世、第十世这五个世代。长房与三房修建的支祠世代各有侧重。长房的支祠集中于六世、七世、十世，三房则集中于五世、六世、八世。这一现象大致反映了长房与三房内部不同世代的新房支的分化情况。

而到了清代后期，各地普遍出现了文化认同层面的同姓合族浪潮，这一浪潮客观上促使石头霍氏对早期祖先认同的加强。建于光绪八年的奉祀二世祖霍义的椿林公祠，是与霍韬所创建霍氏大宗祠并峙的雄伟建筑，该祠是继大宗祠后，第一个能统纳三房的祖祠。且从配祀形式来看，该祠把三世、四世、五世、六世祖以及石头霍氏历代乡贤名宦都纳入配祀之中，其整合范围比霍氏大宗祠更加广泛。二世祖椿林公祠的建立，成为一个能够包容更多分散在不同地域，但在血统上认同石头霍氏的宗族认同标志。与此同时，石头霍氏各房内部出现了一个整合分散房支的新趋势。如此前二房只有祭祀第五世霍民瑞的月梅公祠，到同治十二年，二房建立起奉祀四世祖霍厚德的耕荣公祠，形成一个统一奉祀二房房祖的祠堂。此外，从咸丰七年第四次、光绪二十八年第五次修谱的记载亦可看到，香山、顺德等地的霍姓纷纷想方设法加入石头霍氏或上园霍氏等有着比较悠长历史与世系的强宗大族的系统之内。原来纷繁复杂发展起来的房支体系，在这一过程中再度包裹进了一个共同宗族的外衣之下。这一层共同宗族的外衣，并不一定有紧密的社会经济联系，而更重要的是成了同姓连枝的一种文化认同。当然，清后期出现的整合宗族的外衣，与明代中叶士大夫利用宗法形式进行的宗族整合，在实践原则上已经完全不一样了。

从官到神：明清时期连城县的生祠、名宦与地方社会

张凤英*

摘　要：明中后期，为地方官立生祠逐渐成为普遍的官场文化。汀州府连城县自明万历年间至清初出现一批以知县为主祀对象的独立于名宦祠之外的官员祠院（部分明确为生祠）。连城地方官入祠，并不完全取决于其道德品质或行政能力，而与明清之际汀州府庙学体系的普遍破败有关，更得益于地方士绅和家族的赞助。明知县徐大化的故事反映了官僚体系成员在立生祠一事上的法律与礼仪困境。徐大化投靠魏忠贤的宦海劣迹没有改变他在连城被崇祀的情况，以他为主祀对象的祠院存至清末，徐大化本人甚至变成地方信仰的一部分。

关键词：生祠　名宦　连城　徐大化

引　言

生祠是地方绅民为官员所建的以歌功颂德之场所。明洪武三十年（1397）颁行的《大明律》有"上言大臣德政"和"现任官辄自立碑"

---

* 张凤英，龙岩学院闽台客家研究院副教授。

条，规定了为现任大臣歌功颂德和为现任官立碑建祠（生祠）的处罚条例。天启六年（1626），"巡抚浙江佥都御史潘汝桢请建魏忠贤生祠，许之。嗣是建祠几遍天下"。① 明后期，生祠、立碑现象普遍化。明末，顾炎武（1613～1682）观察道，"今代无官不建生祠，然有去任未几，而毁其像、易其主者"，②"今世立碑，不必请旨，而华衮之权，操之自下，不但溢美之文无以风劝，而植于道旁亦无过而视之者，不旋踵而与他人作镇石矣"。③ 这反映出明末为官员建祠立碑的泛滥。

较早注意到生祠研究的是日本学者长部和雄。④ 目前学界关于明代生祠的专著有施珊珊（Sarah Schneewind）的《明代政治宇宙中的生祠》(*Shrines to Living Men in the Ming Political Cosmos*)。⑤ 她将生祠与明代东林党与阉党之争、顾炎武的相关理论进行讨论，提出一种"次等天命"(Minor Mandate of Heaven)的政治概念，认为生祠拓展了对晚期中华帝国"公众舆论"的理解，它是针对平民的合法且制度化的政治表达，生祠能够迫使地方官为地方利益服务。她以山东临朐的例子说明生祠建设过程中的平民参与，认为建造生祠的活动能为普通民众提供更多的政治机会。⑥

一些学者从法制史角度，将生祠作为官员礼仪犯罪的具体实践，讨论它在司法实践中的具体执行情况。如王鑫认为，生祠是一种礼仪犯罪，它侵犯了具有皇帝尊严的象征意义物，⑦ 惜此文并未详细展开论述。李倩认为，明代法律中有"上言大臣德政"与"现任官辄自立

---

① 《明史》卷22《熹宗纪》，中华书局，1974，第305页。
② 顾炎武著，陈垣校注《日知录校注》，安徽大学出版社，2007，第1238页。
③ 顾炎武著，陈垣校注《日知录校注》，第1240页。
④ 长部和雄：《支那生祠小考》，《东洋史研究》第9卷第4期，1944年。
⑤ Sarah Schneewind, *Shrines to Living Men in the Ming Political Cosmos*, Harvard University Press, 2018.
⑥ Sarah Schneewind, "Beyond Flattery: Legitimating Political Participation in a Ming Living Shrine," *The Journal of Asian Studies*, Vol. 72, No. 2 (May 2013), pp. 345–366.
⑦ 王鑫：《明代法律中的礼仪犯罪客体研究》，《法制与社会》2013年第9期。

碑"可用来界定官员生祠的性质，但两者实际上有所差别，前者是《吏律》，而后者出于《礼律》，因此，两者的具体量刑有所不同，在世人的观感中也不尽一致。①"上言大臣德政"的对象是"宰执大臣"，官员层级较高；"现任官辄自立碑"则是对所有官员的规范，其中包括层级较低的县级官员。后者正是本文主要讨论的对象，亦将展现地方社会在为地方官员建生碑（生祠）时采取的更复杂和个人化的规避策略。

赵克生就生祠和庙学体系中的名宦祠发表了数篇文章，他的《明代地方庙学中的乡贤祠与名宦祠》一文，以明代地方庙学中的乡贤祠为论述对象，对乡贤祠的普遍建立、相关制度、教化功能等问题做了探讨，特别关注乡贤祠是怎样被国家、地方府县与民间家族共同建构的。他认为，乡贤祠在宋元出现，明代渐成制度。正嘉时期是乡贤祠规制变化的节点，乡贤、名宦合祠逐渐出现分祠的迹象。② 同时，他认为正德、嘉靖之后，地方官员建立生祠逐渐普遍化，究其原因在于地方赋役改革、地方动乱、宦官专权等推动了生祠发展，而这种生祠是符合儒家祭祀礼仪的。③

以上学者的关注点或从地方社会与平民的角度，或从法律条文解读的角度，或从地方祀典体系的角度，但对于生祠的研究需要有更多具体的例证。本文以明后期至清初的连城县为例，说明生祠、官员祠、名宦祠等以地方官为主祀对象的礼仪场所，在地方实践上存在值得注意的差异，并探讨以生祠为基础形成的官员祠是否进入了地方祀典体系等问题。

---

① 李倩：《明代官员歌功颂德罪名研究》，博士学位论文，南开大学，2014。
② 赵克生：《明代地方庙学中的乡贤祠与名宦祠》，《中国社会科学院研究生院学报》2005年第1期。
③ 赵克生：《明代生祠现象探析》，《求是学刊》2006年第2期。

一 连城知县徐大化的故事

徐大化，会稽（今浙江绍兴）人，万历进士，万历二十八年（1600）被贬为连城县知县。天启初年升刑部员外郎，依附魏忠贤，后任工部、户部尚书，崇祯初年因魏忠贤党徒被逮治罪。《明史》中称：

> 徐大化，会稽人，家京师。由庶吉士改御史，以京察贬官，再起再贬，至工部主事。孙丕扬典京察，坐不谨落职。故事，大计斥退官无复起者。万历末，群邪用事，文选郎陆卿荣破例起之。天启初，屡迁刑部员外郎，结魏忠贤、刘朝，为之谋主。给事中周朝瑞劾其奸贪，御史张新诏抉其闺房之隐，大化颇愧沮。已，承要人指，力诋熊廷弼。及廷弼入关，又请速诛，舆朝瑞相讦，尚书王纪劾罢之。寻复雁察典，削职。四年（1624）冬，中旨起大理丞，益与魏广征比，助忠贤为虐。疏荐邵辅忠、姚宗文、陆卿荣、郭巩等十三人，即召用。俄迁少卿。左佥都御史楞涟等之下狱也，大化献策于忠贤曰："彼但坐移宫罪，则无赃可指。若坐纳杨镐、熊廷弼贿，则封疆事重，杀之有名。"忠贤大悦，从之，由是诸人皆不免。寻进左副都御史，历工部左、右侍郎。皇极殿成，加尚书，贪恣无忌，忠贤亦厌之。七年四月那移金钱事发，遂勒闲住。后入逆案，戍死。①

徐大化出任连城知县时，是其宦海生涯的低潮。抵任后，"郁郁不得志，盘桓连城山水之间。莅连，凡苛繁之政一切报罢，洵无扰于狱

---

① 《明史》卷306《阉党》，第7865页。

市"。① 实际上，徐大化并没有荒废政事：万历二十八年，徐大化捐资鼎建儒学；万历三十年，徐大化重修公署、城关南北二水闸。他在当地留下"任其纲，牒学官，劝义举，戒生徒，谋卜筮，蠲吉良，辟荆杞，相土方，度丈数，计财用，程工役，一意作新。由是，弦歌俎豆，揖让雍容，都人士莫不喜其壮丽之改观"的记录。②

在徐大化任职期间，连城县表席里新泉村倡议为徐大化立生祠。新泉村地处汀江上游，在明代属连城县表席里，是连城县南境重要隘口，曾设巡检司。村内汤背寨是明正统十一年（1446）建筑以御敌，嘉靖四十年（1561）再筑土围400余丈。隆庆四年（1570）大水，土围被冲。万历三十年，新泉重修汤背寨城，改为石墙，筑墙506丈，设启明、涌金、崇庆、福汲、浴德等城门5座。此后三十余年未再修。至崇祯十三年（1640），原汀州府卫参军林尧培协同知县雷同声，增修寨城女墙和城楼，并改城门：启明改为晋明，涌金改为拥金，崇庆改为集庆，福汲改朝宗，浴德改日新。

新泉是以张姓为主的村落，新泉张氏将万历三十年重修汤背寨的功劳归于当时的连城知县徐大化。在汤背寨城开始重修后，新泉张姓便极力主张为徐大化建生祠。万历三十一年正月三十，张氏族内精英向官府正式提出为徐大化建生祠的请求：

> 连城县儒学生员张希周、张希尼，会同耆民张长潭、张长富、张长鹤，乡民张荣祖、张俸呈乞准赐建祠以崇功德以慰民心事。伏惟德莫大于卫民，功无加于保障，故家给人赐，惠恒病于弗广，惟设堠树屏，泽实衍于无穷，兹通仁台，焦劳百废，视民如伤。天赐公车辱华坞僻，目击江山要害，志虑抚又良图陟巘降原。不辞景望

---

① 康熙《连城县志》卷5《官师志》，方志出版社，1997年点校本，第121页。
② 乾隆《连城县志》卷9《艺文志》，厦门大学出版社，2008年点校本，第230页。

之苦，规疆审势，求协永臧之谟，既详三院，爰筑砦城于本乡，惠我群黎，拟奠金汤于奕世，以故民胥感奋，踊跃赴工，百堵具兴，厥功良濯，子民辈翼戴大造，图报无方，计就普镇堂肇基建祠，将期庙貌与天地长峙，俎豆并日月相辉。虽报称无益于涓涯，而衷怀少舒于万一。况岘山堕泪，且留去后之思；即南国甘棠，尤切勿伐之戒。恩无今古，兼颐临民戴，岂容二致，第事关纲纪，莫敢擅专，理合呈明，仰乞批允。众祠立，则瞻依有地，而众心遂仰止之怀，祀举，则嗣岁永兴，而万代劼如存之想。为此具呈须至者。①

为徐大化建生祠的倡议，由族内的生员领头，与族内耆老共同提出。二月二十一日，徐大化的禁示下达，文称：

> 连城县为禁谕事。据本县儒学生员张希周、张希尼，同耆民张长潭、张长富、张长鹤等呈称建立生祠等情到县。为照：该乡有土砦遗迹，本县不过据以修复之，一切钱粮工力，又皆出之民间，劳民伤财，方抱多事之惧，御灾捍患，奚副崇祀之文？况现任生祠，尤明例所禁，而无功食报，乃有道所羞，除将原呈批禁立案不行外，又尤恐众情不量，背义修举，是彰本县之谬而速其戾也。为此特谕，仰各体悉，本县恳切至意，毋得议举扰民。②

明代立生祠的具体办法是先由士民呈词，再经知县、知府等地方官批准或巡按批准。③ 徐大化在接到新泉张氏建生祠的呈文时，大概心情很复杂，他也许会为此事而欣喜，但更大的可能是忧虑：他由京官被贬连城，正处于仕途低潮，更应谨言慎行。作为该县主官，他无法批准百

---

① 新泉《张氏族谱》第 1 册《呈建生祠稿》，光绪十四年木活字本。
② 新泉《张氏族谱》第 1 册《徐爷禁止建立生祠告示》，光绪十四年木活字本。
③ 赵克生：《明代生祠现象探析》，《求是学刊》2006 年第 2 期。

姓为自己建生祠。徐大化由科举正途出身，为官非一日，他理应知道"现任生祠，尤明例所禁"，新泉张氏的举动可能反而会危害到他的仕途。因此，除了明令禁止之外，他特意告诫新泉乡民，不要"背义修举"，即千万不要背着他偷偷建祠，这会置他于不义之地，难以自处。

徐大化的担心最后变成了现实。新泉张氏虽然没有等到官府的同意，但是，"徐爷虽禁勿立祠宇，而砦民得蒙保障，敢无所报？"① 于是在两个月后的四月十七日丑时，他们自行开工建祠，与新泉修寨工程同时进行。此时，在后续上报给官府的文件中，修祠的倡事者变成"耆民张长潭、张长富、张长鹤，乡民张荣祖、张俸、张世田等"，两位生员的名字不再出现。这个细节的变化可能经过了张氏的内部商议，两位生员作为国家后备官员，在徐大化明令禁止的情况下退出主事者名单，改由没有官方身份的乡民倡建，这或许是新泉地方社会在应对国家政策时的一种转圜方式。

徐大化生祠修成后，称为功德祠。新泉生员张希周特意邀请李廷机为功德祠作了一篇《徐公功德祠记》。李廷机（1542~1616），晋江（今泉州鲤城区）人，万历十一年榜眼，与徐大化有同年之谊。1607年，李廷机因受政敌攻击辞官归里，杜门不出，万历三十四年复起入内阁。新泉张氏为徐大化修完生祠时，李廷机正在家中。他在这篇记文中说道：

> 夫祠之为言祀也。按《祀典》：能布德安民御灾捍患则祠之，非然者，为淫、为渎、为矫，君子弗贵也。……汀连邑下里新泉，从前原设隘堡以御绿林出没，故宣正间一却沙寇邓茂七，嘉靖再却罗袍、赖四，而砦堡生灵无恙。不幸垒土不坚，隆庆庚午秋，大水动崩室庐沙砾，数十年不能复兴。略有小警，人心惶惶。今上壬寅岁首夏，熙环徐年丈采风劝农，历览形胜，慨然曰：树堠控险，保

---

① 新泉《张氏族谱》第1册《徐爷禁止建立生祠告示》，光绪十四年木活字本。

障一方，实县令职也。爰召父老而度之，厥围五百丈，爰计粮丁而均之，各攻五十尺，爰申上宪而请之，限工成之日，爰择耆耄而督之，旦晚警惰勤。始于壬寅秋，迄于癸卯夏，而墙垛于是乎一新。夫公方下车，勤轸民瘼，始书均图，继更黉序，继浚陂渠，其造福于连多矣。而尤汲汲于下里新泉之保障，寇窃是除，水灾是捍，宜新泉之戴德不忘隆祠尸祝也哉！……予惟徐公灵钟浙水，望重玉堂，曩以中秘出巡河西，抚臣以苛失军心，而忌者挤及于公，一挤而守，再挤而谪，而寻宰斯邑。岂公遭之不辰耶？殆苍苍念连民之苦，使在起疮痍而跻乐域，故峭堑一立，贫民安堵，此其懋德骏烈，与古之韩许后先彪炳。生祠之建，魏人此心，邓人此心，连人亦此心，固大义之不容已也欤？虽然，圣天子重贤良，崇忠烈，如公之宏才巨望，指日大用，调烛司台，则所以康四海，安华夏，式作万里长城者，又岂直祠于一乡一邑哉？①

　　李廷机对于新泉为徐大化修生祠的态度似暧昧不明。李廷机引用《祀典》来证明为徐大化建祠的正当性，即尽管他跟徐大化一样，知道现任修生祠"大义之不容"，但他引用《祀典》来为新泉张氏的做法张目。《祀典》称"布德安民御灾捍患则祠之"，此处所说的"祠"并非特指生祠。李廷机引用大量典故，列举徐大化所为"布德、安民、御灾、捍患"的事迹来证明为徐大化修生祠的合理性。记文最后，他无法回避法律的规定，现任修祠固然是"大义之不容"，但他依然选择做一番辩护。

　　除了新泉张氏，徐大化离任之后，当地士人立刻组织为徐大化立去思碑。康熙《连城县志》收录陈经邦所写的《徐侯德政去思碑记》。陈经邦，莆田人（1537～1615，字公望，号肃庵），明嘉靖四十年进士，

---

① 新泉《张氏族谱》第1册《徐公功德祠记》，光绪十四年木活字本。

累官至礼部尚书兼学士，万历十三年请罢归乡。陈经邦乡居时，"连邑三生俨然逢掖而造之，且持邑博士林君书暨阖邑士民之意，驰千余里来请曰：'吾邑徐侯，实师保我民，民德侯甚备。兹欲勒石纪德，以永其思，而垂不朽'"。所谓"连邑三生"，为李仕宾（万历间贡生）①、余道、李爌（万历丙午乡试副榜）三人。

  乃坐三生而问政焉。李生仕宾起而对曰："侯始至，适当岁祲，旱疫相仍，虎妖并恐，侯为民请命，靡神不裎，药病夫，粥饿者，道殣给槥，猎客设置。于是甘澍再降，民起岁登；丘林之间，虎亦屏迹。御灾捍患，非侯而谁赐之？"陈子曰："美哉乎！闵以惠矣！"余生道对曰："夫教衰俗失，世吏所忽，而侯独孳孳以易俗为务。申之以五禁：焚骼者法，溺女者法，捆阓而习佛事者法，群饮于丧家者法，舁尸而掠财者法。训辞恳恻，听者咸悚，而吾邑之陋俗始一变矣。"陈子曰："美哉乎！严以忠矣！"李生爌对曰："往吏吾土者，率安敝而惮更。侯则不然，乃新黉校以育才，复垒砦以捍寇。建闸潴流，垦山兴利，往往躬自督劝之，士民竞作而役不告劳。"陈子曰："美哉乎！勤以断矣！"三生复同辞称曰："非直如是而已。侯鉴于前政，喟然以邑小民贫，惟正赋之不供是惧，奈何复以苛取困之？业已用赋长之力，代吾征输矣。乃又践更有赘，岁时有馈，客庋止令行役有饩，是重病吾民也！其一切除之。已又廉赋长横征之害，著为禁令，岁所省无虑数百缗，而编氓始安。襄岁核田平赋，吾邑觊胶东之赏，独增税额以千计。邑人苦之，屡控而仅蠲其半。至是侯力陈于台司，牍三四上，必悉豁乃已，所省又无虑数百缗，阖邑欢然若更生。乌乎！微侯之力，其何

---

① 康熙《连城县志》卷6《选举志》，第135页。

能得此？"陈子乃喟然叹曰："美哉乎！徐君之德，博且远矣！"①

陈经邦此文借"连邑三生"之口写出徐大化的丰功伟绩，不免有夸大的成分。徐大化离开连城之后，历迁至户部尚书，后投靠魏忠贤，"未尝不与连之士往还也"，这说明徐大化离去后，连城士人仍在维系与徐大化的关系以借其力。崇祯二年，崇祯帝钦定逆案，查办七类阉党："首逆"二人、"首逆同谋"六人、"交结近侍秋后斩决者"十九人、"结交近侍次等充军者"十一人、"交结近侍又次等论徒三年输赎为民者"一百二十九人、"交结近侍减等革职闲住者"四十四人、"忠贤亲属及内官党附者"五十余人。徐大化在第四等的十一人之列。② 明亡之后，南明福王朝内党争延续，马、阮为之翻案，并"追赐恤典"，对其"赠荫祭葬谥"等，徐大化获第二等，即"赠荫祭葬不予谥"。③

徐大化投靠魏忠贤之事，以及他死后的哀荣兴衰，并没有使徐大化在连城的祭祀中断，在新泉，徐大化甚至成为地方信仰的一环。据2017年新泉村人张劲松（1968年生）说："（新泉）有四大城门，有人告发一个地方有两个城，一地置两城，势必想造反，朝廷下令消灭造反的三个坳的村民，分别是姑田、新泉、连溪，三坳人之间都是牵来牵去亲戚。徐大化出来说这是他的主意，是为了（张氏）宗族发展，不是为了造反，当时遭炮烙之刑。我们宗族为纪念他，在大宗祠前建徐公庙。我们小时候，不懂的事去问徐公老人，口头禅：问徐公。这是野史，正史是他当过知县，是他指点我们张姓集中搬迁过来。"

新泉张氏认为徐大化倡议并支持张氏裔孙筑汤背寨（城墙）和选址建始祖祠，有恩于族众，将他视为恩主，建了一座50平方米的生祠，

---

① 康熙《连城县志》卷8《艺文志》，第121页。
② 《明史》卷306《阉党》，第7852页。
③ 《明史》卷306《阉党》，第7864页。

称功德祠，塑徐大化像崇祀于内，将每年农历正月初三定为祭祀徐公日。祭徐公的次日，即农历正月初四，定为祭祀明初新泉开基祖荣兴公之日。

二　明至民国地方志所见连城的生祠与官员祠

从地方志来看，崇祀徐大化的官员祠进入清朝之后并没有被撤销，而类似徐大化的生祠，在连城县也并非特例。《连城县志》现存有康熙丙午、乾隆辛未、民国己卯三种版本，嘉靖、天启、崇祯三志缺而未见。距离徐大化时间最近的是康熙县志，由知县杜士晋于康熙五年（1666）主修兼总纂，儒学教谕李振缨（晋江举人）协修，约于康熙七年刊行。全志记录从宋绍兴三年（1133）建县至康熙五年修志的历史，其中人物和艺文两卷个别篇目下延涉及康熙十三年至康熙五十四年的史事（乾隆年间修志时重印增版），是连城县现存最早的一部完整志书。

在康熙《连城县志》卷3《建置志》中列"祠院"一节，记录了连城县当时尚存的所有官员祠（见表1）。

表1　康熙《连城县志》所记祠院

祠名	祀主	祀主官职	任职时间	祠院地点	事迹
刘公祠	刘玉成萝岩	司理	—	县左	顺治四年寇毁；今新班缘首童二刚、谢有沂重建造
牛公祠	牛大纬文埜	知县	万历十九年	一学后，一文塔前	缘首李周臣、吴宪等
徐公祠	徐大化熙寰	知县	万历二十八年	龙山祖庙右	缘首黄思德、李檀、李榆
李公祠	李待问葵儒	知县	万历三十三年	县治西门内	寇毁。缘首罗岩、黄思德、李天美等，江济邦、童大猷等

续表

祠名	祀主	祀主官职	任职时间	祠院地点	事迹
吴公祠	吴明昌曙东	司理	—	城隍庙左	缘首谢世选
程公书院	程三德心一	知县	—	城隍庙右	缘首吴宪、周世华等
雷公书院	雷同声鹿门	知县	万历四十四年	一文昌阁右、一南岳庙前	缘首沈济众、李贞启等
李公书院	李九芳和斋	知县	—	北门外彰善坊前	今颓，碑存。缘首谢表、李和春、黄思德等
府镇列台祀祠		群祀	—	城东门内	缘首谢朝宰等
陶公书院	陶文彦名箓（崇祯甲戌进士）	知县	—	西郭外右	寇毁。缘首林尧道等
李公书院	李胜之兰畹	知县	—	东门外	
王公书院	王自成备我	知县	—	东门城内	缘首谢家宝、童应举、谢君赞、谢朝宰等
田公祠	田生玉昆吾	知县	顺治九年（1652）	城隍庙右	缘首谢家宝、李𫍯、黄景辉、钱国珂、黄福宁、童秉彝等
申公祠	申伟抱又韩	漳南道	顺治十一年	县东闽山	县令杜士晋捐俸一百两，买生员李日淳河源里肆图车田灌尾桥头鹅公塸田，亩，分载一卷
杜公祠	杜士晋岱麓	知县	康熙五年前后	一儒学右、一南岳庙前、一鹰山白衣堂前	缘首谢家宝、李𫍯、黄景辉、沈恩举、沈日表，生员沈登瀛等，里长沈经世等，冠鹰缘首谢家宝、黄景辉、沈恩举、谢日皋、童秉彝
三德祠	漳南道申公、县令丘公、县令杜公、李升、谢朝宰、里长黄福宁	漳南道、知县	—	冠鹰山即东闽山	

资料来源：康熙《连城县志》卷3《建置志》，第76~78页；卷8《艺文志》，第213~227页。

从表1可见，官员祠院的奉祀对象以知县最多，绝大多数为一人专属祠院，且有数名官员的祠院不止一处。有两处为合祠："三德祠"，以及没有列出具体官员姓名的"府镇列台祀祠"。虽然经历明清鼎革，但连城县保存下来的官员祠数量众多，可见明朝是当地建设官员祠的高峰期，且朝代更迭对官员祠并没有产生根本的冲击。从表1可知，知县是明至清初连城县官员祠的主要祭祀对象，但是，并非所有的连城知县都被建祠纪念。表2列出明中期至清初连城县未见祠祀的知县名录。需要说明的是，为更好地与表1进行比较，选入表2的是自表1中第一所祠院的主祀者牛大纬以降的明代知县，名录的时间下限至清初康熙志编撰止。

表2　明中期至清初连城县未见祠祀的知县名录

朝代	知县名	籍贯	科名	事迹
明	沈文荐	汉阳	举人	缺
明	傅坤	沿山	贡士	被逮
明	程三德	婺源	贡士	缺
明	甘茂学	南雄	举人	缺
明	王兆熊	永丰	贡士	缺
明	张大观	浪穹	经魁	缺
明	徐际旦	永丰	进士	七十登第，培养学校、肃清衙役
明	戴应昌	信丰	贡士	缺
明	杨俊卿	乌程	举人	平图清帑，有美政，调江宁
明	顾祖奎	吴江	举人	缺
明	李士藻	彭泽	举人	侨寓，死于法
明	吴希点	处州	岁贡士	投诚去官
清	徐承泽	歙县		随征委署殉难，内人被隘贼劫夺
清	杨方盛	辽东	旗下贡士	伺倪疏节，察官安良，卒于官
清	钱君铨	平湖	进士	任甫三月卒于官
清	盖继孙	陕西	举人	忠厚宽和，被谤解任，宦囊萧然

资料来源：据康熙《连城县志》卷5《官师志》整理。

康熙志中的"艺文"收录数篇生祠记，可证明表1中所记载的祠院至少有一部分是生祠。除徐大化之外，非常明确建有生祠的有雷同声、李待问、王自成、申伟抱、田生玉、杜士晋等人。从表2看，除了有明显政治污点的傅坤、吴希点，未能完成任期的钱君铨，以及数位事迹不详的县官之外，在未被立祠的官员中亦有为当地服务甚力者。因此，道德情操或行政能力可能都不是评价能否为某位官员建祠的绝对标准。徐大化的例子证明建生祠的主要力量来自地方士绅，新泉生祠的建立实际上也是在族内知识精英的推动下促成。明知县雷同声生祠的建设亦反映出同样的状况。

雷同声在连城县五年，留下祠院两所。在其任（万历四十四年任）上，"连之指狂词以陷人、借卖产为渔壑者，其风寝息。……礼文昌阁如见公，谒南关生祠如公犹生"，南关生祠应该就是表1中所说的"南岳庙前"那所。雷同声为何得以建生祠？此文辩称："其子翰林跃龙，或者父以子贵而诙之欤？非也。"① 雷跃龙（1601~1681），年少成名，十八岁中进士时其父雷同声正在连城知县任上。雷同声得以建生祠与其子雷跃龙的科举成功不无关系，也和地方士绅的支持有关。天启元年（1621），连城李氏祠堂在完成重修后向雷跃龙请序，雷跃龙应邀为之作《文川李氏重建宗祠记》，称"家君令文川，文川贤士大夫不辱与家君交者，皆昵不佞，而李氏之昵尤多"。② 这一年恰好是雷同声结束他在连城任期晋升平凉府通判之时，可以推测雷同声生祠的建设可能与李氏有关，且在南关生祠的缘首名单中有李氏，但此人是否为连城李氏族人仍待考证。雷跃龙于崇祯十四年任户部左侍郎，次年升南京吏部右侍郎，③ 同年雷同声被题名进入名宦祠。

赵克生认为正德、嘉靖时期乡贤名宦合祠逐渐出现分祠的迹象，乡贤、名宦祠成为庙学（儒学与孔庙的结合）的体系，建筑方式与方位形成固定模式，名宦、乡贤祀典在庙学普遍化并成为一种制度。明正德

---

① 康熙《连城县志》卷5《官师志》，第120页。
② 康熙《连城县志》卷8《艺文志》，第232页。
③ 李翠芬：《雷跃龙诗文校注》，硕士学位论文，云南大学，2019，第6页。

八年，连城儒学设名宦祠，在儒学内的尊经阁之东。① 康熙《连城县志》称"名宦""乡贤"两祠在学宫内，名宦祠在"戟门左"，乡贤祠在"戟门右"，但两者都是"今议建"，② 意味着康熙之前这两祠在连城县内可能并不重要或遭破坏。1644年，清廷要求州县修建名宦乡贤祠。③ 连城县"今议建"名宦祠正是在这一时代背景下进行的。知县杜士晋主导官方象征物（县衙、学宫、县志）的重建，但此时连城县的名宦祠中究竟祭祀着哪些人，他在康熙志中也没说清楚。《官师志》中明确标注"祀名宦"的有陈训（明县丞）、李翰（明景泰五年县丞）、吴琬（明成化间县丞）、许利（明永乐二年主簿）。此四人中，许利是广东连州监生，"为政勤谨"；吴琬是浙江长兴监生，"清俭自持、敬老尊贤，兴学校、修桥梁"；关于李翰，只记录了他的任期，"出身、籍贯失纪"；陈训则是"出身、籍贯、政绩皆失纪"。④ 若将民国《连城县志》中入"名宦祠"名单⑤与表1对照，发现只有雷同声一人的名字出现在表1中。由此可见，连城县的官员祠显然并不在庙学体系的名宦之中，他们也不是入名宦祠的后备人员。从表1可知，康熙之前，连城县官员祠大多数设置在城内，城外祠院集中在县东的闽山。闽山指连城县东七里许的莲峰山（今冠豸山），莲峰山的"十三景"其一就是"冠廌"。⑥

本文推测，清初连城县的庙学体系很可能是败坏不堪的。连城的邻县宁化县的士人李世熊（1602~1684），与连城知县杜士晋处同一时代，两人曾有书信往来。康熙年间，李世熊在编撰《宁化县志》时，就发现宁化学宫不合典礼之处甚多：

---

① 康熙《连城县志》卷8《艺文志》，第201页。
② 康熙《连城县志》卷3《建置志》，第73页。
③ 萧公权：《中国乡村：论19世纪的帝国控制》，张皓、张升译，台北：联经出版事业股份有限公司，2014，第267~268页。
④ 康熙《连城县志》卷5《官师志》，第119~120页。
⑤ 民国《连城县志》卷19《祠祀》，厦门大学出版社，2008，第656页。
⑥ 康熙《连城县志》卷2《舆地志》，第51页。

学宫图与向时大异。旧时明伦堂下左右有居仁、由义斋,今皆废之乎?西庑上有书器库,又有省牲所,启圣祠前有号舍,今皆废之乎?又卧碑原在伦堂之左上面,今示图乃在启圣之右另一亭置之,原未有此制也,恐此亭是置敬一碑,非卧碑也,再查示之。并查敬一箴亭今置在何处,又学庙之侧作朱霞生祠,此人何以入学宫?即极有大功德只当入名宦,何以庙内建祠乎?宁士丧心无礼义至此,宜先圣之不佑也。哀哉,若志有此一条,将为天下人唾杀矣。①

生祠试图侵占学宫体系,在宁化又有一例证:

嘉靖二十九年,宁化知县潘时宜,即山川坛左旧射圃之址,改创为书院。……万历十年,张江陵当国,以言官之请,概行京省查革书院。本县奉文废之。当时士论纷然不平,竟亦不能尽撤也。及康熙九年,知县何凤歧复于旧址建书院,中外二堂,外祀文昌,而附何神位于左。内供大士,左右各为厢房。堂后左馔堂,右庖湢,院前临平田,后枕坛址。上关为"应宿阁",下关为"龙门桥"。是院之建,与前令潘时宜异。盖生祠之别名,欲宁民喻旨而成其美耳。何迁官去,而书院之名如故也。②

清初宁化县庙学体系的破败在闽西并非特例。康熙《连城县志》中所记的学宫,经历屡次迁址之后,在万历二十八年由徐大化捐资鼎建。康熙年间修县志时,除上述名宦祠、乡贤祠外,明伦堂、兴贤坊、育才坊都是"今议建",书籍房、祭器房、居仁堂、由义斋、敬一亭、东西学舍皆为"今废",学宫规制极不完整。

---

① 李世熊:《寒支初集》卷7《复黎楚友》,《四库禁毁书丛刊》集部第89册,北京出版社据清初檀河精舍刻本影印,1997,第263页上。
② 康熙《宁化县志》卷6《书院志》,福州人民出版社,1989年点校本,第406~407页。

与此同时，生祠的修建与维护并未中断，主修康熙《连城县志》的知县杜士晋，记录在其名下的祠院就有三所，应该都为生祠。赞助杜士晋生祠建设的有"缘首谢家宝、李烶、黄景辉、沈恩举、沈日表，生员沈登瀛等，里长沈经世等，冠鹰缘首谢家宝、黄景辉、沈恩举、谢日皋、童秉彝"。其中可考者谢家宝（顺治四年正贡，恩选考通判）、黄景辉（顺治八年恩选正贡，考通判）、沈恩举（顺治丁酉科亚魁）。谢家宝历明清两朝，三次参与修志（崇祯九年为庠生，顺治七年为明经，康熙五年被称为"乡绅"），①他成为多所祠院的缘首。可以猜测，康熙时，连城县曾对官员祠院进行较为完整的统计，地方士绅既是编修地方志的主导者，也是祠院的主导者，他们将官员所属的祠院以官修方志的形式记录固定下来。这是官员祠院在有清一代没有消失的重要原因，即它在官方记录之内，但又在庙学体系之外，更可能是以地方私产的形式长期存在，甚至如徐大化变成地方信仰的一部分。

自清初朝廷要求州县修建名宦乡贤祠后，地方"冒举"现象应运而生，至晚清而不绝。②为解决庙学体系中名宦乡贤"冒滥实多"的问题，雍正二年"咨部令"规定："行令各省督抚学政，秉公详查。如果功绩不愧名宦、学行允协乡评者，将姓名、事实造册具结，送部核准，仍许留祀；若无实绩，报部革除。嗣后，有呈请入祀者，督抚、学政照例报部核明。"③"咨部令"将入祠的审批工作从地方收归国家，在抑制地方势力与地方官员协同作弊方面取得一定成效。④"咨部令"对连城县庙学内名宦体系的影响尚待考证。但是，如果将乾隆十七年《汀州

---

① 康熙《连城县志》卷首《志例》，第23页。
② 萧公权：《中国乡村：论19世纪的帝国控制》，第267~268页。
③ 《钦定学政全书》卷76《名宦乡贤》，《续修四库全书》第828册，上海古籍出版社，2002，第939页。
④ 赵克生：《明代地方庙学中的乡贤祠与名宦祠》，《中国社会科学院研究生院学报》2005年第1期。

府志》与民国《连城县志》和康熙《连城县志》进行对读（见表3），可见明至清初建立的官员祠院中，有相当一部分一直延续到民国。这证明连城县官员祠院的运作始终脱离于名宦祠，它与地方社会的共谋使得它能够长期存在。但表3也说明，连城县祠院所祭祀的官员名单与康熙《连城县志》、乾隆《汀州府志》相比并无明显增加，这是否证明雍正年间"咨部令"对官员祠院产生了影响，尚待另文考证。

表3 明清连城地方志所见祠院存续对照

祠名	祀主	康熙《连城县志》	民国《连城县志》	乾隆《汀州府志》
刘公祠	刘玉成	存	存	存
牛公祠	牛大纬	存	易名双清祠易祀清初县令赵良生、参政沈梦化	存
徐公祠	徐大化	存	易名文明书院新泉徐公祠入志	存
李公祠	李待问	存	存	存
吴公祠	吴明昌	存	存	存
程公书院	程三德	存	存	—
雷公书院	雷同声	存	存	—
李公书院	李九芳	存	存	—
陶公书院	陶文彦	存	存	—
李公书院	李胜之	存	存	—
王公书院	王自成	存	—	—
田公祠	田生玉	存	存	—
申公祠	申伟抱	存	—	—
杜公祠	杜士晋	存	存	—
三德祠	漳南道申公、县令丘公、县令杜公、李升、谢朝宰、黄福宁	存	存	—

资料来源：据康熙《连城县志》、乾隆《汀州府志》、民国《连城县志》整理。

结　语

　　地方官如何在任职地得享祭祀，由官而"神"？明后期以降，为官员立祠成为一种普遍的官场文化，虽然有法律明文禁止，但立祠现象依然泛滥。入清之后，清廷积极推动名宦乡贤祠的建设，但名宦乡贤尤其是乡贤的"滥举"现象贯穿清代而屡禁不绝。本文所举闽西连城县的例子，证明为官员立祠一事在明清时期县一级行政单位的实际运作过程极为复杂。

　　萧公权在关于地方祭祀的论述中，认为官方祭祀是清代统治者利用"神道设教"在思想控制方面所采取的"最微妙尝试"。他将官方祭祀分为大祀（主要祭祀）、中祀（中等祭祀）和群祀（其他各种祭祀）等三类，对名宦乡贤的祭祀属于中祀，他们是"因崇高的道德表现或服务而受到人们祭祀的神"，祭祀名宦乡贤"目的就在于树立适合活着的人敬仰、仿效的精神榜样"。① 本文所举连城县的例子证明，明后期至清初闽西县级庙学体系的普遍破败，官方祭祀体系中的名宦祠在清初重建。连城县在名宦祠之外曾广泛建设官员祠，官员祠（部分明确为生祠）在建设逻辑上与名宦祠不同，它的设立不需要经过严格的批准程序，入选者的资质也并不是如萧公权所说的以道德或服务为标准。官员祠脱离于官方祭祀系统，由此，主导修祠的地方士绅与家族得以更为顺利、更为主动地勾连与地方政府的关系。

　　施珊珊以山东临朐的例子说明明代生祠的建设过程体现了普通人的政治参与，生祠是当地士绅用于警示继任者的手段。萧公权认为对名宦乡贤祭祀更有兴趣的是地方士绅，他们借此提高自己或家庭的社会地

---

① 萧公权：《中国乡村：论19世纪的帝国控制》，第259~261页。

位,农民大众则"更关注自己的生计而非死去祖宗的荣耀"。① 在连城县,官员祠与地方社会的联结更为清晰,当地士绅不愿百里邀请知名的退休官员为主祀者撰写生祠记并提供全部信息,由此写出的生祠记不过是当地士绅意见的集中表达,主祀官员的政绩和美德常常被夸大,塑造出为主祀官员建生祠是社会共同舆论的假象。施珊珊正是从这一角度来看待生祠建设中普通人的参与,即所谓"公义"。而连城县的情况更符合萧公权的说法,地方士绅显然对与官方有关的祭祀更有兴趣,因此,他们赞助建设长期维持连城县的官员祠,并在地方志中将官员祠的位置、缘首等信息详细地记录下来。正是地方社会的力量,将这群官员从官变成"神",更有甚者如徐大化,成为地方信仰的一部分。

赵克生认为明正德、嘉靖之后生祠的普遍化符合儒家祭祀礼仪,在于它符合"'以死勤事、以劳定国、能御大灾捍大患则祀之'的祭祀礼仪",且未曾对抗国家权威,但他也看到生祠具有民间信仰的驳杂性。② 本文所举徐大化的生祠记以及康熙《连城县志》中的几篇生祠记,反映出作传者(多为知名退休官员)在对待这件事情上的谨慎,连城县官员祠的祭祀礼仪,它们是否合乎儒家祭祀礼仪,它们与官方名宦祠祭祀的关系问题,尚待更深入的研究。

---

① 萧公权:《中国乡村:论19世纪的帝国控制》,第259~261页。
② 赵克生:《明代生祠现象探析》,《求是学刊》2006年第2期。

明末清初的动乱与地方应对

——以闽南诏安二都为中心

朱忠飞[*]

摘　要：明清易代之际，东南沿海一带陷入国家权力真空和社会动荡不安的状态，诏安二都尤为典型。此时，诏安二都原有的传统——地方军事化、结社传统与大的历史时机相结合，在动乱的背景下家族发展出各自的地方武装力量。家族之间的关系在明清易代的环境下被放大，结盟或仇杀成为这一时期家族之间关系的异样反映。这种结盟与仇杀又同地方政治相联系，各大家族站在自己的立场上选择各自的政治依靠势力——或明郑，或三藩，或清朝，也有家族内部的多元选择。这必然导致地方权力格局的混乱与变化，一些家族势力被削弱，而另一些家族崛起，地方社会呈现复杂的发展面貌。

关键词：明清易代　诏安二都　社会动乱　地方应对　地方传统

有关明清易代的研究，20世纪以来学术界已经取得了丰硕的成果。[①] 其中，在王朝更迭的框架下形成了明清易代叙事的基本模式，明亡原因的

---

[*] 朱忠飞，赣南师范大学客家研究中心校聘副教授。
[①] 如谢国桢《南明史略》，上海人民出版社，1957；〔美〕司徒琳《南明史（1644~1662）》，李荣庆等译，上海古籍出版社，1992；顾诚《南明史》，中国青年出版社，1997。

讨论便成为重要话题，一直延续到当下。① 20世纪八九十年代以来，强调以地方为主体的历史叙事也逐渐影响到明清易代的研究，突破单纯反思明亡原因的讨论。如陈春声论述了明清之际潮州社会动乱带来的社会转型，②岸本美绪对明清之际江南社会秩序如何被破坏又如何重建进行了讨论。③这种以地方为研究角度的模式，赵世瑜总结为明清易代的"区域社会史的解释模式"，强调在明清之际地方社会呈现出的权力格局与区域历史发展的长期特点有关。④ 明清之际的东南沿海，闽南地区尤为典型。

顺治三年（1646），清军入闽，郑芝龙降清，清王朝开始在福建建立统治秩序。郑成功（1624~1662）的南明势力以厦门、台湾为据点，在东南沿海与清军进行拉锯战。康熙年间，郑经（1642~1681）的势力不断骚扰东南沿海，特别是闽南地区。直到康熙二十二年（1683）郑克塽（1670~1707）降清，东南沿海才稳定下来。这一时期，闽西南一带显现"三日清，四日明"的状态，即时而为清军控制，时而为南明郑氏势力控制，到三藩之乱时又有耿精忠（？~1682）的势力，地方社会呈现一种国家权力真空状态。地方社会利用这种"明清反复"⑤的状态，或依托南明郑氏集团，或利用清朝势力，或投靠三藩势力，互相角逐权力，使地方社会呈现复杂的发展面貌。

本文选择笔者有较多田野经验的诏安二都为讨论的区域，试图用区域社会史的视角，把明清易代放到诏安二都这个具体的时空下，看明清易代对于地方社会意味着什么，地方社会又是如何面对明清易代的？进

---

① 如李伯重《不可能发生的事件？——全球史视野中的明朝灭亡》，《历史教学》2017年第3期。
② 陈春声：《从"倭乱"到"迁海"——明末清初潮州地方动乱与乡村社会变迁》，《明清论丛》第2辑，紫禁城出版社，2001，第73~106页。
③ 岸本美緒『明清交替と江南社会－17世紀中国の秩序問題』東京大学出版会、1999。
④ 赵世瑜：《"不清不明"与"无明不清"——明清易代的区域社会史解释》，《学术月刊》2010年第7期。
⑤ （清）林迈佳：《南陂被难本末》，林景山编纂《林氏以来一脉族谱》，民国14年（1925）九修稿本。

而揭示明清易代在二都所经历的过程，深化对明清易代问题的认识。在进入主题之前，还是需要对诏安二都进行介绍。宋时，二都为漳浦县安仁乡海滨里，明代"乡改为都"，海滨里分为二、三都。① 嘉靖九年（1530），割漳浦二、三、四、五都设诏安县。明清以来，诏安的行政区划发生了很大变化，但"都"的称谓一直延续到民国初年。民国9年（1920），二都被分成太平、霞葛、官陂、秀篆等区，大体跟现在的行政区划较为接近。二都又位于闽、客两大族群的分界线上，是客家方言区与闽南方言区的交汇处，人群相对复杂。境内大族主要有官陂张廖氏、南陂林氏、霞葛江氏、秀篆王游氏、五通黄氏、白叶陈氏，还有钟、涂、邱、官等若干其他姓氏。其中官陂张廖氏、秀篆王游氏为复合姓氏，是明代以来王朝制度逐渐渗透到地方过程中同地方社会原有文化传统结合的产物。② 在明清易代之际，二都借助原来的乡族军事传统，形成了多股武装势力，利用时局的变化，跟南明郑氏、清朝、三藩有着错综复杂的关系。

一 "以万为姓"

明末清初，在诏安二都形成了"诸人同盟，以万人合心，以万为姓"的结义组织——"以万为姓"集团。③ 这个"以万为姓"集团，目前学术界一般把它同天地会的起源联系起来。④ 其成员可考者有万

---

① （明）陈洪谟修，周瑛纂《漳州府志》卷6《户纪 厢里志》，正德八年（1513）刻本，第7页 a~b。
② 朱忠飞：《王朝制度、地方传统与宗族形态：闽南客家地区的"复合姓"宗族研究》，《中国社会历史评论》第19辑，天津古籍出版社，第60~68页。
③ （清）徐鼒：《小腆纪年附考》卷20，中华书局，1957，第767页。
④ 最早注意到"以万为姓"集团的是郭廷以，此后翁同文、罗炤、赫治清、曾五岳等人进行了相关研究。郭廷以：《台湾史事概说》，台北：正中书局，1954；翁同文：《康熙初叶"以万为姓"集团建立天地会》，《中华学术与现代化文化丛书》第3册《史学论集》，台北：华冈出版有限公司，1977；翁同文：《天地会创始人万云龙的原型》，《清史研究通讯》1985年第3期；罗炤：《天地会探源》，《中华工商时报》1994年11月15日；赫治清：《天地会起源研究》，社会科学文献出版社，1996；曾五岳：《天地会起源新考》，福建人民出版社，2007。

礼、郭义、道宗、蔡禄等人，其中万礼排第一、郭义第二、道宗第五、蔡禄第七。① 那么，"以万为姓"集团到底是一个什么组织？同诏安二都地方社会又有什么关系呢？

清人江日昇在《台湾外志》中记述：

> （顺治七年）五月，诏安九甲万礼从施郎招，领众数千人来归。礼，即张要，平和小溪人。崇祯间，乡绅肆虐，百姓苦之，众谋结同心，以万为姓，推要为首。时率众统据二都，五月来降。②

很显然，"以万为姓"集团的出现与明末"乡绅肆虐"相关，"以万为姓"集团应该是一种结社组织。张要（1612~1659），又称张礼、万礼、张耍，③ 相传为诏安二都官陂富商张子可的养子。④ 张子可，据官陂张廖氏族谱记载："益台公，讳子可公。"⑤ 在官陂一带，至今还流传着万礼与张子可的故事。

顺治五年十一月，"九甲贼万礼等出犯漳浦"。⑥ 康熙《漳浦县志》记载：

> 十一月九日，平和九甲贼寇城，伪军门卢若腾、监军邱建会迫屯西湖。参将陆大勋出城迎敌被杀。总兵杨佐、参将魏标及守将冯

---

① （清）江日昇：《台湾外志》卷11，齐鲁出版社，2004，第166~167页。
② （清）江日昇：《台湾外志》卷6，第89页。
③ （清）江日昇：《台湾外志》卷6，第89页。（清）徐鼒：《小腆纪年附考》卷20，第767页。罗炤：《天地会探源》，《中华工商时报》1994年11月15日。
④ 罗炤：《天地会探源》，《中华工商时报》1994年11月15日。《清河衍派云霄张氏家谱》，2002，第19~20页。
⑤ （清）佚名：《官陂张廖氏上祀堂族谱》。
⑥ （清）李铉、王相等修，昌天锦等纂《平和县志》卷12《杂览》，清康熙五十八年（1716）修，光绪十五年（1889）重刊本影印，《中国方志丛书·华北地方》第91号，台北：成文出版社，1967，第266页。

应第统兵击擒建会,杀之。①

康熙《诏安县志》对此有如下记载:

> (顺治)五年春,大饥,借名起义者杀防将马守惠,挟县正官守城。四九甲官陂江、黄等贼应之,拥犯漳浦,败还。据县剿师寻至官民无辜波及者,尸如山积,事虽少定,诸贼首割据县西牛皮径,以内国赋民租,隔天日者十余年。镇兵间道进剿,贼伪就抚,师还如故。②

二都九甲与平和、漳浦相邻,《漳浦县志》记载为平和九甲,结合田野调查可知,"以万为姓"集团实则是在诏安、平和、漳浦交界区域活动的人群组成的组织。从各县志记载来看,二都九甲的"以万为姓"集团包括二都官陂黄、江等姓。康熙年间的《江氏族谱》记载,江有信"因戊子(1648)冬九甲变乱,逐队往漳浦阵亡"。③ 在攻打漳浦的行动中,"以万为姓"集团同南明郑成功的势力发生了联系。他们割据于二都的牛皮径,官兵进剿就抚,"师还如故"。顺治七年五月,万礼在攻打饶平黄冈之后为施琅所招,"率数千人来归",加入郑成功势力。顺治九年,万礼率军攻打南陂林氏土堡。林氏族谱记载:

> 江、黄、官贼偷生抚回,遂勾海寇万礼,恨我弗从,于壬辰年

---

① (清)陈汝咸修,林登虎纂《漳浦县志》卷11《兵防志》,据清康熙三十九年(1700)修,民国17年(1928)翻印本影印,《中国方志丛书·华北地方》第105号,台北:成文出版社,1968,第795页。
② (清)秦炯纂修《诏安县志》卷7《武备志》,康熙年间修,据清同治十三年(1874)刻本影印,《中国地方志集成·福建府县志辑》第31册,上海书店出版社,2000,第500~501页。
③ 江鸿渐:《江氏族谱》,康熙二十五年(1686)抄本,不分卷,第66页a。

四月纵横计狡，又迫我银叁千余两，仍执林班宁、林光获为质中左。嗟呼！班宁死于铜山。①

林氏族谱记载万礼为"海寇"，因为他们此时已经加入南明郑成功的队伍。顺治十年，万礼被封为建安伯。② 顺治十一年，万礼参与了诏安二都长林寺的修建，寺中现存皇明甲午年（顺治十一年）《长林寺记》碑刻：

> 长林宝刹□□第五和尚道宗创造也，地在于诏安万山深处……佛天钟灵，机缘巧凑，得大檀樾藩府拓其基，缘首永安伯黄暨列勋镇诸公奠其成。经始于癸巳年□月，竣事在于甲午年夏月……建立精舍，吾云有小隐，铜陵有九仙，随地喜舍，到处生莲……基自长林也。
>
> 计开：缘主张子可舍寺地并田种六五石……开山主自置田种三石。
>
> ……
>
> 助缘列勋镇爷：黄山、张进、甘辉、万礼、苏茂、林胜、余新……洪旭……
>
> 甲午年腊月八日兄发僧士良思元甫顿首拜书。③

从《长林寺记》来看，万礼的养父张子可是长林寺的缘主，舍田种六五石。碑中提到的永安伯，即郑成功的重要将领黄廷（1620~1717）。甲午年为顺治十一年，即万礼封建安伯之后。碑中的黄山、张

---

① 《南陂守御传》，林景山编纂《林氏以来一脉族谱》。
② （清）阮旻锡：《海上见闻录定本》卷1，福建人民出版社，1982，第20页。
③ 转引自罗炤《天地会探源》，《中华工商时报》1994年11月17日、18日。赫治清：《天地会起源研究》，第117页。

进、甘辉、万礼、苏茂、林胜、余新、洪旭等人,都是郑成功的部将。这些人积极参与了二都长林寺的建设,说明诏安二都一带为南明郑成功的重要势力范围,这自然是"以万为姓"集团与南明郑氏势力结合的结果。笔者在官陂的田野调查中见过永历纪年的墓碑和牌匾,这说明南明在诏安二都一带留下了深刻的历史印记。

顺治十六年,万礼在南京被杀。① 顺治十七年,郑成功建忠臣庙,因听信谗言而去万礼之神位,进而怀疑郭义、道宗、蔡禄谋叛,导致三人投靠清军。② 三藩之乱,蔡禄因投靠吴三桂而为清廷所杀。③ 此后,"以万为姓"集团不复存在。

明末清初,在诏安二都出现的"万众合心,以万为姓"④ 的组织,同地方社会又有什么关系呢?其实,早在晚明,漳州就已经出现了这种结社组织,万历四十一年(1613)的《漳州府志》记述当时的社会风气时说:"鼠辈因凭社作威,虎冠以生翼滋暴。"⑤ 这种结社之风,主要是小族为了对抗大姓而出现的。二都九甲地处诏安、平和、漳浦交界的崇山峻岭之中,四面八方的人群为了抵抗周边的大族,"以万为姓","凭社作威",形成了对抗大族的一股军事势力。万礼集团参与了围攻二都南陂大族林氏土堡的军事行动,其原因即在于此。⑥

二 顺治年间的南陂保卫战

南陂林氏为二都大族,在嘉靖三十八年建土堡以自保。顺治年间,

---

① (清)阮旻锡:《海上见闻录定本》卷1,第11、20、39页。
② (清)江日昇:《台湾外志》卷11,第166~169页。
③ 《清史列传》卷80《逆臣传》,中华书局,1987,第6651页。
④ (清)江日昇:《台湾外志》卷11,第166页。
⑤ (明)袁业泗等修,刘廷蕙等纂《漳州府志》卷26《风土志》,万历四十一年(1613)修,崇祯元年(1628)刻本,第3页 a~b。
⑥ 《南陂守御传》,林景山编纂《林氏以来一脉族谱》。

南陂土堡多次被围，索银以万计。林景山于民国14年编纂的《林氏以来一脉族谱》，收录了三篇顺治年间南陂土堡保卫战的史料，分别为顺治十四年林迈佳（1584～1667）撰写的《南陂被难本末》、顺治十七年林时修撰写的《南陂守御记略》以及一篇作者及撰写时间均不明的《南陂守御传》，集中反映了顺治年间诏安二都的时局和南陂林氏的处境。

林迈佳与林时修为父子，他们都是明末清初南陂林氏中的重要人物。康熙《诏安县志》有林迈佳传记，其文如下：

> 林迈佳，字子笃，二都南陂人。世传孝友义让，潜心理学，从薛钦宇、黄石斋两先生游。所著《环中一贯图说》，究论天人事物之蕴；薛以"一庵子"呼之，屡赏于学使者。晚岁张雨玉侍御疏举学行，坚隐不出。年八十余，犹与同志讲易，竟日忘倦。子时修，义不附逆贼，万礼以数万众攻堡重围，能率励族众死守，全其宗，尤佳之家学不坠也。①

上文中提到的薛钦宇即薛士彦，漳浦人，官至布政使，致仕回乡后，创办学堂讲学；黄石斋即黄道周（1585～1646），为明末著名大儒，官至兵部尚书；② 张雨玉（1599～1684）即张若化，字雨玉，号苍峦，漳浦人，"隆武建国福州，征拜御史，数月乞归事父母"。③ 县志说林迈佳曾同薛士彦和黄道周等交往，突出了林迈佳的儒学修为。林迈佳在易经方面颇有研究，所撰《环中一贯图说》和《天文星宿图说》流传于世，黄道周、薛士彦同时为《环中一贯图说》作序。在被视为"野蛮"之地的诏安二都，林氏一直被认为是该地的儒学代表。秀篆王

---

① 康熙《诏安县志》卷11《人物志》，第579页。
② （清）魏荔彤修，蔡世远、陈元麟等纂《漳州府志》卷27《物产志》，康熙五十四年（1715）刻本，第21a～b、32a～37a页。
③ 康熙《漳浦县志》卷15《人物志》，第1161页。

游氏的祖先，据说曾师从南陂林氏学儒。① 在现存康熙《诏安县志》和民国《诏安县志》中，林迈佳是二都唯一有传记的人物，这足以说明林迈佳和南陂林氏在二都的独特历史地位。然而，南陂林氏在明清易代之际也出现了生存危机。

早在天启年间，林迈佳就同其兄林养谦（1582~1647）在土堡的基础上"建立铳楼，备设守具"。② 关于林养谦修土堡之事，族谱记云："天启至崇祯年间，与五弟迈佳共谋守御南陂土堡策略：改城门、筑铳楼，成为连环'七星楼'，铸大铳，制火药武备，保全南陂土堡。"③ 后人论曰："恭修公（即林养谦）之计策守御，远虑周详，精矣。"④ 根据林时修的记载，崇祯年间"小寇窃发"，林迈佳一家乔寓诏安县城以避难。诏安知县余春溉［崇祯十五年（1642）任］委任林时修为"西南城守"，"家君知世情将变，辞荐归山"。⑤ 顺治五年，南陂开始遭受"乡寇"骚扰，《南陂守御传》记述：

> 顺治五年戊子春三月二十四夜，乡寇黄朋五、官复宇等以南陂为独立，弗从为盗，率众潜攻我堡，幸知守御不克，即班官屋而环困之。贼杀我采薪二人，至三十日，我寨长林臣角、林棐案点壮丁五十人，顺贼早饭突而攻之，杀死贼首黄朋五并军师官复宇等，而破其驻屋，方伙散团解。我人获其旗、印，报功于云霄王总镇守，又详分守道彭，分发县奖扁曰"捍御一方"。此时我人守御赏功，共费银柒百余两。窃意可幸无恙。⑥

---

① （清）游懋绩：《述太祖千总公行略功德志》，佚名：《福建诏安秀篆游氏龙潭楼系谱（王游氏族谱）》。
② （清）林时修：《南陂守御记略》，林景山编纂《林氏以来一脉族谱》。
③ 《林氏南陂族谱》，1996，第371页。
④ 《南陂守御传》，林景山编纂《林氏以来一脉族谱》。
⑤ （清）林时修：《南陂守御记略》，林景山编纂《林氏以来一脉族谱》。
⑥ 《南陂守御传》，林景山编纂《林氏以来一脉族谱》。

"乡寇"黄朋五、官复宇都是二都霞葛人氏。黄姓主要居住于现在的五通村和溪东村,其中五通村与南陂隔河相望,溪东村与南陂村紧密相连;官姓主要居住于南陂的官屋一带,实为南陂的一部分。黄朋五与官复宇攻打南陂林氏的原因,林氏说"以南陂为独立,弗以为盗",林迈佳也说"乡起三镇,忌其不附"。① 其实,黄姓、官姓与林氏之间的矛盾由来已久,双方经常械斗,导致林氏与官氏、溪东黄氏不通婚,与五通黄氏部分通婚。特别是官姓,明代居住于官屋,与南陂林氏连在一起,双方为了争夺生存空间,矛盾极深。官氏在经历明清易代后趋于衰败,除一部分迁居于太平官屋外,现在南陂已经没有官姓。顺治五年,黄、官两姓联手对付南陂林氏,应该就是双方长期矛盾积累的结果。以黄朋五为首领、官复宇为军师的"乡寇",在围攻南陂土堡不克之后,即屯居于官姓的官屋,对南陂土堡形成包围之势。同年三月三十日,南陂林氏趁黄、官两姓吃早饭时突入官屋,杀死黄朋五和官复宇,南陂土堡得以解围。报功于云霄总镇王子岗,诏安知县林蔚、分守漳南道彭遇飘给林氏奖匾"捍御一方"。从这则史料来看,南陂林氏似乎同清军关系较为密切,或许这是南陂林氏在清初做出的策略性选择。

杀死黄朋五和官复宇并没有消除黄、官二姓对南陂林氏的威胁。同年四月,"乡寇"再起:

> 谁知黄华、江佑、江景容踵而起,戊子四月廿三日百计环攻南陂,我人守楼发铳,贼不敢近。于是掘我祖坟,秃我坟山,抢我租谷,刈我田禾,严禁柴米不许入堡。不得已,听其索银叁千贰百余两,且租禾、税牛俱尽,送札付搜,旧怨靡所不至。凡有身家者,两年之间,时恐掠骗,不敢出入。②

---

① (清)林迈佳:《南陂被难本末》,林景山编纂《林氏以来一脉族谱》。
② 《南陂守御传》,林景山编纂《林氏以来一脉族谱》。

林时修在《南陂守御记略》中还提到江惠锡参与了这次行动。黄华应该是黄朋五之同族，也为五通黄氏。江佑、江景融、江景锡是霞葛井边江氏。据族谱记载，江景融，"清初戊子年（1648）生乱，自封山大王"。① 康熙二十五年的江氏族谱记述如下：

> 按馥宗亦庸常笃实者，初无大恶也，曷为受害若斯之烈哉？揆厥所由，皆其子之横逆自取之也。景融愚而刚，豫信奸而险，土地顽而残。他事不忍悉扬，即家族言之，杀伯及兄，大不仁也。强占耀坤绝地葬母，大不好也。擅将抱希田地筑寨，大不义也。此皆未能致祸也。祸因旧盟主余仁、余九兄弟，素与吴葛如角力，构怨甚深。吴人悉力赂布平南王，诱余人于潮阳，而囚于广狱，此钦犯大辟也。余兄弟不同牢，而弟谋畔，兄阴通土地六与田鞑子，携本地穿窬惯盗入广城，乘夜挖狱，越城脱余九，而归于海。托妻妾金帛于仓头，又凑惠锡与之同居，以为隔省无害。谁知吴人粪金于县尊及城守，赂金于约团林李二家，窥探走报。就己亥年（1659）九月初一，文武官会饶平，将各统兵而攻之。悉力死守，夜欲溃围而出，豫信力阻欲喊。四日后，入说其降，遂出而就缚，兵入掳掠，计杀二十二口，除惠锡、田鞑、陈寿、许细之外，十八口皆馥宗之子若孙也。惨哉，伤已。是祸也，土地六为之，余亦恨惠锡谋之臧，以致杀身，并杀其二子于外。后解景融于狱，当道意王副爷来救，而不之救。求死不得死，泣语其父曰：儿不好，今悔无及矣。归语族人，切莫为非犯法身无主。读谱至此，宜念前车已覆，后车当戒之言。幸镇宗有后，以延南泉之祀。天道福善，祸淫可不畏哉。②

---

① （清）江浩然、江健：《寻辑增删江氏族谱》卷2，《阳江江氏族谱》，2004，第230页。
② （清）江鸿渐：《江氏族谱》，第32a～33b页。

康熙二十五年的江氏族谱为残本，作者江鸿渐（1619~1696）是一个生员，经历了明末清初社会的动乱，族谱记载了大量明末清初诏安二都地方社会的动荡和各大家族在朝代更替中的政治抉择。上文提到的土地六，即江景融之六弟。从江鸿渐的记载来看，江景融兄弟在葛霞建堡寨，与广东的余仁、余九等结盟。余氏因与吴氏的矛盾被捕入狱。越狱之后，余九入海，同南明郑氏集团发生联系。顺治十六年，清军会剿，江景融就降被缚。康熙《诏安县志》有如下记载：

> （顺治）十六年，海逆入犯金陵，二都环水寨，余孽江警庸等密结响应，已克期发矣。南陂乡约林时修密报欧令，以乱作祸亦及饶，就近驰悬饶镇吴迅发合剿，修亲向导，寨溃，元凶就缚。饶、诏俱幸晏堵。①

上文中的江警庸，疑为族谱中记载的江景融。环水寨位于江氏聚居的大元中山中。顺治十六年二都环水寨被围攻，就是在林时修的带领下，两省合剿，最终江景融被擒，死于狱中，江景融一家皆受其祸。康熙《江氏族谱》有如下记载：

> （江馥宗）长子景融，犯罪，死于诏安狱。娶钟氏，生二子，长阿孟，次阿连，俱犯罪官杀。妾吴氏，生二子，长名罕（脱难为谊兄廖推爷养成，长娶廖氏，放诞不检，今不知何去处矣，未娶），次名星（与吴氏俱被刘进忠俘虏，后进忠叛，大兵□乱，点作家属解京，进忠剐死，今不知阿星存否？）。次子豫信（犯罪，官杀），埋下径。三子蚤妖，四子基南（病亡），五子尖鼻（病亡），六子土地，娶田氏，生一子名阿嗣（罪魁，父子俱被官杀），

---

① 康熙《诏安县志》卷7《武备志》，第501页。

七子大捆（初从文都督入海，病狂投海而死）。①

从中可以看出，在清初的社会动乱中，江景融一家深受其害，这或许也是一种政治选择的结果。井边江氏与南陂隔河相望，因此黄、江、林都是相邻而居。黄华、江佑、江景融不仅围攻南陂土堡，还掘林氏祖坟、秃其坟山、抢其租谷、割其田禾，并且严禁柴米进入堡内，试图困死林氏。林时修形容这次被围的情况时说，江、黄"掳杀林干斡治等十八命，饿死老幼五十余口，寨外田围、房屋、山林、竹木，残毁几尽，仍揭祖坟三穴，冤惨滔天"。② 林氏被逼无奈，付出赎金三千二百余两银，才使土堡解围，但仍不敢轻易进出土堡。

顺治七年三月初八日，总镇王邦俊入诏安二都，"江、黄窜潮"。康熙《江氏族谱》记载，江有湛"因顺治七年庚寅三月，漳镇王邦俊，带兵来平九甲，被马兵射杀于马洋山"。③ 江、黄等姓堡寨接受招抚，"乡寇"问题暂时得到缓解。为此，南陂林氏付给王邦俊军饷一千两、什费七百余两。其时，"乡寇"问题并没有得到真正解决，顺治九年，黄、江、官等姓联络万礼，重新形成对南陂土堡的包围。据记载：

> 江、黄、官贼偷生抚回，遂勾海寇万礼，恨我弗从，于壬辰年四月纵横计狡，又迫我银叁千余两，仍执林班宁、林光获为质中左。嗟呼！班宁死于铜山，幸有子归尸。痛氏族光获受苦二载，幸得赎而生还，虽我族人，即擒溃贼而生解于王总镇，后杀黄华而票奉于金固山，亦报冤仇之不戴少须万一耳。讵料贼性不悛，至憾我族。官、黄又赂万礼，海寇萍聚，乡寇蜂聚，旌旗蔽空，队伍腾尘，高炤百余，伙党贰万，进鼓镗镗，盛容烨烨，即此壬辰十一月

---

① （清）江鸿渐：《江氏族谱》，第32a~33b页。
② （清）林时修：《南陂守御记略》，林景山编纂《林氏以来一脉族谱》。
③ （清）江鸿渐：《江氏族谱》，第67页a。

廿六日，环攻南陂。苫蓆万担，松柏千条，雷车三轴，云梯百枝，蕉牌直抵。我人于柒位铳楼，栋架望斗，上用瓦盖，旁用屏障，以便远眺。夜则四隅竖高炬，数窗出火把，又且侧耳而听，恐贼地道，吾将横截，乃贼已无此举。经于廿九早，大铳七门，列攻城南，声如雷，鼓乱耳，铅如暴，電乱目。意必破垣，竟不破，我人城内已筑土以厚垣。忽而鼓角交催，八方齐涌，铜锁几百而放来，火箭几千而射上，舞旗蒙被，缺我栅，收我蓆条，突城下，或掘墙，或搭梯，如蚁如蝇。幸我守御有策，多积苫蓆草，分为小束，俟其车来而投火以焚之，乃车竟未过沟。多设长竿，尾如禾义，俟其梯末，而侧面以拒之，乃梯竟未及瓦。更于屋上投木棚，周围半遮，我队戒勿喧哗，撼勿移动，执锦如虎张牙，掷石如雨飞滴。女扮男装，勇气更倍。又选游兵三队，相其急方而聚助之。铳楼静点，多发大铳，响连如雷，烟起如甚雾，能便捷，能攻坚。于是穿贼车，破贼阵，铳死贼伙几百余，伤损者不可胜数。我人亦殒其三命，贼方退营。我五六人，乃突出烧其车、苫、梯、牌。越十二月初六日，又进攻不克，贼计穷矣。虽欲贪财雪心，其势不能。初三日，分伙去饶。至初五日，王总镇救兵至，奉全固山闻报，乘驻并边岭。此番无费银，只进猪酒而已。然自赏守城壮丁，则费银四百余两。①

顺治九年四月，江、黄、官联合万礼再次围攻南陂土堡，林姓付银三千余两才算结束。同时林姓两个族人被掳至铜山为人质。林时修记为"掳侄林宁等五人至中左，倾家赎命，而林宁竟幽死铜山"。② 十月，林时修、林宏居同"篆友游文豸、吕子龙奉固山额真金，与部堂敖温徐

---

① 《南陂守御传》，林景山编纂《林氏以来一脉族谱》。
② （清）林时修：《南陂守御记略》，林景山编纂《林氏以来一脉族谱》。

牌票调篆南乡勇，抵窠擒杀伪镇黄华并伙二十余级"。① 因此，"诸凶仇我益甚"。② 十一月廿六日，江、黄、官"勾伪爵等十八镇，共贼二万余"，③ "环攻南陂"，直至十二月初。林氏派人求助于金固山。十二月初五日，金固山派王邦俊救兵至，方解其围。从顺治九年的情况来看，黄、江、官等姓与明郑合作，而南陂林氏、秀篆王游氏、吕氏则同清军合作。很明显，这一时期二都形成了多股地方势力，分别依靠不同的势力集团，这自然是各家族根据自身的利益做出的不同选择。

顺治十年九月，海镇余新，"持国姓海澄公之抚，请来征饷"，南陂堡付银四百余两，并且"以儒家礼待"，说明双方以和平方式解决了问题。但好景不长，到顺治十二年五月，官姓人再次联合万礼，围攻南陂。据记载：

> 官贼忿恨，窥我旧谷已没，新谷未登，力说万礼于五月廿七日环困南陂，我截杀诏贼三人，畏我铳楼不敢迫近，又抢我祖，刈我禾，筑坡灌城。然灌城总无妨，而截则可惧，又不得已听其索银贰千余两，而租禾又且俱尽，方解去诏。以后官贼持援，侮我族人，日相野战，贼多伤死，我损二命。

这次官姓利用林姓青黄不接之时，联合万礼环困南陂。"攻围迫饷，筑水灌寨，又掳杀林水生等二命。"④ 无法，林氏再次付银二千余两才解决南陂之围。

顺治十三年正月初四日，清军驻扎诏安。初九日，南陂林氏派林宏居、林中芝、林臣角、林时修等到县城面见诏安知县欧阳明宪（1653~

---

① （清）林时修：《南陂守御记略》，林景山编纂《林氏以来一脉族谱》。
② （清）林迈佳：《南陂被难本末》，林景山编纂《林氏以来一脉族谱》。
③ （清）林时修：《南陂守御记略》，林景山编纂《林氏以来一脉族谱》。
④ （清）林时修：《南陂守御记略》，林景山编纂《林氏以来一脉族谱》。

1667年任），请求清军解决南陂林氏多年被黄、江、官等姓围攻的问题。当天下午，清军"发马兵壹千余骑，以宏居、楚玉兄弟引道，乘夜入来，而官、黄俱未之知也。初十早，先入径口、深圻礼二寨而剿之，杀掠殆尽，乃官寨未克，乘夜外走，男子只剩十余"。① 其中"黄妹、黄双、黄衍章、官缵等俱已授首"。② 官陂张廖氏也有人因此事被杀，如廖炽（1621~1656），"顺治丙申年（1656）正月初十午时，此日径口被剿，公作婿其间遇害"。③ 当然，廖炽是因姻亲关系卷入这场纷争，而与林姓有仇隙的江姓亦难幸免。江氏族谱对此有如下记载：

> 因顺治丙申年母禾仓坑之坟被南陂林渠寀恃强叠葬，瑞沧误听惠锡之谋，掘坟废棺。时金内院、爱大人、沐大人，统兵剿海寇，屯深沙大营。林家乘机告发，官黄二姓被剿，另告瑞沧掘坟。内院批县欧阳公勘问，累房亲十余人。林家赂绝后田对和硬证，人人被责。瑞沧责重板十五，发腿而死，此仇子孙不可不报。④

江氏族谱述及，南陂林氏寨长林渠寀"恃强叠葬"，因此才有江瑞沧在江惠锡的鼓动下"掘坟废棺"。林氏乘清军会剿郑氏集团势力时告发，引清军围剿官、黄二姓，同时江瑞沧也因"掘坟"被抓，"责重板十五，发脚而死"。

顺治年间，围绕南陂土堡发生的一系列事件，其实是地方家族势力长期相互角逐的产物。当地各大家族利用明清易代之际的官府权力真空，发展各自的地方武装力量，形成地方割据与联盟。黄、官、江三姓利用明郑势力来对抗南陂林氏，南陂林氏则通过清军来清剿黄、官、江

---

① 《南陂守御传》，林景山编纂《林氏以来一脉族谱》。
② （清）林时修：《南陂守御记略》，林景山编纂《林氏以来一脉族谱》。
③ （清）佚名：《官陂张廖氏上祀堂族谱》，第58页。
④ （清）江鸿渐：《江氏族谱》，第65b~66a页。

三姓。这一时期当地社会同朝廷的关系极为复杂,各大家族分别选择自己的依靠力量——或明郑,或清朝,在地方政治格局中争取各自的利益。

三 二都各家族的多元选择

面对明清易代的动乱时局,二都各家族并不是始终坚守一种政治立场,而是也会根据时局的变化改变选择。如明清之际,秀篆王游氏便游走于明郑与清朝之间。这一时期,王游氏最重要的人物就是游文豸（1601~?）。游文豸,讳王域,字肇所,号文豸,为王游氏之第七世。崇祯十六年,"山贼"陈澜、邱缙等人骚扰秀篆一带。陈澜、邱缙是明末活跃于广东大埔、饶平一带的"山贼",[①] 邱缙后来加入明郑的队伍,成为郑成功的将领。[②] 秀篆为诏安、饶平、平和三县交界之处,又紧挨着大埔县,因此成为陈澜、邱缙等人的活动区域。《肇所公行略志》对此有如下记载:

> 崇祯十六年五月,山贼陈澜、邱缙等率众劫掠乡间,祖祠遭回禄之灾。肇与兄弟秉衡公等以计退之。[③]

秉衡公即游王荐（1608~1652）。崇祯十六年之乱对王游氏的最大冲击,就是龙潭祖祠被烧毁。顺治八年,游文豸等人组织对龙潭祖祠进行重修。明亡之后,地方社会进入多事之秋,游文豸成为秀篆地方社会

---

① （清）洪先焘、白书田纂修《大埔县志》,嘉庆九年（1804）刻本,据广东省立中山图书馆藏本影印,《广东历代方志集成·潮州府部（21）》,岭南美术出版社,2009,第107页。
② （清）徐鼒:《小腆纪年附考》卷15,第587、593页。
③ （清）佚名:《肇所公行略志》,（清）佚名:《福建诏安秀篆游氏龙潭楼系谱（王游氏族谱）》,清宣统稿本,不分卷。

举足轻重的人物。宣统年间的王游氏族谱收录了一篇《肇所公行略志》，对游文豸在明清易代中的行迹有如下记载：

> 后明社已亡，大兵虏隆武于闽中，永历建号在岭南。时延平郡之王郑经奉永历正朔，帅师征金陵，其麾下建安伯万里（礼），平和人也，驻兵二都，以金陵役召回，沿途索饷，步至篆山、河尾等处，皆降之，用羊酒粮米以饷军。肇曰：彼欲固无厌者也，不如勿与。遂与膺御、翼明、利九、燮鼎诸公偕侄廷锡、廷旭等，纠族人入梅先楼固守。万礼等攻十余日不下，因作提岗，以水浸之，楼不没者数板，族人即惧，欲启门而走。肇按剑而言曰："以水攻人，势不能久；且妇人女子不能尽携，必至覆没。避欲何之？走未必全也。敢言走者，试吾剑。"因请义士叶兴共守之。兴，字板林，隔背人，里中称为先锋者也。为人骁勇敢战，臂长善技击，兄弟三人俱以果毅闻。已至，因夜出坏其提岗，贼众淹没此数十人，气益沮。肇乃与兴定计，率族人击之以铳，杀其部将，礼始遁。族赖以全，至今咸颂肇与兴之德而不衰也。及延平王师败金陵，退遁东都，诏邑海边盗贼窃发。欧阳公明宪走马赴任，以乱宿平和县，不敢速进。因问计于西街举人游瀛洲，洲乃曰："止乱贵得人。诏邑号称难治，公所知也。吾宗叔有名文豸者，世居龙潭，其才足以任用而有为，公当致之。"欧阳至诏，即请肇公至县署理，待之甚厚，悉以事案委公。公亦悉心佐之，为之立条教、设号令、严博辑。终欧阳之世，人民安集，盗贼消亡，皆公之力也。欧阳公以金帛贵之，肇不受。欧阳公离任之时，因挟肇至北京，上燕翼，交当世士大夫，一时诸公咸待肇为上客。①

---

① （清）佚名：《肇所公行略志》，（清）佚名：《福建诏安秀篆游氏龙潭楼系谱（王游氏族谱）》。

从《肇所公行略志》记载来看，明清易代对王游氏形成最大威胁的便是"以万为姓"集团。按《肇所公行略志》的说法，王游氏并没有像秀篆其他家族一样，屈服于"以万为姓"集团为代表的明郑，而是选择了同他们对抗。正如《肇所公行略志》中提到的，秀篆很多家族参与到了"以万为姓"集团，如"清游"派的东升房九世祖游雪卿（1607～1679），"顺治十八年因郭镇归我国朝，蒙上聘为旗鼓中军，历任福建省数载后，郭镇升任湖广，因乞休归养，奉旨移驻楚省，乃挈家往湖广"；① 其弟游鼎玉（1616～1675），"在复明永乐王为十三总兵头。顺治十八年蔡镇归清，聘为副将"。② "郭镇""蔡镇"即应该是"以万为姓"集团的郭义、蔡禄，可见在顺治年间，游雪卿、游鼎玉等人已经加入"以万为姓"的明郑队伍。游雪卿五子游汉闰（1637～1688）也先后经历了明郑之乱和三藩之乱。据记载：

　　（游汉闰）因郭总镇归清，授部创千总，随带兵屯驻湖广。应康熙甲寅年（1674）吴三桂作反，随清兵桑提督出征岳州有功勋，钦派守备，后又平贵州云南有功，应康熙壬戌年（1682）实授云南省骠骑将军，加御正二品都督佥事，掌管千二兵，每月俸资五十两。莅任八载，诰封骠骑将军。③

　　游雪卿、游鼎玉和游仁千（1621～1677）三兄弟在顺治七年建东升楼，在楼内置锡祉祖祠，祭祀七世祖以下祖先。④ 此时游雪卿等三兄弟应该有了自己的武装力量，或者已经投靠于明郑势力集团。这一时期，王游氏在游文豸膺御、翼明、利九、燮鼎、廷锡、廷旭等人领导下，组

---

① （清）佚名：《福建诏安县秀篆游氏东升房家谱》，民国年间抄本，不分卷，第10页。
② （清）佚名：《福建诏安县秀篆游氏东升房家谱》，第13页。
③ （清）佚名：《福建诏安县秀篆游氏东升房家谱》，第11～12页。
④ （清）佚名：《福建诏安县秀篆游氏东升房家谱》，第21页。

织对抗明郑。膺御即游王赐（1589～?），翼明即游王辅（1579～1667），利九即游王宾（1607～?），爕鼎即游王调（1608～?），廷锡即游廷锡（1594～1680），廷旭即为游王宾之子。《肇所公行略志》中特别提到游文豸与诏安知县欧阳明宪的关系，说明当时王游氏站在了清朝一边。这一时期，游文豸还担任诏安二都的约正。江氏族谱的《甲首存亡记》记载：

> 自纳丁粮，现役自理，相安三十余年。至顺治己亥年（1659）、康熙元年，奉道府院司明文，拨盛补亡，凑现年刘日焕户长□□□□□，钟遂点廷瑞、仕应二户出顶亡班，黄炳留天赐一户□□□□合议共派银四十两，讬约正生员游文豸入衙说免。游与钟，一体之人也。伊户亦与涂合，故言事不力，受钟之讬，假言欧公不受，将银发回，交二家领去，蚀银式两。文豸因来井边作说客，谓三户存愿俱存，去愿俱去，愿出银四十两付里长，置当差。是夜方议论未允，次早九月初一日，县尊同镇将刘进忠、饶将李有各带兵围仓头，祸缘景融弟谋脱余仁弟余九于广东司狱钦犯也。……因此一时户内人心风鹤，兼约正林时修横加骗害报仇。渡一为户长，无心出官告诉，遂首肯依允，各立合同存案。①

《肇所公行略志》是后人对于祖先的追溯，难免会有美化和回避之嫌。通过考察王游氏家族其他成员在这一时期的表现，我们对王游氏的政治立场可以有更多元的理解。如游文豸侄子游廷院（1637～1676），在三藩之乱时加入明郑队伍。族谱记载：

---

① （清）江鸿渐：《甲首存亡记》，（清）佚名：《江氏族谱》，约乾隆年间抄本，霞葛井北楼江玉湘先生藏，不分卷。

康熙甲寅年（1674），吴三桂据云南起叛，称帝于衡州府，国号大周，福建南靖王烦（靖南王耿）亦叛。时明臣郑经，即郑王，踞台湾，起兵应于漳泉。公与侄江聚数百人投其麾下，授骑都尉隶虎卫之职，自成一军。至丙辰年，公拒兵于兴化，国朝大兵至，兵溃，公投乌龙江而死。①

其实，早在明亡之后，王游氏就有人出任南明的官职。如八世游廷钦（1611～?）于崇祯十六年入泮，"永历三年（1649）考选恩授大埔县训导，升授福建汀州府教授"。游廷钦为游王荐之子，也是游文豸之侄。游廷钦的侄子游一瀓（1654～?），"年廿二时，延平王郑藩开科取士，入县学。廿七岁，康熙十九年复县学，后又进海阳县学"。康熙十四年，游一瀓入郑藩县学，正好处于三藩之乱之时。清军收复诏安之后，游一瀓又复入县学。东升房游鼎玉原属于明郑，顺治十八年随郭义降于清。其长子游汉日（1634～1676），康熙十三年为"郑藩旗下正领官"。②游汉日的儿子游应发（1656～1694），曾代父出征。据族谱记载：

康熙丙辰年（1676）代父出征广东惠州，年方二十岁，技勇过人。丙辰年五月初四日父卒，袭父职为正领官，随征兴化，清兵大破郑藩，方回在家立志攻书。③

康熙十八年，游应发成为诏安武生员，康熙三十二年中武举，成为秀篆乃至二都中武举之第一人。

在明清易代之时，五通黄靖，下涂涂兴，官陂张廖氏的廖琠、廖

---

① （清）佚名：《福建诏安秀篆游氏龙潭楼第谱（王游氏族谱）》，清宣统稿本，不分卷。
② （清）佚名：《福建诏安县秀篆游氏东升房家谱》，第24页。
③ （清）佚名：《福建诏安县秀篆游氏东升房家谱》，第27页。

兴、廖国程等人,都是先在明郑阵营,后投诚于清朝阵营,成为康熙年间二都举足轻重的人物。康熙年间,这些人所在的家族都因动乱而受益,一直到现在都是二都的大族。五通黄氏,前面提到与万礼联合围攻南陂土堡的黄朋五、黄华、黄妹、黄双、黄衍章等人,都是二都霞葛五通黄氏的族人。五通黄氏与官、江等姓参与了顺治五年攻打漳浦的行动,出没于漳潮之间,与南明郑氏集团有着极为密切的联系。顺治十三年正月初十日,林氏带领清军,"先入径口、深坵礼二寨而剿之,杀掠殆尽"。径口、深坵礼都位于现在的五通村,为黄姓世居之地。很明显,此时黄姓完全站在清军的对立面。到了三藩之乱时期,情况发生了变化。

康熙年间,五通黄氏出了一个重要人物黄靖(1644~1703)。族谱记载:

> 我十世祖特授荣禄大夫,讳靖,字宸钦……公起自大清康熙甲寅年十三年(1674)春三月,三王作乱,天下已变七省,是时谁敢不遵。公是以竖旗卫守宗族,可知谓机极矣。迨至戊午(1678)秋七月,三王归降于一姚部院招抚,公又识时势,即往投承,封为左都督,给一拜他喇布嘞哈番官御,遂镇红花岭,四方宁静。①

对于黄靖在康熙十三年后的表现,族谱的记载比较简单。三藩之乱时,黄靖已过30岁,族谱说他"竖旗卫守宗族",但没有清楚交代黄靖的具体措施和行动。其实,黄靖并不是简单地"竖旗卫守宗族",康熙《平和县志》记载:

> (康熙)十七年(1678)戊午二月,土寇张雄率诏安官陂贼廖

---

① (清)佚名:《江夏黄氏族谱》,清抄本,不分页,藏诏安县五通村。

典、黄静并海寇洪双嘴等破县屠城，虏掠男妇殆尽，焚烧庐舍，城内邱墟。海澄公前标吕孝德领兵恢复，以王廷侯为前锋，大战崎岭铺，杀贼无数，追奔八十里，会大云雾，退驻县城。贼亦寻去。后廖典投诚于漳，未几，乞镇守县城，拆毁邑居殆尽。①

上述官陂贼黄静即黄靖，廖典即廖琠，海寇即南明郑氏集团势力。廖琠为二都官陂人。在廖琠的队伍中，还有赖祖、金福、廖兴等人，军官三百余员，兵一万二千余人。据说，"时廖琠、黄靖等率众踞水晶坪，联络山海贼寇，以为边害"。② 水晶坪位于诏安二都与云霄交界的乌山中。杨捷（1627～1700）在《谨陈平海咨督院》中说："深山穷谷之中，又有啸聚流突，海逆复肆勾连，水陆交讧，如昔年纪朝佐、郑不伐、廖琠等可为前鉴。"③ 也就是说，廖琠、黄靖、赖祖、金福、廖兴等人，在二都山中集结了类似于"以万为姓"集团的组织，他们联络"海寇"，攻城拔寨，也可能同耿精忠有某些联系，成为诏安二都重要的军事势力。

康熙十八年，廖琠、黄靖、赖祖、金福、廖兴等率兵一万二千余人降于清。清廷封赠黄靖上祖三代荣禄大夫，下荫子孙世袭三代。现在五通村还保存有黄靖高祖黄义衷与高祖母蔡氏、祖父黄梅波与祖母罗氏、父黄孚九与母钟氏及黄靖特授荣禄大夫的四通神道碑。④ 廖琠（1628～1682）和廖兴（1647～1713）都是官陂张廖氏人氏。据张廖氏族谱记载，廖兴"投诚，左都督世袭，镇守南靖县"；其兄廖推（1631～1686）应该

---

① 康熙《平和县志》卷12《杂览·寇变》，第268页。
② （清）勒德洪：《平定三逆方略》卷44，《景印文渊阁四库全书》第354册，台北：台湾商务印书馆，1986，第311页。
③ （清）杨捷：《平闽记》卷8《谨陈平海咨督院》，《台湾文献史料丛刊》第6辑，台北：台湾大通书局印行，1987，第242页。
④ 位于诏安县霞葛镇五通村五通宫。

也是同其降于清,后为"诏安营守副"。①

清初像黄靖、廖琠、廖兴这样的人物,在平和、诏安交界一带还有很多。与二都交界的平和大溪陈氏,此时有一族人陈升(1644~?),据族谱记载:

> 九世伯祖考,讳升……公少年喜于习武,广交义士,后投入清军。此间三藩作乱,皇上降旨,招贤天下。公则应试,历经比试,被封为总兵。屿明友黄靖等带领将士平三王之乱。康熙十三年之后,数年征平,立了大功,此后又带兵随康亲王出征海外。因平三藩与平台均立大功,被皇上提升为左都督兼领浙江乐清副总兵事,特授一品荣禄大夫,上追封三代,下世袭三世,并派钦差在大溪桃子园建造都督府。②

陈氏族谱中提到陈升因三藩之乱,与黄靖等人投靠清军,平定三藩之乱,授封荣禄大夫。其实,陈氏族谱隐瞒了陈升等人原为"山寇",为南明郑氏集团重要成员的历史。与五通村相邻的下涂,此时有一族人涂显(1631~1690),据涂氏族谱记载:

> 涂显,清诰封荣禄大夫,特授云南总镇都督。……显幼而岐嶷,长而俊伟,弱冠时即倜傥不羁,有班孟坚万里封侯之志。生逢明末,海寇蜂起,抢攘无虚日。显愤怒,鸠族丁以御之,所至辄披靡,无敢与膺其锋者。乡勇来聚首以数千计。显为指授方略,加意训练,个个忠义奋发,以一当百,海寇闻风鼠窜,阖郡赖以安堵。……康熙三年(1664),显年三十四岁。国朝定鼎,四海波

---

① (清)佚名:《官陂张廖氏上祀堂族谱》,第65~66页。
② 《陈氏族谱》手抄本,不分卷,平和县大溪镇陈章近先生藏。

平，八荒宾服。显见太平已久，天命有归，商诸同事，于三月带属兵，赴福建总督李率泰军前归顺。蒙福建总督李户部郎中贲、兵部郎中金会疏具题。朝廷嘉其有斩将搴旗之功，达天知命之学，优予俸衔。八月奉旨，特授都督佥事职衔，以全俸，赐鞍马，狐腋虫奔面袍褂等物件，驻师长乐。①

族谱对于涂显康熙三年以前的历史也交代得不清，只是说他组织乡勇抗击"海寇"，康熙三年归顺清朝。结合当地清初的历史背景，涂显很显然与南明郑氏势力有着千丝万缕的联系。

官陂张廖氏的类似人物是廖国程（？～1686）。其父廖上拔（1601～1646）在明末清初的动乱中被杀。据族谱记载："适命六洞开镇，授公（即廖上拔）参将，奉命督理，讵奴陈鹏谋害终躯。"廖上拔的五个儿子廖国程、廖国琠、廖国章、廖国致、廖国亮等人，"捐赀召募，为父报仇"。② 廖国程等人的武装力量是否同明郑有关，族谱没有直接的记载，但有廖国程最后投诚于清军，因而飞黄腾达的记载：

> 率兵投诚总督李，题补海澄公黄授为左营，奉旨带兵移住河南光州地方。因伪藩郑伯踞台湾，蒙请诲将军施，题请平台有功。行年六十有八，实授浙江宁波府定海镇中军左都督，管中营游击事，世袭给一拖沙喇哈番录功一次，膺任八载，兵民图像庙祀。告老，准以原品休致诰授荣禄大夫。③

很明显，廖国程同上面提到的涂显一样投诚于清军，后移驻于河南，说明其武装力量同明郑应该有某些联系。在康熙年间，诏安二都一

---

① 诏安涂氏族谱编委会编《诏安涂氏族谱》，2008，第427页。
② 台湾省云林县张廖氏宗亲会编《廖氏大宗谱》，1979，第24页。
③ 《廖氏大宗谱》，第24页。

带有很多在明郑、三藩、清朝几个阵营中摇摆的人，这应该是明清易代以来地方社会自发形成的应对机制。

余 论

明末清初的动乱与地方应对，首先应该从二都地方社会发展的长时段来分析其形成的机制。诏安建县前，二都就被视为难治之地，尤其被标上了对抗官府的标签。如官陂张廖氏族谱记述："二都官坡，原属浦邑，山陬僻处，人多顽梗，逋粮抗役。"[①] 在二都历史上，"逋粮抗役"似乎经常发生，霞葛江氏就有因"抗粮不纳"而差点被灭族的故事。[②] "逋粮抗役"成为霞葛江氏祖源叙事的重要内容，不仅记载于族谱中，还成为口口相传的历史记忆。

嘉靖九年建县之后，"山贼""海贼"问题依然突出，时常威胁到诏安地方社会。嘉靖二十七年，二都境内发生了陈荣玉、刘文养白叶洞之乱。因此，官府开始派兵围剿白叶洞的陈荣玉、刘文养等人，来自平和象湖和诏安秀篆的乡兵成为官府围剿白叶洞最主要依靠的军事力量。王游氏族谱有秀篆乡兵的记载，"太祖号前溪公，序次五世，实开基龙潭之太祖也。……年登十八，白叶陈荣玉为逆，南赣军门传檄到县，公率乡兵讨之，乡中男女免其淫掠"。[③] 引文中提到的"前溪公"，即王游氏五世祖游瑞清（1529～1596），游文豸、游王荐等人的祖父。平定嘉靖二十七年白叶洞陈荣玉之乱，是王游氏借助乡兵发迹的开端。此后，游瑞清率领的乡兵相继参加了平定东南沿海的倭乱、出征广东平定张琏

---

① （清）廖朝玉：《二世友来公传》，（清）佚名：《官陂张廖氏上祀堂族谱》，同治七年（1868）玉田楼抄本，不分卷。
② （清）江鸿渐：《江氏族谱》，第11b～12b页。
③ （清）游懋绩：《述太祖千总公行略功德志》，（清）佚名：《福建诏安秀篆游氏龙潭楼系谱（王游氏族谱）》。

之乱及粤东的黎乱。

嘉靖三十七年广东饶平张琏之乱,影响波及广东、福建、江西三省。诏安二都因同饶平交界,也受其影响。嘉靖三十九年,秀篆吴湘、黄寿倡乱,第二年伙同张琏攻克秀篆吕氏的乾乐城,"被害者一百二十四口"。① 在吴湘之乱中,"陈坑与秀篆寨上,全家覆没"。② 吴湘等人还对秀篆王游氏,霞葛的江氏、林氏等大族构成威胁,各族都建堡以求自保。如霞葛江氏"初因上饶张琏作反,继之以小篆湘倡乱,井边筑堡以御寇"。③ 对于平定二都境内的张琏之乱,官府主要依靠二都的大家族,如秀篆王游氏的乡兵。

嘉靖年间的白叶洞之乱和因张琏之乱而出现的秀篆吴湘等人的动乱,都发生于诏安二都,应该是同这一地带地方军事武装传统有关。南陂林氏、霞葛井头江氏等姓的建堡活动,就是在这种地方社会动荡不安情况下的一种自保行为。同时,秀篆王游氏的乡兵组织,也说明二都各大家族或多或少存在一些地方武装组织。土堡和乡兵促进了明代中后期二都地方社会的军事化。这种地方上的军事化,到了明末清初则成为动乱的因素和地方应对的依靠。

其次,在明末清初地方动乱的背景下,二都的各大家族拥兵自重,与不同的政治势力结盟,追求政治利益最大化。除了南陂林氏之外,官陂张廖氏、霞葛江氏、五通黄氏、秀篆王游氏等大族都在郑氏势力、清朝势力之间摇摆过,尤其是秀篆王游氏,从保留下来的史料来看,其家族成员在政治选择上还是比较多元的。由于受史料的限制,我们不清楚每个家族成员在面对朝代更替时做出的选择。从族谱文献来看,更多是反映作为家族整体性的选择。但无论如何,二都这些家族,尤其是现存

---

① 《房谱小引》,吕井新编《福建诏安秀篆河美吕氏三房十六公家谱》,1995 年铅印本,第 1 页。
② 林景山编纂《林氏以来一脉族谱》。
③ (清)《坟墓废兴记》,(清)江鸿渐:《江氏族谱》,第 14 页 b。

的这些大家族在政治选择上还是充满变化。这些大家族利用国家权力真空的状态，选择不同的政治势力，或明郑，或清朝，或三藩势力，角逐诏安二都地方社会的生存空间。不管他们原来的选择是谁，当某种决定性的力量出现时，这些家族都会根据时局做出新的选择。

最后，明清易代之际，二都地方家族势力的消长。明清易代之际的二都动乱，虽说是王朝更替下大历史叙述下的一部分，但是放回地方社会的脉络上，这些动乱反映的更多是家族间仇恨、恩怨的集体爆发。有些家族的势力被削弱或消失，如官氏在官屋便消失了。有些家族利用他们原有的实力，在明郑与清朝之间寻找机会，逐渐成为地方社会的主导力量。如五通的黄靖，在投诚清朝之后，封官受爵，成为康熙前期二都地方社会的风云人物，从很多公共事务中可以找到他的身影，如重修石陂、重新修整五通宫和舍田于庙以及修建文昌阁，黄靖都是领导者。

总之，明清易代下的诏安二都，地方社会原有的传统——地方军事化、结社传统与大的历史时机相结合，这些大家族发展出各自的地方武装力量。家族之间的关系在明清易代的环境下被放大，结盟或仇杀成为这一时期家族之间关系的异样反映。这种结盟与仇杀又同地方政治相联系，各大家族站在自己的立场上选择各自的政治依靠势力——或明郑，或三藩，或清朝，这必然导致地方权力格局的混乱与变化，一些家族势力被削弱，另一些家族崛起。

南京国民政府时期的县长与县域社会
——以徐建佛为中心

项浩男[*]

摘　要：民国时代，中国的政治和文化面临崩解的局面，权威丧失、中心观念漂移、地方主义抬头，形成了若干相对独立的板块和结构性裂缝。在这种形势下，县政表现出暧昧、复杂的面相，各种"关系"在其中扮演着重要角色，左右着县长与地方社会的联系和互动。以曾任云南省永胜县县长的徐建佛所著之回忆录《政海惊涛》为主要材料，可以完整地呈现一个位于边缘板块的县在政治运行中的真实样貌。南京国民政府时期，云南与中央貌合神离，保持较强的独立性，以省为单位的地方主义横亘在国家与地方社会之间，省政权代替了国家的位置。徐建佛就任县长后，繁重的政务使他应接不暇，与来县驻军、当地士绅和上级部门的关系左右着政务的施行。县政内容扩充，县长职责增重，但在同各方的博弈中，县长处于弱势地位。在一系列矛盾和冲突的背后，总会出现人情政治的影子。徐建佛的县长生涯算不上成功，既有个人原因，更是环境使然。透过永胜县事，不仅可以深入了解一个县长的从政史、一个县的微观实态，也为反思国家与社会关系提供了一个契机。

关键词：永胜县　县长　徐建佛　地方社会　基层政治

---

[*] 项浩男，北京大学历史学系博士研究生。

县，长期以来都是中央集权政府的基层行政单位，是国家政权与乡村社会的衔接层级，发挥着承上启下、分合汇聚的重要作用。国民党执政后，对县及县以下行政体系的建设颇为重视，县制几经调整，县的角色也随之改变，无论是县政的内容还是县长的职责，都与传统时代大不相同。①

徐建佛，字逸群，云南师宗县人，1935年初任"追剿军"第二路军第一旅参谋长，1935年11月任云南省永胜县县长，1937年3月被撤职。② 因对民政厅的处置方式不满，徐离永后撰写了《政海惊涛——治永十七月经过概要回忆录》一书并铅印出版。③ 在此书中，徐建佛详细记述了自己在担任永胜县县长期间的所作所为，涉及他与驻军、士绅、少数民族、上级部门之间的复杂关系，以县长的视角呈现了县政百态。民国时代，中国的政治、社会、文化都处于崩裂的状态，形成了若干相对独立的板块和诸多结构性裂缝。④ 国民党执政之后，仅在名义上将崩裂的板块拼接到一起，对裂缝进行了有限度的修补。位于西南边陲的云南是一个独立性较强的地方割据板块，游离在国民党政权的控制范围之

---

① 王奇生：《民国时期县长的群体构成与人事嬗递——以1927年至1949年长江流域省份为中心》，《历史研究》1999年第2期。
② 徐建佛，1904年出生于云南省师宗县丹凤镇，1923年从云南第一师范学校弃文习武，1927年从云南讲武学堂毕业，曾先后担任国民党部队中校营长、云南保安团副团长等职。《徐建佛传略》，师宗县政协编《师宗政协志》，内部资料，1997，第179页；中国工农红军第一方面军史编审委员会编《中国工农红军第一方面军史》下册，解放军出版社，1993，第268页。
③ 《政海惊涛——治永十七月经过概要回忆录》，铅印本，1937。为行文方便起见，以下简称《政海惊涛》。此书为铅印出版，但没有明确的出版时间和出版社信息，只在封面上印有"中华民国廿六年十月十九日收到"，封面的内页印有"本书在敌机轰炸之下草率付印，错字及缺点颇多，特此申明"。又据书中的一些细节可知，此书大致于1937年7月中旬写成，因而此书可能于1937年10月19日送到了出版社或印刷厂。
④ "板块"这一概念由黄道炫先生提出，他指出：政治权力分化与文化中国崩解造成了中国政治的漂移局面，南京国民政府时期，可分为以东南为中心的南京中央板块和散出华北、西北、西南的地方割据板块；所谓"结构性裂缝"既有中央对地方政治控制有限导致的板块性断裂，也有社会变化下意识形态冲突形成的鸿沟，还有富国强兵宏大要求与现实控制能力薄弱导致的失落，其来源丰富多样。黄道炫：《密县故事：民国时代的地方、人情与政治》，《近代史研究》2017年第4期。

外，这种"游离"的状态阻隔了中央政府与云南各县政府之间的联系。与其他板块相比，云南还有边疆、民族等特殊问题。因此，永胜县的故事，不仅呈现了一个县政务运行的微观实态，还提供了反思国家与社会、中央与地方关系的窗口。

本文以《政海惊涛》为主要材料，辅以其他资料，选取其中若干具有代表性的事件，以微观史学的手法对个案进行深描（thick description），通过历史叙述（historical narrative）的方式呈现民国时期基层政治的复杂面目。需要指出的是，作者在书中多褒扬个人功绩，辩解案件缘由，尤其是公开出版此书，带有较强的申辩和正名之意味，但总体上不影响本书的史料价值。

一 地方主义下的县长与县政

县制的演变是中国近现代政治发展历程中的一条重要脉络，制度的变化带来了县政内容的扩展和县长职责、权力、地位的变更。国民党执政后，对县级政权的建设颇为重视，对主持一县政务的县长寄予殷切希望，赋予县长种种重任，蒋介石甚至称"县长力量可抵一万兵"。[①] 王奇生指出："当国家政权不断向社会基层深入、扩张和渗透的过程中……基层政治运作由'无为'趋向'有为'……国家与社会的关系，均随之发生了流变。"[②] 运用国家与社会的关系这一范式对基层政治进行研究是一个较常见的取向，学界大多认为二者并不是截然对立的，而是互动的关系。不过，既有的理论分析或实证研究基本立足于"中国内地"，对边缘地区缺少关注，导致"国家"的含义存在模糊性，使用国家与社会关系的分析框架，需要考虑中央与地方的关系。

---

① 《蒋在总部接见大批县长》，《申报》1932年7月13日，第4版。
② 王奇生：《民国时期县长的群体构成与人事嬗递——以1927年至1949年长江流域省份为中心》，《历史研究》1999年第2期。

关于"地方",关晓红指出,晚清所谓"地方",主要是指府县及以下的地域范围(至于"道"是否算一级,是否可以称"地方",则更为暧昧),而20世纪初则可被视作"地方"之义扩大到省或其他意义上的广阔地域的一个过渡阶段。① 到了民国时期,"地方"更多是指"省",中央与地方的关系常常指中央政府与省级政府之间的关系。② 南京国民政府成立后,仅在名义上实现了国家的统一,一些地方割据板块与中央保持着若即若离的关系,表面尊重中央的权威,内部仍是"独立王国"。云南省位于西南边陲,北洋时期即处于与中央政府隔绝的半独立状态。1929年秋,龙云统一了云南,完全确立了他在云南的统治地位。从1931年起,他以建设"新云南"为目标,在军事、政治、经济、文化、教育等方面进行了一系列的整顿和改革。③ 其中很多内容与南京国民政府的政策一致,但二者之间存在"结构性差别",龙云的真实目的是稳固自己在云南的统治,"尽管很多材料足以证明龙云已是国民党政府的忠实支持者,却也很难说他对统一国家和国民党的主义就有了晓明大义的想法"。④ 对云南的基层社会来说,"国家"的距离过于遥远,"省"的观念更深入人心,民初以来日渐稳固的地方主义横亘在国家与社会之间。

云南对县政十分重视。1933年,省民政厅颁布《县政建设三年实施方案》,将各县应办之民政、财政、教育、建设、实业等事项逐一列出,仅共通事项就有6大类37大项137小项。⑤ 龙云如此重视县政建设,是为了加强统治、巩固地盘,这是他统治云南的基础。县长的选用

---

① 关晓红:《清季外官制改革的"地方"困扰》,《近代史研究》2010年第5期。
② 胡春惠:《民初的地方主义与联省自治》,中国社会科学出版社,2001,第31~32页。
③ 朱汉国、杨群主编,郭大钧本册主编《中华民国史》第7册,四川人民出版社,2006,第42页。
④ 〔美〕易劳逸:《毁灭的种子:战争与革命中的国民党中国(1937~1949)》,王建朗、王贤知、贾维译,江苏人民出版社,2010,第18页。
⑤ 云南省民政厅编《云南省县政建设三年实施方案》,国家图书馆编《民国时期县政史料汇编》第12册,国家图书馆出版社,2018,第11~44页。

是为了改进县政的基础工作,他在1935年开办了县长训练班,选拔人员受训,目的在于培养"非常时期"的县长,毕业后分别委用;他还在各县编练常备队,作为培养正规军的后备力量。① 这些都说明,远离中央政府统治核心区的边缘板块,虽然也在加强基层政权的建设,但很难说这是国家政权的扩张。民初以来政治的崩解为国家重建带来很大困难,不同区域看似在进行着相同的政治活动,但受益者未必都是国家。

徐建佛从军14年,毫无从政经验。② 1935年初,徐建佛所在的军队与红军作战不力,他本人亦受了伤,"拟暂到政治方面稍图建树",旅长刘正富保荐他任永胜县县长。③ 永胜原名永北,1934年改为现名,④是云南省的一等县。截至1936年底,在全省所辖112个县中,永胜县面积居第6位,人口居第39位,财赋居第16位。⑤ 永胜战略位置重要,孤悬金沙江外,为滇西与四川的交通要道,是云南省西北边的咽喉。⑥徐建佛担任永胜县县长得益于人情,也可见省府对他的重视。在赴永前,徐建佛对永胜的基本情况做了了解:种族复杂,匪患深重,庶政荒废,教育破产,历年多乱,政教失宣,权绅之间的械斗尤其严重。⑦ 尽管如此,他仍对治理永胜抱有很高的期待,行前晋谒省府各长官时,主席龙云的训示使他备受鼓舞:"这回去做县长,可谓屈就,大材小用,

---

① 谢本书:《龙云传》,云南人民出版社,2011,第90~91页。
② 徐建佛在赴永胜前并无从政经历,根据其在报刊上发表的文章可知,1931年前后,他曾在云南省立第一工业学校担任军事训练的职务。(徐建佛:《本校军事训练实施方法》,《云南省立第一工业学校校刊》第1~3期,1931,第58~65页;徐建佛:《云南中等以上各学校实施军事教育今后应有的几项设施》,《云南教育周刊》第1卷第22期,1931,第1~5页)之后被友人介绍至东陆大学任军训助教,未能成行,遂投身军旅。(《徐建佛至华秀升信函》,刘兴育主编《云南大学史料丛书·校长信函卷》,云南大学出版社,2013,第48~49页)
③ 《政海惊涛》,第2页。
④ 《省政府通令各属准内政部咨永北五福两县改名案已奉行政院核准由(民国二十三年四月二十六日)》,《云南民政月刊》第5期,1934,第21页。
⑤ 云南省民政厅编《云南民政概况》,铅印本,1936,第4页。
⑥ 詹念祖:《云南省》,商务印书馆,1933,第119页。
⑦ 《政海惊涛》,第3页。

惟永胜为云南第一个边防大县,此番去整理,也可以牛刀小试,正是伟大事业的起点。"① 几位厅长与徐建佛私交不错,教育厅厅长龚仲钧是徐在云南第一师范学校的老师;财政厅厅长则嘱咐徐:"在任若有困难情形,可写信给余,转达主席。"② 对龙云的信任与崇敬几乎贯穿了徐建佛的县长生涯,《政海惊涛》中时常见到他对"总司令龙公"的钦佩之语,各项事务皆以龙的意旨为准,与厅长的良好关系也在日后对他有所帮助。这些都揭示了"人情"扮演的重要角色。在帝制时期,由于皇帝效忠和儒学修身两个坐标的存在,人情这种次一级的忠诚还能被控制在一定范围内;而在民国时期,这两个坐标同时失效,人情成为失范状态下政治、社会活动最重要的润滑剂,渗透到社会政治的各个角落。③ 权威丧失和地方主义的结合导致徐建佛以龙云为效忠的对象,在他看来,将永胜"造成一模范县"是不辜负主席的期望,是为省政做贡献。

1935年11月1日,徐建佛在永胜正式接印视事,并宣布政纲:"一、振兴教育;二、整理团务;三、肃清匪患;四、努力建设;五、革除积弊;六、解除民困。"④ 随后,他召开了第一次扩大县政会议,召集各区区长、民众代表、县城各机关团体代表等共议县政,议决要案20余件,并将会议记录印发各区及呈报省府各厅处会。⑤ 新官到任,试图营造新气象。县政会议结束后,行政步入正轨,各种事务接踵而至,徐建佛应接不暇,他用"人多事繁,旷古绝今"来形容自己的县长生涯:"此等繁多之事务,有四分之一,系余好做事乃发生者,四分之三,系时事推移,偶然及必然而俱逼来者。又可以说,有一部份,系民

---

① 《政海惊涛》,第4~5页。
② 《政海惊涛》,第5页。
③ 黄道炫:《密县故事:民国时代的地方、人情与政治》,《近代史研究》2017年第4期。
④ 《政海惊涛》,第8页。
⑤ 《政海惊涛》,第8页。

国以来之县长所积留而赋余者。"① 这固然有自我褒扬的成分，但民国时期县长事务之多、责任之重是不争的事实，这虽然可以表明上级政权对基层社会的管理与控制在加强，但并不是简单的扩张和渗透，而是以各种"关系"的形式展现复杂的运作机制。民国时期，中国社会处于漂移和断裂的状态中，内部充斥着诸多裂缝及灰色地带，它们的存在为政治增添了暧昧的色彩，为"关系"的运作提供了空间。对县政权来说，这种"关系"包括行政层级之间的隶属关系、权力关系，也包括具体的人事关系、人情关系，还包括形形色色的利益关系。就永胜而言，在推行县政的过程中，有三种关系一直束缚着徐建佛，即与在永驻军的关系、与当地士绅的关系、与上级部门的关系，这三者几乎渗透到县政的方方面面，体现出县政运行的多重"张力"。

二 军政关系

永胜因内部不宁、外部不靖，常有军队驻扎在县。徐建佛任职期间，前后共有四支部队来永：第一支是华团武装，1935年4月，永胜爆发大规模械斗，因时任县长余炳无力解决，6月，省政府派华坪县县长顾能良率400余人到永胜解决械斗案，驻永5个多月；② 第二支是"追剿"红军的郭汝栋纵队，于1936年5月15日进驻，6月17日离开，驻永月余；第三支是滇军第三纵队第五旅第十团，团长陈钟书，1936年6月底进驻，次年3月中旬调离，驻永10个月；第四支是滇黔绥靖公署华永独立营，营长安纯三，1937年2月中旬进驻，驻永一年。③ 军队长期驻扎在永，军需的日常供给是不小的开销，军队征兵亦是一个难题。县府与军队之间的关系颇需谨慎处理，因为驻军是左右

---

① 《政海惊涛》，第164页。
② 丽江地区地方志编纂委员会编《丽江地区志》（中），云南民族出版社，2000，第45页。
③ 云南省永胜县志编纂委员会编《永胜县志》，云南人民出版社，1989，第485~486页。

县政的重要力量，稍有不慎，就会造成县政府对内管控无力、对外受制于人的尴尬局面。

徐建佛初到永胜，得知顾能良部在永期间，粮饷所需、官兵津贴或取自县府款项，或向民间摊派，给县、区增加了不小的负担，县长余炳亦受顾的压制，徐建佛到任后即叫停了对顾部武装的供给，并力促其撤回华坪。① 送走顾部，把永胜从尴尬的处境中暂时解救了出来。正当徐建佛公布县政纲领，打算施展一番拳脚时，红军长征又将永胜推到了国共军事斗争的前台。② 徐接任时恰逢张国焘在川西北另立"中央"，试图南下。云南以金沙江为天险，永胜地跨金江两岸，既须以独力应对红军之进袭，又须担任省防二百余里之重任。根据省政府和大理绥靖公署的布置，永胜在金沙江两岸修筑碉堡182座，强化县城的防御工事，招募壮丁编组防共部队。③ 修城筑碉甫一结束，1936年初，贺龙率领红二军团到达黔、滇交界，4月初准备渡过金沙江西进，为消灭红军，蒋介石命令滇军及各"追剿"纵队进行围追堵截。红军渡江后，各纵队由进攻改为防堵，郭汝栋纵队防守华坪和永胜。④ 5月15日，郭军1万余人到达永胜，徐建佛称"事务殷繁，骤增十倍"。⑤ 他配合军部侦察地形、构筑碉堡，因工期紧急，各种器材之购置征发、补助民夫之调遣均感非常困难。⑥ 此外，还要为军队提供粮饷支持：

> 郭军官兵伕马，约计万人，骤然到县，一切木杂用具之筹措，颇感困难，粮秣之筹办，永胜虽西区素称产米，但年来人事天灾，

---

① 《政海惊涛》，第9页。
② 徐建佛：《红军长征时永胜的军事活动》，永胜县政协文史资料委员会编《永胜文史资料选辑》第1辑，1989，第27页。
③ 张仲彬：《红军长征经过滇西北前后时永胜的军事活动》，永胜县政协文史资料委员会编《永胜文史资料选辑》第3辑，1991，第143~146页。
④ 郭德宏、阎景堂主编《红军史》，青岛出版社，2006，第524页。
⑤ 《政海惊涛》，第56页。
⑥ 《政海惊涛》，第57页。

收成锐减,亦殊难供给,故不得不分派于各区,且征集需时,护解亦必需相当兵力。①

军队到县,事务繁杂,大事小情均先找县长商量或代办,各机关在执行时又都向县长请示,徐建佛称:"郭军驻永之两月,每日自晨至夜,从无片刻之休息。"忙迫殊甚,既有疲于奔命之苦,亦有应接不暇之感。② 所幸郭部军纪较好,在永时间较短,除操劳军需补给之外,未发生不快。

郭部离永后不久,滇军第五旅奉令移防永(胜)华(坪),驻永的第十团团长陈钟书与徐建佛系旧识,该团上下官长与徐多有同事、同学或师生之谊。③ 陈团刚刚到永时,徐建佛自觉"军民感情,甚为融洽"。④ 该团在永驻防10个月,士兵在执行任务或日常生活中难免会与当地人发生磕碰,军与政本属两个系统,又有主客之别,小的冲突亦可影响到双方官长的关系,"马纪和案"就是一个典型案例。起因是有一华坪小商贩到县府报案,称在永胜城郊被军人抢劫财物,县府认为此事若系军人所为,应找陈团控告。小商贩到陈团说明来意后,陈钟书认为这是受徐指使,且此举表示徐建佛认定确实是陈团军人抢劫。于是陈钟书派人到事发地清查,竟将县特务队士兵马纪和拘捕,认为马有嫌疑。马与原告商贩对质时,商贩为尽快拿回被抢之钱,一口咬定马就是犯人。陈钟书坚决要枪毙马纪和,此举显然是在表明对徐建佛之不满。徐闻知后,经过多方调查取证,认为马并无作案时间,系被冤枉,请求重新审案,陈钟书便派人与徐会审。在审案过程中,徐建佛不惜对原告商贩用刑,使其承认诬告马纪和之实情。此事传到陈钟书处,更使陈愤

---

① 《政海惊涛》,第57页。
② 《政海惊涛》,第58页。
③ 《政海惊涛》,第75页。
④ 《政海惊涛》,第75页。

怒，认为徐有意驳其面子，更非杀马不可，双方误会因此而愈深。最后徐建佛亲自向陈钟书解释，再加上陈的部下从中调解，此事才得以平息，为给陈一个台阶下，徐建佛最终还是判了马纪和三年徒刑。①"马纪和案"本是一件小事，但折射出县政府与驻军之间的微妙关系，与军队有关的事，县府不便干预，而军队也不想落下扰乱地方的口实。徐建佛亦深知与驻军打交道的不易："大抵边地民风不良，常有一般土劣流氓，勾结驻军，为非作奸，妨碍政令，如政府稍加干涉，即不免发生异状，永胜其尤甚者也。故一般县长，皆畏军队驻防，盖即系一个军士，一个排长，均随时有侮辱县长之能力也。惟余出身军人，且素不畏强权，故不致十分受辱，但精神则不免苦痛矣。"②

永胜局势复杂，徐建佛赴任前请求龙云拨给士兵和枪支弹药，成立独立营。龙云以经费困难为由未能照准，因此徐特向刘正富请求派一营士兵随同前往，以资整顿。③到县后，"防共"、"剿匪"、处理夷务、制止械斗等均要有武装力量做后盾，徐建佛屡次致电省府，请求成立永（胜）华（坪）独立营。1936年2月，滇军总部同意设营，任命安纯三为营长。④按徐的本意，成立独立营主要是为整饬县政服务，经费由本县提供，但实际情况与其初衷相差甚远，此营对永胜县政府来说依然是外来驻军，县府负责征兵、提供经费，但指挥权不在县长手里，而是归滇军总部和大理绥靖公署节制，在征兵过程中也产生不少矛盾。

滇军本部指令独立营负责永、华两个县的防卫与治安工作，令永胜征兵250名，华坪征兵150名。⑤由滇军总部派征兵委员到县督察征兵

---

① 《政海惊涛》，第76~78页。
② 《政海惊涛》，第20页。
③ 《政海惊涛》，第4、7页。
④ 《政海惊涛》，第16页。
⑤ 《政海惊涛》，第16页。

工作，限三周内办理完毕，征兵委员李、曾二人到永时，正值红二军团迫近永胜，"防共"军事日趋紧张之时，且总部要求严格按照征兵法规办理：年龄限 20~25 岁，身长限 4 尺 6 寸，须身体健康、无嗜好之本地青年。① 时局紧张，条件严苛，徐建佛颇感棘手，他总结了永胜面临的困难：首先，本县地域辽阔、民族复杂、匪患特甚，均是举办征兵的障碍；其次，本县一般青年或染有嗜好，或体弱多病，身高符合要求且健康合格者"百无二一"；最后，本县区乡长能力薄弱，应对"防共"已是疲于奔命，办理征兵尤感困难。② 徐建佛一面将为难之处详报总部，一面严催各区尽快将合格壮丁送到县府检验，合格者仅十之一二。不得已，徐建佛请李委员到各区宣传指导、监督办理，李已被任命为独立营连长，将来会到永驻防，因此各区区长对李多有贿赂，为其筹备旅费，以求打通关系，在验兵一事上通融，以减轻办理之困难。区长的举动引起乡长的不满，遂纷纷到县府控告，言李勒索过多。徐建佛不便太伤李的情面，只是致函委婉劝阻。各区区长如此讨好李委员，结果送来的壮丁条件太差，只能退回重征。③ 就在独立营征兵期间，省府决定成立保安营，电令徐建佛征兵。④ 徐建佛实难完成，以致逾期后也没有征齐。总部又派陇、杨两位征兵委员到永催办，此二人以李委员受贿的前例向县府勒索钱财，导致徐建佛派县警拘捕了陇、杨二人，并将三个征兵委员的所作所为呈报总部。⑤ 征兵一事办理数月仍未完成，其间事故频出，总部方面频频催促，最终勉强凑足了数额。⑥ 直到 1937 年 2 月，安纯三才率领独立营到达永胜，1 个月后徐建佛就被撤职。成立独立营原本是为永胜本地服务，却前后迁延一年之久，徐建佛当初极力促成此

---

① 《政海惊涛》，第 37 页。
② 《政海惊涛》，第 37~38 页。
③ 《政海惊涛》，第 39 页。
④ 《政海惊涛》，第 39 页。
⑤ 《政海惊涛》，第 55 页。
⑥ 《政海惊涛》，第 76 页。

事，结果自讨了不少苦头。

徐建佛虽知与军队打交道不容易，但驻军的权力之大仍使其感到惊讶。安纯三到来后，独立营一名华坪籍士兵企图勾结他人逃跑，另有一名哨兵抢劫农民牲畜，二人都被安纯三立予枪决。徐建佛闻知后，"以此殊觉安营长具有先杀后报之权能，实令余自愧不如"。[1] 军队权力之大还体现在对县长的监督权和调查权上。郭汝栋纵队在永时，军政双方合作顺利，县府竭力为郭部提供支持，致使永胜绅民视军队为"太上皇"，一些对徐建佛不满的士绅借机向郭汝栋控告徐，幸得郭当众发表讲话肯定县长工作，事件才得以平息。[2] 后来匪首黄万庆被捕后逃脱，地方士绅彭宿向省府控告徐建佛收贿而故意放走黄，另有一案性质与此相似，滇军总部均密令陈钟书查复控案。[3]

综上所述，县政府与驻军之间的关系颇为复杂，长期驻军为县长增添了繁多的事务，按照省府和滇军总部的指令，军队到县，县长需要提供支持与服务，在权力和地位上，军队明显比县政府有权威，对县长还有监察、调查的权力。双方难免会有摩擦，但在一定程度上，县长及县政的安危又取决于军队的态度。县长不仅要处理好与驻军的关系，还要随时完成滇军总部、绥靖公署派发的任务，比如征兵。然而多次征调壮丁却未对永胜有多少裨益，徐建佛一再主张成立独立营以助县政，背后的逻辑依然是军权可为政权提供保障，只是事与愿违。

三 政绅关系

尽管云南对县政颇为重视，但没能建立起健全的人事制度，县长的选任并未完全遵循考选的方式，县府佐治人员的任用亦沿袭中国传统县

---

[1] 《政海惊涛》，第123页。
[2] 《政海惊涛》，第59~61页。
[3] 《政海惊涛》，第107~108页。

政的"承包体制",一位县长上任、卸任,从科长、秘书到收发、差役全套班底随来随往。① 形成于古代的避籍制度依然得到延续,云南独立性较强,来自外省的县长数量不多,但县长基本遵循回避本县籍贯的原则。外来的县长到县视事,必然要处理与本地士绅的关系,如果地方士绅势力较强,且已经形成了稳定的关系网络和利益共同体,而外籍县长又试图革新县政、施展抱负,那么双方的冲突就在所难免。永胜的情况与内地一些县份有所不同,县内不仅有汉族士绅,还有少数民族"夷"的头领,徐建佛在与这二者打交道的过程中酿成了一系列控案。

首先是人事上的难题。赴任之前,徐并未重视用人的问题,"自以为区区一县事,何难措置,故当时亦无甚人材缺乏之感想"。② 在处理县政的过程中,徐建佛带来的部属不断受到各方责难,有人向他指出"部属殊有未尽善者"。③ 徐承认部属都系军人出身,"论材能只有敢死之精神,语德行则性多暴燥,有时又不免重视金钱",他只得一面严厉约束部属行为,一面在遭受攻讦时尽量保护。④ 县府机关的人选也得不到有效解决,徐建佛将复兴教育作为重点工作,两次改组县教育局和县立中学,试图遴选地方公正士绅或有识青年担任要职。⑤ 但教育事业受制于城乡之间的争斗,教育局局长和中学校长若来自乡下,会受到城内士绅的攻讦。⑥ 此外,永胜区乡两级组织涣散,区乡长能力薄弱,且多畏难、逃避的情形,据徐建佛观察:永胜各级自治人员,完全未曾受过训练,又因各区乡自治经费异常缺乏,区乡长不惟无生活费,且一切应酬公费,多须亏累本身,既毫无权力可言,一切要政与临时事务,尤纷

---

① 王奇生:《民国时期县长的群体构成与人事嬗递——以 1927 年至 1949 年长江流域省份为中心》,《历史研究》1999 年第 2 期。
② 《政海惊涛》,第 6 页。
③ 《政海惊涛》,第 81 页。
④ 《政海惊涛》,第 106 页。
⑤ 《政海惊涛》,第 22、62 页。
⑥ 《政海惊涛》,第 62~63 页。

至沓来，稍有贻误，又须受处罚，因此一般人皆不愿充任区乡长。每遇区长之选举，多推诿不就，甚或畏而逃遁，因之区乡长之委用，有如强派门户之夫役。自治事业，徒空有其名耳。①

尤其是红军长征迫近永胜时，"剿共"、征兵、筹粮等各项临时要政纷至沓来，各区乡长因难获喘息之机而纷纷逃避，有几位区长坚请辞职，还有区长畏避远行，至于继任人选则彼此推诿，几经强制，尚无人敢问津。② 在永胜，徐建佛既缺乏得心应手的佐治人员，选定的优秀人才在任用上总是受到阻力，赖以推行政令的区乡长又软弱无力，处理日常政务自然不会顺畅。

其次，在县政运行上，几个较难处理的问题都与当地权绅有关。比如导致前任县长余炳被撤职的冯李大械斗，能够酿成如此之规模，城内权绅高至极和南区谭若坚是背后的支持者。③ 谭若坚曾经率武装围击永华联团，向县长索要大队长之职，足见其势力之大。④ 南区另有一派权绅，以胡照南为首领，胡的女婿杨蔚年轻有为，因而受到谭派的攻击，被诬告为中共分子，但徐建佛颇欣赏杨蔚的才干，委任其担任第四区江防指挥一职，因而与谭派结怨。⑤ 县参议会议长彭宿与胡照南关系密切，谭若坚也在参议会任职，双方针锋相对，彭拒绝谭的议案，谭则在城内遍贴打倒彭的标语。⑥ 但徐建佛与彭宿的关系也很恶劣，徐认为彭宿思想陈腐，是封建势力的代表；彭宿则屡次向省府控告徐建佛举措荒谬、违法贿纵、搜刮地方财产。⑦ 永胜权绅之间明争暗斗，徐建佛的到来又加剧了这一局面，他自己也卷入其中，成为权绅攻击的目标。

---

① 《政海惊涛》，第 25 页。
② 《政海惊涛》，第 69 页。
③ 《政海惊涛》，第 17 页。
④ 《政海惊涛》，第 2~3 页。
⑤ 《政海惊涛》，第 19、36 页。
⑥ 《政海惊涛》，第 17 页。
⑦ 《政海惊涛》，第 120 页。

再如江外①学租问题。永胜教育经费全依赖学租支持，江外学租占全县学租十之七八，如能全数收齐，每年约合法币4000元，但十余年来江外学租被当地土豪恶佃杨子云、王兆祥等强占，每年仅能收到二三成，导致永胜中小学均欠薪一年或半年以上，形同倒闭。② 土劣强占学租并不是孤立现象，云南省内其他县也面临同样的问题。③ 杨、王甚至驱逐警员、强行关闭片角乡公安分局。徐建佛为收回学租，先是不顾土劣反对恢复公安分局，委任军人任分局局长，派兵一个排驻扎该乡，震慑土劣。随后召开县教育会议，议定江外学租，决定每石征收镍币22元，由公安局配合教育局一同催缴，但积重难返，鲜有进展。④ 就在徐建佛采取措施整饬江外学租的同时，土劣也采取了行动。永胜全县只有片角一乡位于金沙江南，毗邻宾川县，当地权绅联名请求省府将片角乡划归宾川县管辖，民政厅令县长呈复意见，徐建佛回复称："永胜学租，十之七八均在该乡，历年被侵，征收已难，如再划归宾川，则永胜教育，立即破产。"⑤ 此事始作罢。

徐建佛与权绅在学租问题上相持不下，教育局派去的收租员只收上几百元，不足以维持伙食，而县府给中小学垫款已有数千元之多，江外学租再得不到彻底整理，教育将无以为继，徐建佛决定派政警队武力督催。⑥ 1936年6月底，政警队队长杨嘉祥率警力十余名到片角督催，先是缉拿抗延不缴的佃民数人，后两度击溃杨子云率领的武装，截获牛马牲畜20余头。见此情景，片角各村佃民纷纷交租，前后共缴镍币1.4万

---

① 江外指的是片角乡，永胜县境绝大部分位于金沙江北，只有最南端的片角乡位于金沙江南，与宾川县接壤，故称"江外"。
② 《政海惊涛》，第22页。
③ 《指令通海县长依法究办霸收学租土劣》，《云南教育公报》第4卷第8期，1936，第12页。
④ 《政海惊涛》，第23页。
⑤ 《政海惊涛》，第50页。
⑥ 《政海惊涛》，第68页。

余元。① 收租结束后，徐建佛在片角召开绅民大会，宣布政府此举之重要意义，允许贫穷佃民缓纳未缴之学租。② 徐建佛将整饬江外学租作为打击土劣、复兴教育的重要功绩，但杨子云、王兆祥等向省府教育厅、民政厅、大理绥靖公署等控告徐建佛率部奸淫掳掠、分赃巨款，其他权绅亦纷纷跟进控徐。③ 1935 年 8 月，云南省政府颁布了《人民控告官吏办法》六条和《人民控告官吏递呈办法》五条，规定原告必须"具名实举"，为民控官提供了规章依据。④ 因此无论事实究竟如何，永胜权绅向上级控告徐建佛是合法合规的。江外学租案迁延甚久，是徐被撤职的重要原因。

云南是少数民族聚居地区，民族构成复杂，甲于全国，夷务是县政的重要内容，"夷"以群落的形式聚居，有自己的头领，与汉族中的权绅类似，是处理夷务的关键。赴任前，龙云指示徐建佛办理夷务要遵循三点原则："一、以重要夷目轮流为质；二、放还历年捆去之汉人；三、受保甲之编制，同尽当兵纳税之义务。"⑤ 永胜当地的少数民族中势力最大的是盘夷，其次为此力夗⑥，二者均是彝族的分支，聚居在永胜北部、东部的山中。夗已经归顺县府，盘夷尚未解决。徐建佛采用剿抚并举的方针，一面竭力安抚，收编夷兵为防共大队，委任头领队长职务；一面调集政警队进入山区威慑盘夷，必要时与武装夷兵展开游击。

---

① 《政海惊涛》，第 68~69 页。
② 《政海惊涛》，第 69 页。
③ 《政海惊涛》，第 75 页。
④ 云南省志编纂委员会办公室：《续云南通志长编》上册，云南省科学技术情报研究所印刷出版，1985，第 1123~1124 页。
⑤ 《政海惊涛》，第 4 页。
⑥ "此力"实际是一个字，上"此"下"力"，这个字出现在《政海惊涛》和《云南民政概况》中，笔者遍查各种字典和书都没有找到这个字的读音和意思，也无法在计算机上输入，只能以"此力"指代。夗音 suo，一声，是彝族的姓之一。可推测"此力夗"应该是彝族的一个分支，徐松石在《泰族僮族粤族考》中介绍滇黔彝族的种类时，指出有一种名为"力夗"，"力夗"可能就是"此力夗"。见徐松石《泰族僮族粤族考》，中华书局，1946，第 72 页。为行文方便，下文简称"夗"。

在其恩威并施下，渐有盘夷头领来城归附，配合县府清查户口、举行汉夷联防，夷务得到推进。①

徐建佛与夷的纠纷发生在禁烟上，云南一直是鸦片泛滥严重的地区。1935年，云南省政府宣布以三年为期限，分三期完全禁绝鸦片。②永胜被划入第二期，根据省禁烟委员会的安排，1936年7月起禁运，秋季禁种，1937年1月起禁吸，禁烟指导员到县督察。③永胜地域广阔，夷民聚居的地区禁烟最困难，他们动辄抗不遵行，甚至发生武装冲突。志书记载：

> 华永宁三属，毗连凉山，人民夷多汉少，山势旷野，夷民视种烟为唯一之生命线，无论任何查禁。而自二十四年施禁至今，中间除汉人区域曾告清外，其凉山各区，仍年年皆有违种。历年派兵查铲，兵多则匿避一空，但以深山绝壑，亦无法搜索殆尽；兵少则抗拒围攻，历年均发生冲突。夷自器械犀利，查铲部队曾迭次受重大之损失，先后牺牲于该三属之官兵以及地方团壮等，统计约在二百左右。禁烟一项，政府又无的款可资动用，每届查铲之军队开支，动辄派摊于各地，以是夷匪种烟，而良民受扰累者，不可以道里计也。尤有甚者，夷民以种烟为唯一之生活方法，每届查铲神速进行之后，烟苗一经铲除，夷民即无以为生，故四时四出抢劫。于是附近各属之居民，横遭蹂躏，甚即掳人为奴，数十年而不得归者，大有人在。各该属之治安，亦为彼等夷民破坏无余。间接受害或牺牲者，何止万千。此等地区，不仅禁政无法推行，即一切政令均不能

---

① 《政海惊涛》，第27、41、96页。
② 《云南全省实行禁种鸦片章程》，云南省禁烟委员会编印《云南禁烟纪实》（合订本），1937年，第3页。
③ 秦和平：《云南鸦片问题与禁烟运动（1840~1940）》，四川民族出版社，1998，第231页。

到达，完全化外，附近居民，可谓苦矣。①

为彻底解决夷地种烟问题，禁烟委员会要求永胜特别重视、严密注意，务使根株禁绝。②禁烟工作本就繁难，尤其是禁种阶段的铲烟，禁烟委员会按照烟苗出土长成时期，将铲烟分为初查、复查、终查三个阶段，分别由区长、县长和禁烟指导员负责。而在汉族地区查铲烟苗就遭遇到不小的阻力，种烟的绅民多有抵抗，甚至到县控告区长和禁烟委员。③夷地因情形特殊，办理更加困难。永胜第四区位于县境东部，与宁蒗、华坪接壤，是猓民的重要聚居地，山岭纵横，地形复杂，政府势力向难到达。据公安分局报告，该区金形一带烟苗颇多，难以铲除。1937年1月中旬，徐建佛派政警队队长杨家祥、警察局局长彭元葵率队前往铲烟。猓民听闻铲烟部队将到，大多逃避。金形先前被划入宁蒗设治局，后因永胜反对而又划回；宁蒗因遭受匪患，民生困顿，禁烟委员会准许其可再种一年，推迟至第三期禁种。徐建佛没有考虑到这一点，要求铲烟队全部铲除，引起猓民头领不满。杨、彭率队到达后，各村头领没有迎接，二人要求提供的罚金旅费也未收得，全队40余人给养无着，杨、彭遂对各村猓民态度恶劣，对猓民所养牲畜任意打杀，并抢得骡马9匹，售得镍币900元作旅费。④杨、彭此行除铲烟之外，还有逮捕猓民头领杨世勋回县的任务，因杨世勋抗缴救国捐，将其拿获后，其舅父纠集猓民百余人在路上围攻政警队，但截夺未成。⑤1937年3月初，县府秘书孙寿昌和东区公安分局局长李稚畅率队到毛姑厂铲烟，与此地蚩鸭姓夷民发生冲突，铲烟队打死夷民2名、擒获4名，其

---

① 《续云南通志长编》中册，第479~480页。
② 《政海惊涛》，第91页。
③ 《政海惊涛》，第112页。
④ 《政海惊涛》，第115~116页。
⑤ 《政海惊涛》，第116页。

中有孕妇1名，还夺得牛马3头。①

麽民本与县府关系良好，有头领在城内做人质，但两支铲烟队都与他们发生了冲突，抢夺牲畜不说，还闹出了人命，而且金形与宁蒗有划界纠纷，毛姑厂与华坪有划界纠纷，这两个地方的问题更为复杂、敏感。铲烟队离开不久，杨世勋便联合汉民权绅蔡钟灵到丽江向第三纵队司令孙渡控告徐建佛指使杨、彭捆人勒索，蔡等还向省府民政厅、禁烟委员会控告徐。② 毛姑厂的麽民与毗邻的华坪县区乡长联合，向省府控告孙寿昌假借复查烟苗之名滋扰夷地、抢掳财物、擅杀人命。③ 徐建佛与汉族权绅之间矛盾重重、控案不断，与麽民之间的冲突显然更激烈，最终导致其被撤职，几名亲信丧命。

在《政海惊涛》中，徐建佛自称在永期间"结怨尽全县之土劣，树敌几全县之学人"，并认为自己受土劣之挑拨，不幸因土劣之纠缠而前功尽弃，民政厅厅长丁兆冠最后的处置方式亦"完全同情于土劣"，抹杀自己的功绩。④ 徐建佛对永胜权绅可谓鄙视至极、痛恨至极，全书均用"土劣""恶佃"蔑称之，在他看来，这些土劣"多系生于斯土，长于斯土，老死于斯土之封建人物，对地方有利之事业，全不能做，只随时结党营私，干预司法，有求不遂，即用种种方法，破坏县府"，⑤ 只有惩治土劣，才能有利于地方。⑥ 徐曾在县政会议上公然痛骂永胜土劣之种种罪恶，宣称："对永胜土劣，不仅在任之时，即假使撤职以后，亦正如秋风残叶，不值一扫。如欲与余作战者，逼余过甚，余决可使之血流成河也。"⑦ 这与徐建佛军人出身有很大关系，在面对地方势力时，更

---

① 《政海惊涛》，第118页。
② 《政海惊涛》，第116~117页。
③ 《政海惊涛》，第119、153页。
④ 《政海惊涛》，第1~3页。
⑤ 《政海惊涛》，第29页。
⑥ 《政海惊涛》，第3页。
⑦ 《政海惊涛》，第81页。

倾向于用强硬的手段解决，这般态度与作风，定会引起当地权绅心有不满，杨、彭、孙等亲信对娄民如此之态度，想必也是受徐建佛的影响。

四　上下关系

1936年6月底，郭汝栋纵队离永后，徐建佛致电民政厅请准辞职，他在电文中写道："惟以环境特殊，积习难返，县长权力太轻，不能先杀后报，永事棘手，万难收效，职处一切矛盾之环境内，无日不愁苦憔悴，至今已竭其全能，精力过耗久荒之要政，未完之事件，又须急请补救，继续努力，实难长期支持，恳祈准予辞职，另委贤能。"① 徐建佛所谓的"权力太轻"揭露了在行政体系中县长的真实地位。县长推行日常政务时要遵从上级部门的命令，要与其妥善接洽，其中两项最重要：一是税收，二是控案。

孔飞力在论述中国现代国家的形成和发展时，将根本性议程归结为三组相互关联的问题，其中之一是"国家的财政需求如何同地方社会的需要协调起来"。② 国家政权从基层社会汲取财富的能力成为衡量政权统治力或控制力的重要标志。不过这种情况在云南似乎并不完全适用，南京国民政府时期，虽然云南财政与中央财政开始有所沟通，但整体上仍保持独立的状态。③ 龙云时期，云南省政府采取了一系列措施，最终确定了云南地方实力派统治下的财政制度，主要目的是增加财政收入。④ 汲取财富的责任由省政府、财政厅转移至县长身上。据1936年民政厅统计，永胜当年的财赋数目是66495元（新滇币），⑤ 且是一等县，

---

① 《政海惊涛》，第67~68页。
② 〔美〕孔飞力：《中国现代国家的起源》，陈兼、陈之宏译，生活·读书·新知三联书店，2013，第2页。
③ 张肖梅：《云南经济》，中国国民经济研究所，1942，第U1页。
④ 何耀华总主编《云南通史》第6卷，中国社会科学出版社，2011，第169页。
⑤ 《云南民政概况》，第4页。

算不上贫困。但永胜征税与催款非常困难，田赋、救国捐、烟亩罚金历年均有巨额之差数，以致"上峰严催之电令，雪片飞来"，永胜则"煌煌布告，紧急训令，三令五申，均视如具文"。① 徐建佛多次因无法如数、按期征收税款而向财政厅请求展缓或减少，比如屠宰税、烟草税、糖税、烟亩罚款等，有些能够得到财政厅的豁免，有时则会遭到财政厅的斥责。②

县府不仅承受征收固定税款的压力，还要面对经费短缺和临时摊派。永胜县作为一等县，县府每月经费仅合法币240元，各机构工作人员有数十人，各局每月经费做多者不过20元，少则七八元。③ 经费短缺导致一些政务难以展开，如建设经费每月仅有十余元，建设局形同虚设，公安局每月经费20余元，维持伙食尚感困难；各级人员待遇微薄，如司法巡警每月只有5角的薪酬，各区公所的情况亦大致如此。④ 另外，修筑碉堡、支持驻军、购买枪弹、清丈土地等事务需要额外经费，除催收正常田赋之外，必然要征收临时摊派，增加民众负担。这些迹象表明，在云南，为民众谋利的建设内容和公共福利被压缩至最低限度，最大限度地从基层社会攫取财富成为政权建设的主要目标，以此来维持省内的军政事务，保持实质上的独立状态。这种严重的财政索需容易造成政权和民众愈加对立的关系，身处二者衔接处的县长承受着来自上下两方的压力。

断送了徐建佛县长生涯的是云南省民政厅。根据国民政府颁布的《省政府组织法》，云南对省政府架构进行了调整，民政厅掌理事务中最重要的"关于县、市行政官吏之提请任免事项"，⑤ 即任免、考核、

---

① 《政海惊涛》，第30页。
② 《政海惊涛》，第21页。
③ 《政海惊涛》，第178页。
④ 《政海惊涛》，第22页。
⑤ 《修正省政府组织法》（民国二十年三月二十三日国民政府公布），中国第二历史档案馆编《国民党政府政治制度史料选编》下册，安徽教育出版社，1994，第326页。

奖惩、抚恤等关乎县长前途的要事。① 接到徐的辞呈后，民政厅回复云："该县长现有控案，正查办中，所请辞职之处，着勿庸议。"② 因牵涉控案，徐建佛辞职不成，他又在第二次县政会议上试图请假三个月，也没有通过。③ 处此进退维谷境地，徐建佛只得继续操持县政，一面配合上级各部门对控案的调查，一面引发更多的控案。在调查与自辩的过程中，徐建佛与民政厅产生了越来越多的裂痕，双方龃龉不断。

杨子云、王兆祥等对徐建佛强收江外学租一事甚为不满，向省府教育厅、民政厅控告徐建佛；而徐将整饬江外学租作为复兴永胜教育的一大政绩，亦将经过情形呈送民、教两厅。民政厅收到双方针锋相对的呈文后，令徐建佛重新核查此案经过并呈报该厅。④ 1936 年 8 月 20 日前后，徐建佛呈报了杨子云抗拒学租情形和整饬经过，9 月 15 日，民政厅针对该案发布训令：

兹据前情，该杨子云等，既系因抗纳学租，聚众反对，并无为匪事实，应即先行呈候教育厅核示办理，何得遽行认为匪党，与之作战？且前呈称，其他佃户并无抗租，仅文定元等四五人抗不完纳，此次竟称政警队长杨嘉祥等勇敢，匪以十倍之众，两战均败。又呈内既称恶佃等异常奸狡，避不见面，又称截获牲畜，委系攻击杨匪时在战上追截所得。又据该呈称大挫凶锋，立收巨款，究竟此项巨款系由个户自行送来，抑系抄搂所得？词语矛盾，疑窦滋多。应饬该县长，讯即遵照前今各令，自行明白呈复，以凭核办，慎勿始终文饰，自干咎戾，凛遵勿违。切切此令。⑤

---

① 《云南省民政厅办事细则》，云南省政府编印《云南省现行法规汇编续集》，1939，第 47 页。
② 《政海惊涛》，第 68 页。
③ 《政海惊涛》，第 71~72 页。
④ 《政海惊涛》，第 94 页。
⑤ 《云南省民政厅指令贰吏字第六二七二号》，《政海惊涛》，第 182~183 页。

可见民政厅并不认同徐建佛的处理方式。学租问题应该先请示教育厅，将士绅定性为"匪"并出动政警队武力解决、截获牲畜实属不妥，即便收得了学租，其手段也值得怀疑，民政厅从根本上否定了徐建佛。收到训令后，徐建佛"奉读之下，殊深愤激"，对厅长丁兆冠亦十分不满。在这之后不久，教育厅也下达了训令，与民政厅的态度截然相反，1936年9月24日训令称：

> 据该县长呈报缉捕恶佃杨子云情形一案，饬办到厅，查所呈派警缉捕杨子云各情，办理尚无不合，应准备案。惟该杨子云在逃未获，所霸学租，仍难解决，应饬严密踩辑，务获依法究办。至此次截获牛马及缉获人犯，并饬妥慎处理，分别报核，仰即遵照此令。①

教育厅肯定了徐建佛的处理方式，并督促其将杨子云缉拿究办。9月28日，教育厅再次发布训令云：

> 查该县江外学租，屡被该地土劣顽抗不纳迭经令饬严行取缔在案，兹据呈征收各情，殊堪嘉慰，商准备案。惟十室之邑，必有忠信，该地学佃中当不乏良善分子，应饬查明良莠，分别办理，勿使累及无辜，是为至要。②

这次训令对徐建佛的肯定更加积极，提醒他惩治土劣恶佃时不要累及无辜。教育厅与徐建佛对待江外学租的态度基本一致，他们都深知土劣霸占、拒交学租的事实，只要能够将学租收上来即可，与结果相比，手段如何并不重要，对付土劣，使用武力也无妨。大理绥靖公署令徐建

---

① 《云南省教育厅训令第二六四零号》，《政海惊涛》，第93页。
② 《云南省教育厅训令第五二五六号》，《政海惊涛》，第93~94页。

佛重新核查并呈复，但主要针对的是徐建佛截夺并变卖牛马作为政警队的奖励一事，指责其"擅专"。① 有了教育厅的肯定，再加上对民政厅的不满，10月10日，徐建佛给民政厅呈复了一篇长文，自称"语多轻率、激烈、骄傲，可谓极尽抵触、结怨、树敌之能事"。② 在呈文中，徐建佛分四个方面逐一反驳民政厅的训令：首先，列举杨子云等权绅的种种劣迹，申明使用武力解决是迫不得已的唯一方式，否则"不惟政府威信扫地，学租断送，且又增加匪势，贻害无穷矣"；其次，详述征收学租、截夺牲畜的种种实情，强调并无出格、过分举动，所收学租均系佃农主动悔改前来缴纳的，文定元等几个顽劣分子拒不缴纳且聚众围攻政警队，截夺的牲畜全部出自这些土劣，并无骚扰、抄搂普通佃民的行为；再次，徐建佛强调江外学租一案全系怀恨在心的土劣挑拨诬告，"永胜土劣之一般呈词，即十之八九皆属虚伪"，民政厅不了解永胜学租的积弊，容易受到土劣蒙骗；最后，徐建佛用很长的篇幅历叙永胜十种重大毛病，痛陈处理县政之不易，请求辞职或他调。③ 纵观徐建佛的呈文，不仅是在解释江外学租案的来龙去脉，更是一部控诉为官艰难的血泪史，虽然有理有据、逐一反驳，但充满强烈的个人情感。

驳文呈复后不久，教育厅和民政厅又做出了相反的训令。教育厅大概是将先前的意见呈送省政府，省政府做出了类似的决定，不仅认为徐建佛"办理尚无不合"，对其变卖骡马一事也予以肯定，"姑准如请分奖，以示鼓励"。省府的训令在10月16日由教育厅转发。④ 民政厅的态度仍未改变，对徐依然不信任，遂派丽江县县长王凤瑞到永调查，指示王："所控各项，案情重大，言之凿凿，似非虚构，又据该县长

---

① 《政海惊涛》，第94页。
② 《政海惊涛》，第95页。
③ 《为遵令呈复片角匪佃杨子云王兆祥等抗拒学租县长先后呈报档矛盾被钧厅疑虑各缘由祈核办示遵由》，《政海惊涛》，第184~189页。
④ 《省政府秘二教总字第九号训令》，《云南省教育厅训令第二七五六号》，《政海惊涛》，第94页。

通电自辩，所控更不为无因，着即认真彻查核办，幸勿代人受过。"①民政厅已先入为主地认为徐"有过"。所幸王凤瑞的调查结果对徐建佛比较有利，1937年初民政厅抄发王凤瑞的查报及转呈文件显示，王对徐建佛在永所做各事多有表彰，对控案均照事实查报，此案至此稍告平息。②

江外学租案虽然得到了教育厅和王凤瑞的支持，但呈送民政厅的长篇驳文想必给民政厅长官留下了恶劣印象。一波未平，一波又起，永胜权绅不仅到各厅控告，还向省政府和滇黔监察使署控告，控案内容牵连甚多，致使省府有了彻查各控案之打算。1937年1月18日，教育厅厅长龚仲钧致函徐建佛云："令拿佃恶各节，本可照办，惟诬控之件，既经直达省府，诬构之件，又多轶出教育范围，实未便独伸己断，越俎咎之。"③龚想必是听闻了一些消息，给徐建佛提个醒，表示爱莫能助。果不其然，1月27日，云南省政府发布训令，以"永胜县长徐建佛违法擅杀，贿纵巨匪各情"为由，请滇黔监察使署派员到永胜彻查。④此外，省府又令民政厅重新查复江外学租案。⑤

大致在省府决定彻查永胜各控案的同时，发生了东区金形铲烟案。驻扎丽江的滇军第三纵队司令孙渡在1937年2月22日的省务会议上提出将徐建佛撤职，孙渡先前已经两次请省府撤换徐，改由其下属第七旅参谋马嘉麟接任。之前有此提议，均是因为永胜权绅控告徐建佛违法贿纵，此次又增加了新的理由："今如再将驺逼反，则人民更难安生，故不能不撤。"⑥撤职消息在3月初传到永胜，此时恰逢毛姑厂铲烟案发

---

① 《政海惊涛》，第76页。
② 《云南省民政厅训令贰吏字第六七号》，《政海惊涛》，第101页。
③ 《附录龚厅长复函》，《政海惊涛》，第192页。
④ 《令为准监察署函请查究永胜县长徐建佛违法擅杀等情一案 云南省政府训令秘一民吏字第三六七号》，《云南省政府公报》第9卷第12期，1937，第13页。
⑤ 《令为据呈永胜县长复办理江外学租一案情形准令民厅并案办理 云南省政府指令秘二教讼字第三九六号》，《云南省政府公报》第9卷第27期，1937，第28~29页。
⑥ 《政海惊涛》，第124页。

生。徐建佛已经进入了死胡同。3月23日，滇黔监察使署的调查员到达永胜，所要调查之控案共有18件之多；① 3月28日，新任县长马嘉麟到永接任，当地权绅蠢蠢欲动，意图联合马嘉麟将徐建佛留在永胜，清算各账；② 3月10日，民政厅厅长丁兆冠出发巡视滇西各县县政，永胜在巡查范围内。③ 各种不利消息纷至沓来，幸得马嘉麟允许，滇黔监察使署的调查员亦认为各控案均非事实，徐建佛得以于4月9日离开永胜。④

1937年4月15日，丁兆冠由华坪向永胜进发，16日午后抵达永胜东区仁里乡，此处是夷民的聚居地，发生铲烟案的金形和毛姑厂就在附近。铲烟案发生后，夷民头领跌跌、长寿电向禁烟委员会控告徐建佛及杨家祥、彭元葵非法苛虐、勒索现金、毙伤人命、抢掳牲畜等行为，禁烟委员会一面电令新任县长马嘉麟将杨、彭严行看管查讯，一面电请丁兆冠巡视至永胜时就近查访。⑤ 丁兆冠抵达仁里后，得知确有命案发生，县府秘书孙寿昌目前还在该地催缴罚金旅费，丁当即派兵将孙拿获。⑥ 翌日，丁兆冠一行向永胜县城进发，沿途不断接到绅民控告徐建佛及下属"借政暴民，捆掳抄搂"。⑦ 18日傍晚，丁兆冠抵达永胜县城，晚上即调阅铲烟案卷宗，21时亲自审讯彭元葵和孙寿昌（杨家祥已随同徐建佛离永），24时审讯完毕，决定判处死刑。⑧ 19日下午，彭、孙

---

① 《政海惊涛》，第129页。
② 《政海惊涛》，第139~141页。
③ 《云南民政月刊·厅长出巡专号》第41期，1937，绪言，第1页。
④ 《政海惊涛》，第142页。
⑤ 《丁厅长出巡日记》（4月16日），《云南民政月刊·厅长出巡专号》第41期，1937，第23页。
⑥ 《丁厅长出巡日记》（4月16日），《云南民政月刊·厅长出巡专号》第41期，1937，第23页。
⑦ 《丁厅长出巡日记》（4月17日），《云南民政月刊·厅长出巡专号》第41期，1937，第23页。
⑧ 《丁厅长出巡日记》（4月18日），《云南民政月刊·厅长出巡专号》第41期，1937，第24页。

二人被公开执行枪决。丁兆冠处理此事为何如此迅速、果断？想必是为了安抚夷民，这从他第二天的行程可窥端倪。20日上午，丁兆冠接见永胜县政府各机关负责人，检查各项工作，下午专门接见了被扣留在县夷务局的头领11人，他询问边地情形之后，表示政府对夷民怀柔体恤之德意，认为先前各事多由于贪污官吏任意剥削、不肖绅民从中愚弄，以致猜疑横生。丁兆冠不仅将在城头领一律释放、给予现金，还委任最先投诚的三名头领区长职务。① 由此可知，丁兆冠枪毙彭、孙是为安抚和慰劳夷民。他在从华坪到永胜的路途中已了解到华、永两县民族构成复杂、夷务难办的情形，再加上东区夸民的控告，丁兆冠自然会认为彭、孙的暴力行为导致夷民对政府不满，增加了不稳定因素，因而当机立断，枪毙彭、孙，以示政府的诚意。从宏观层面来看，丁的做法也是符合中央及云南省的民族政策的。1935年11月国民党五大提出"重边政，弘教化，以固国族而成统一"的民族政策，其基本实施纲领要求"对于边疆各地与间在西南各省间之民族，其一切施政纲领，以优先为当地土著人民谋利益为前提"。② 龙云是彝族人，虽然他在政权中重用大量汉族人士，并主张各民族在政治上没有什么分别，③ 但受出身的影响，龙云在其统治时期尽量给予彝族及边疆少数民族照顾和帮助。④

得知彭、孙被枪毙的消息时，徐建佛正要从大理启程去昆明，他认为彭、孙虽确实有敛财之心，但是并没有实现，而且完成了铲烟任务，二人纵有过错，但罪不至死，丁兆冠这样做是为了"重陷余于罪责"。⑤ 得知事态严重，杨家祥自知难逃罪责，抵达昆明后便主动到禁烟委员会

---

① 《丁厅长出巡日记》(4月16日)，《云南民政月刊·厅长出巡专号》第41期，1937，第24~25页。
② 《第五次全国代表大会宣言（民国二十四年十一月二十三日）》，荣孟源主编《中国国民党历次代表大会及中央全会资料》下册，光明日报出版社，1985，第299页。
③ 张朋园访问，郑丽榕纪录《"云南王"龙云之子口述历史》，九州出版社，2011，第89页。
④ 潘先林：《民国云南彝族统治集团研究》，云南大学出版社，1999，第135页。
⑤ 《政海惊涛》，第149页。

投案自首。5月3日，徐建佛通过《云南民国日报》知晓了丁兆冠处置彭、孙的经过，该报道内容详细，与《云南民政月刊》登载的《丁厅长出巡日记》一致，认为彭、孙等人借名复查烟苗，犯有违章苛责、到处滋扰、擅杀二命、抢劫财物、吊打孕妇种种罪责。① 5月12日，丁兆冠将铲烟案的情形呈报给云南省政府，内称："华永两县政务，一塌糊涂，盘匪猖獗为患，禁烟要政，错置乖谬……永胜徐县长建佛，委队长杨家祥，警察局长彭元葵，秘书孙寿昌等，流连无烟地区，苛派现金数千，偶有流生烟苗，搞搕滥罚，抢劫财物，吊打孕妇，枪毙民命……至华坪县长顾能良，永胜县长徐建佛办理禁烟要政，漫不经心，措置乖谬，实属玩忽要政，蹂躏地方，所请将该县长等分别惩处之处，应予照准。"② 5月15日，丁兆冠又以徐建佛"任内迭被该县绅民控告"为由请省府将徐案移交高等法院查办。③ 省府同意了丁的请求，决定待查明各案后给予徐惩处。④

丁兆冠的呈文及省府的训令均登载在报纸上，徐建佛通过阅报陆续获知，他认为"所载情形，大背事实，丁之措施，纯为报复"，⑤ 但此时他已是一介平民，且身负官司，没有了诉说和申辩的渠道，因而将自己的数条反驳写在了《政海惊涛》一书中。纵观徐的反驳，他坚持认为彭、孙等人的行为是为了完成禁种任务、应对夷民头领的阻挠而采取的必要措施，即便造成夷民死亡，也不是故意为之，即便自己和下属有过失，也不至落到如此地步，而丁兆冠听信一面之词，轻率判决死刑，

---

① 《政海惊涛》，第153~155页。
② 《代电呈省政府惩办永胜县秘书孙寿昌分局长彭元葵等借查烟为名搕撘地方杀毙人命一案经过情形》，《云南民政月刊》第41期，1937，第23~24页。
③ 《令为据永胜绅民文嘉烈等控徐建佛案仰并案核办 云南省政府训令秘一吏字第五八二号》，《云南省政府公报》第9卷第44期，1937，第12页。
④ 《令为据华永两县办理禁烟措置乖谬并枪决彭元葵孙寿昌二名准予备案至查办永胜夷务局长禄耀候饬处拟复再核仰即遵照 云南省政府指令秘一吏字第六〇三号》，《云南省政府公报》第9卷第50期，1937，第21~22页。
⑤ 《政海惊涛》，第155页。

实属滥杀无辜。① 此外，徐建佛对丁所称"华永两县政务，一塌糊涂"更是深表不满，以致愤愤不平：

> 至永胜则年来教育、建设、治安、风气、团务、自治等，均突有非常之进步，人民不愿当兵，不肯纳税之恶习已根本改变，禁烟能澈底办到，清账能顺利推进，凡此均为政令有效，政务猛进之结果。在昔已至号令不出城门，终余之任，即先后均有土劣勾结一切特殊势力以妨碍政令，亦终未能阻碍政令之通行。汉夷同宾，奉命惟谨，此种情形，驻军清丈税务等各方到永之人士均能知之言之，丁竟认为一塌湖涂，不知是否余行后十日，已变为一塌糊涂？或丁对永胜之今昔，根本无丝毫之认识？对余年来在永所作者何事，亦茫无所知？不知是否着色眼镜的颜色太深了，所以只看得见一团黑漆呢？②

不过，徐建佛的申辩并未得到回响，就在书稿即将完成时，7月7日，徐建佛阅报得知杨家祥被枪决。③ 7月15日，他得知华坪县县长顾能良被撤职，但仍留在华坪继续进行铲烟工作，而自己的一系列案件已被移交司法机关。④

就徐建佛的结局来看，他的县长生涯十分失败，在任期间不断遭受控告，在县政上所做的种种努力都被一笔抹杀，亲信被判死刑，被撤职后仍被司法机关调查。在被控、申辩、查案纠缠往复的过程中，省府与县府之间的权势关系显露无遗，与上级部门相比，县长及县政府处于非

---

① 《政海惊涛》，第155~159页。
② 《政海惊涛》，第161页。
③ 《警局奉禁委会令　昨午枪决杨家祥》，《云南民国日报》1937年7月7日，第1版。
④ 《令为据呈请将卸任华坪县长顾能良已卸永胜县长徐建佛各予惩处一案仰即转饬遵照　云南省政府指令秘二禁种字第二三五号》，《云南省政府公报》第9卷第61期，1937，第26页。

常弱势的地位,甚至连话语权都很微小。首先,省政府的各部门各负其责,但各项事务传导到县政府,全都交由县长一人分配和实行,当缺乏合适的佐治人员时,各种事务"紧缚县长之一身",① 一旦发生事端,上级政权又无意为身处第一线的地方长官分担责任,轻则斥责,重则撤职查办。顾能良被撤职后还要留在华坪继续铲烟即是佐证。如果政务完成不好,民政厅登报训斥亦会对县长造成不小的压力,比如永胜户籍登记逾期未完成,民政厅即指责徐建佛"均属玩忽""漠视要政"。② 其次,政出多门,自相矛盾,导致下级进退失据,江外学租案的调查过程即体现了这一点。民政厅一直不信任徐建佛,训令中颇有指责之意,而教育厅了解学租积欠的情况,厅长与徐建佛私交不错,对徐多加肯定,结果两厅各行其是,导致省府前后下达截然相反的处理意见。教育厅的肯定无形中给了徐建佛呈文反驳民政厅的底气,而反驳的后果则由徐建佛一人吞下。最后,丁兆冠及省政府对铲烟案进行处置时没有给徐建佛公开申辩的机会,即便徐及其属下有行事失当之处,丁兆冠判决彭、孙二人死刑也很武断,对徐的全部作为一笔抹杀使其再无翻身的机会。作为直接当事人,徐建佛被撤职后就失去了话语权,他和属下的命运只能听从省政府的判决,而无反驳之力。从这几点看,县长更像是操持在省府各部门手中的棋子,只有责任和义务,而甚少权力。

结　语

在《政海惊涛》中,徐建佛提出:"以一县之环境,而具备全国之

---

① 《政海惊涛》,第70页。
② 《指令永胜县长据呈请展限办理户籍人事登记并请检发奖惩办法核饬遵照》,《云南民政月刊》第26期,1936,第14页;《指令永胜县长据呈请展限办理户籍人事登记核饬遵照》,《云南民政月刊》第27期,1936,第44页。

条件，可为一国之缩影。"① 永胜虽然只是一个县，但其内外环境之复杂与险恶，恰如中国过去之状况：

> 有帝国主义之压迫，有军阀政客之扰乱，有赤军与土匪之侵害，有十余年多乱之历史，有号令不出国门之前政府，有复杂之种族，有广大之土地，有纵横之山河，有丰富之物产，有寒热温之气候，有西北高东南低之地势，有东邻分割转趋强盛凭凌母县之情景，有不待侵略自请划弃东北宝库宁蒗之谬举，有享乐之土豪，有受苦之民众，有朴勇之民性，有愚弱之民智，有骄兵悍卒，有仁人义士……②

处于如此艰险、繁难之境，而担任17个月县长之职，勉力维持、力图建设，徐建佛认为自己的危难程度较之一国当局尤甚，"因为一国的当局，没有许多长官来指挥他或者牵制他，他对于不法的部属，可以杀之而无害，他又因为范围很大，可以收罗很多优秀的人材，以供任使。他对强邻，欲战欲和，可以由本国的意志而决断"。③ 将一县比喻为一国或许有夸张之处，罗列政绩亦有为自己辩白的意味，但完全道出了县长的苦处。杨家祥被枪决后，徐建佛有些心灰意冷，一县之长为何如此难当？他总结了多条原因，如对环境之认识不清、戾气之未能潜消、误把政治作军事、求治过急、人才缺乏所以致败、惩治土劣过于宽仁等。④ 徐建佛的反思颇有矛盾之处，他一面历数永胜环境之险恶，一面又将政治生涯失败的原因归结到自身的性格、能力、处事方式上，即

---

① 《政海惊涛》，自序，第1页。
② 《政海惊涛》，自序，第1页。
③ 《政海惊涛》，第114页。
④ 《政海惊涛》，第170~176页。

遭受挫败是因为自己修养不够、骄矜太过、疏忽大意。① 徐建佛的性格确实需要担负一部分责任，或许是因为军人出身，做事强硬、心高气傲，必然会对其施政造成一些不利影响。除徐建佛的性格外，我们还可寻找一些深层原因，探讨既有研究较少关注的可能性。

自清末新政以来，县级政权的变革一直是政治体制转型的重要内容，这一变革有两条重要线索：一是政治权力的拓展，即要管控的内容不断增加；二是政治权力的下沉，即加强对基层社会的控制。二者交织进行，在县一级体现为县政内容扩充、县长职责增多，名义上县长的权力在扩大，但实际上处于相对弱势的地位，责任重、义务多，权力小、权利少。执政者对县政寄予厚望，但缺少完备的制度保障，省政府令出多门，其他军政机关亦能对县长施加影响，干预政局，甚至影响县长的任免。诸事并举，事多责重，只要做不好，动辄处分、撤职。再者，尽管政治权力加强对基层的控制，强化政权的资源吸取能力，但始终没有直接打通政权与民众关系的行政或社会组织措施，中间的链接仍然需要依靠乡村精英完成。② 地方士绅仍然扮演着重要的角色，可借此坐大势力，左右县政。民国时期，军事力量往往成为政治力量存亡的关键，强化军事控制与强化政治控制相伴而行。总之，军政关系、政绅关系、上下关系成为束缚在县长头上的"紧箍咒"，稍有不慎，就会矛盾丛生。就永胜而言，一个西南边陲的小县，竟成了军、政、绅、夷多方博弈的竞技场，结果以县长的失败而告终，民国时期，永胜历经了34任县长（县知事），平均任期约13个月，最短的只有一两个月，最长的两年余，徐建佛能够坚持17个月已属不易。③

上述所说的"政治权力"，是对既有研究经常使用的国家与社会分析框架中"国家"的修正。中国幅员辽阔，不同地区情况迥异，所谓

---

① 《政海惊涛》，第170页。
② 黄道炫：《密县故事：民国时代的地方、人情与政治》，《近代史研究》2017年第4期。
③ 根据《永胜县志》第441~442页统计。

的"国家"或"国家政权",在不同地区表现不一,在南京国民政府的统治核心区江浙一带,"国家政权"就是南京政权,而在那些边缘区,比如云南,"国家政权"实际是云南的省政权,龙云就是最高统治者。龙云自己也承认:"我国区域辽阔,各地环境互殊,民俗不同,在国家一贯施政方针之下,其进程或有不齐,果能因势而利导,必也殊途而同归。"① 就云南的实际情况而言,更接近"同途而殊归"。这种现象的根源是民国时期中国政治与文化的崩解,游离在边缘的云南成了独立的割据板块,这种漂移、分裂的状态导致地方主义横亘在国家与县域社会之间,省政权取代了国家的位置,龙云成了效忠的对象。尽管中央的政令在云南能够得到施行,双方所采取的措施实质上并无不同,但县域社会的回馈并未传达至国家层面,而是仅到达省政府,国家与省、省与县之间产生了结构性断裂。徐建佛将永胜与国相比拟,但在他的叙述中,"国"极少出现,更像是一个空泛的指称,并无实质性的意义。由此,从中央与地方关系的角度来看,国家与社会的分析框架或许应因时因地进行调适。

另外,在左右县政和县长命运的种种关系中,人情需要得到重视。这种人情政治表现为人际网络、人际关系在政治运作中扮演重要角色。詹姆士·汤森认为中国社会中"平民(及不少精英)总是更加忠诚于那些本地化的共同体和组织"。② 维系这种共同体和组织的往往是人情,但这一领域的资料往往最缺乏。③ 美国学者福尔索姆(Kenneth E. Folsom)在对晚清幕僚制的研究中谈道:"在中国史研究中,历史事

---

① 龙云:《云南行政纪实序》,云南行政纪实编纂委员会编《云南行政纪实》第1册,云南财政厅印刷局印,1943,第1页。
② 〔美〕詹姆士·汤森:《中国的民族主义》,莫亚军、林昱译,复旦大学历史学系、复旦大学中外现代化进程研究中心编《近代中国的国家形象与国家认同》,上海古籍出版社,2003,第201页。
③ 翟学伟就此指出:"主要原因是中国人认为这一部分的经历属于互动双方的和私人的经历,它不可告人,也在应该只有当事人自己心知肚明。"翟学伟:《人情、面子与权力的再生产》,北京大学出版社,2005,第80页。

件、制度和人物太多地散发着一种冷冰冰的，没有人情味的气息……只有把从私人信函、日记和奏折中搜集来的点滴材料拼凑在一起，研究者才能开始看到既有弱点又有力量、既有欲望又有嫌恶的活生生的中国人形象。"① 徐建佛的自述恰好为我们提供了一个深入了解人情政治的契机，徐的县长生涯几乎处处离不开人情，无论是与龙云、上级军政部门负责人，还是与永胜士绅、县府同僚，这些人情或发挥了积极作用，助他得到上级的信任，帮他化解了一些危机，或产生了负面效果，其亲信、亲属犯了错误，最终都归结到了他身上。在规则的约束力没有那么强的时候，人情成了政治的润滑剂，参与其中的人都有意无意利用之。比如徐建佛称在永17个月，因各种事务太多，接待各方派来的委员须花费大量精力，平均空不上两天就有一次宴请用于交际和应酬，约400席。② 数目可能略有夸张，但足见来往官员之多和县长应酬之忙，所谓"应酬"，实质是为了搞好关系。再如1936年国大代表的选举，永胜县分配到两名候选人，县中有力分子均活动竞选，中学校长陈能新本不占优势，但徐建佛对陈颇为赏识，中学校长的职务也是徐力荐陈出任的，徐以"陈君年龄精神，学识资格，均冠于全县，故常为之宣扬"，于是陈能新被推选为候选人。③ 从布置工作到选举完成，徐建佛均在其中施加影响，并着力扶持自认为优秀之人。这些都是人情政治的体现。

永胜发生的故事，不能认为其具有特殊性或代表性，应将其看作一个为民国县政提供了更多可能性的个案。这一个案发生在边缘板块，呈现出与既有研究相比更为复杂、丰富的历史面相，为反思国家与社会的关系、把握民国政治的特点带来新的思考。

---

① 〔美〕K. E. 福尔索姆：《朋友·客人·同事：晚清的幕府制度》，刘悦斌、刘兰芝译，中国社会科学出版社，2002，第1页。
② 《政海惊涛》，第105、165页。
③ 《政海惊涛》，第87页。

书　评

江湖真的远吗

——读《资源、产权与秩序：明清鄱阳湖区的渔课制度与水域社会》有感

徐 斌[*]

刘诗古：《资源、产权与秩序：明清鄱阳湖区的渔课制度与水域社会》，社会科学文献出版社，2018。

在范文正公的名句中，"江湖"者，对应于"庙堂"，与"庙堂之上"相去甚远。武侠世界中也有一个"江湖"，江湖儿女快意恩仇，自有规则，非朝廷法度所能涵盖。无疑，范文正公笔下以及武侠世界中的"江湖"均有所本，取意于那个真正生活在江与湖之上的水上世界。自然环境中的江与湖主要分布于长江中下游地区。从今天的卫星地图上俯瞰中国，就会发现与黄河中下游一马平川的地形地貌相比，长江中下游地区河流纵横，更由一线长江串起了大大小小的众多湖泊。当然，北方地区也存在微山湖、白洋淀等一些相对较大的湖泊。历史上，在这些水面上活跃着从事捕捞的渔民、承担运输的船户以及靠抢掠来往商船为生的江湖盗等众多人群，他们有着自己的人际交往模式、社会网络、群体组织形式、权力关系等，呈现出一种区别于土地上的

---

[*] 徐斌，武汉大学历史学院教授。

社会形态。与詹姆士·斯科特（James C. Scott）所揭示的赞米亚山区（Zomia）相类似，① 水上活动人群依仗较强的流动性，对抗王朝国家的统治。此即为各种"江湖"的共通之处。

表面看来，江湖似乎真的离国家很远，甚至当战火来临时，人们泛舟湖上，以求苟活于乱世，然而不幸的是，无论哪个"江湖"，都无法完全从国家的手中逃离。刘诗古博士2018年出版的《资源、产权与秩序：明清鄱阳湖区的渔课制度与水域社会》（以下简称《资源、产权与秩序》）一书，② 便为我们展示了国家如何在鄱阳湖上实施统治，形塑了一个什么样的湖区秩序，以及这种秩序与湖区社会内在逻辑之间所存在之张力的绝佳案例。

一 资源与产权：国家力量介入的结果

正如书名所显示，《资源、产权与秩序》一书有三个关键词，即"资源""产权""秩序"。作者认为，"生活在明清中国的人们并不知道'产权'这一词，因为这是一个现代法律、经济概念。但是，不知道'产权'这一现代概念，并不意味着明清中国不存在一种权利关系的界定制度"（第9页）。很显然，这三者中"产权"居于核心地位，"资源"是"产权"的对应物，"产权"的产生及演进则需要有相应的社会秩序加以配合，三者相辅相成，构成一个整体的社会产权结构。如果这一理解无误的话，那么，作者应当是受到了现代经济学中相关产权理论的影响。从经济学角度来说，产权"不是指一般的物质实体，而是指由人们对物的使用所引起的相互认可的行为关系。它用来

---

① 〔美〕詹姆士·斯科特：《逃避统治的艺术：东南亚高地的无政府主义历史》，王晓毅译，生活·读书·新知三联书店，2016。
② 刘诗古：《资源、产权与秩序：明清鄱阳湖区的渔课制度与水域社会》，社会科学文献出版社，2018。

界定人们在经济活动中如何受益,如何受损,以及他们之间如何进行补偿的规则。因而,产权的主要功能就是帮助一个人形成他与其他人进行交易时的预期"。① 质言之,资源本属自然之物,在为人所用之后乃成为"资源",当利用之人越来越多,不能满足所有人的需求时,便有了"产权"的概念,意即只能为拥有它的人所使用,也正由于此,人们需要通过协商以建立起实现产权的社会秩序。可以说,这一认知囊括了各类资源,是在一般意义上对其进行的总结,不过,与人们所熟悉的土地相比,水域是一种相对特殊的自然资源,因而更需要超越一般意义以进一步关注它的特殊性。

梁洪生曾总结道,鄱阳湖等水域具有"水无硬界"和"业权季节性模糊"的特性。② 也就是说,水体有着很强的流动性,不能如土地般划分出清晰的界线,而且鄱阳湖等长江流域的湖泊因受季风的影响,秋冬枯水期与春夏丰水期的水位线及湖泊面积还会发生巨大的变化,这些特性导致了鄱阳湖等水域的产权界定变得更为复杂和混乱。《资料、产权与秩序》很好地把握了这些特质,尤其是在清代"水面权"之分化与转让的论述中,注意到湖权分化出"水面权"与"湖地权","前者是指对湖水、湖面等液态物体及其产出物的权利;后者则指对湖田、草洲等固态物体及其产出物的权利"(第219页),而且在实际的交易和流转过程中,又会各自再分化出"底权"和"面权"的概念。可见,这种业权状况的形成,正是对应于湖泊水位线的季节性变化而导致的湖水与湖地两种业权状态的调整。至于"水无硬界"的不易分割之特性,则使湖业在买卖与租佃中多以"股""分"的形式出现,以至于呈现与土地颇为不同的面貌。

---

① 《译者的话》,〔美〕R. 科斯、A. 阿尔钦、D. 诺斯等:《财产权利与制度变迁——产权学派与新制度学派译文集》,刘守英等译,上海三联书店,1991,第6页。
② 梁洪生:《捕捞权的争夺:"私业"、"官河"与"习惯"——对鄱阳湖区渔民历史文书的解读》,《清华大学学报》(哲学社会科学版)2005年第2期。

有关这些产权的性质，《资源、产权与秩序》则依旧在现代产权理论的影响下，认为它们是一种"排他性的产权体系"。对此，笔者却难以认同。众所周知，对于复杂社会而言，产权结构的形态必然会受到它所生长的那个社会土壤的影响与制约，不同社会在国家形态、社会结构、价值取向等方面的不同，往往造成各自的产权形态存在极大的差异。有些经济学家便指出："一个社会产权结构的选择，以及从一种结构向另一种结构的变迁，除了上面讨论的产权的经济功能外，它还要受到以下几方面的影响：（1）一个政府对所有制的偏好，而这一偏好又主要以它所能给政治家带来的收益而定；（2）一个社会群体对一种产权结构或一项具体产权安排的接受程度；（3）能促进人们将外部性内在化的技术状况和技术创新；（4）在面对新的获利动机时，原有产权结构下的受益者和受损者所可能作出的反应。"① 王家范先生甚至认为，产权形态是传统中国区别于其他社会，尤其是西方社会最为明显的特征之一，他指出，"从全球范围看，传统时代，中国社会迥异于西方而独具的特色，要数产权的模糊和极富弹性，以及官僚政治的提早发育两项最为显眼"。② 在进一步总结传统中国社会的产权特征时，他还说：

> 产权形态应包括三个层次：①使用权（或可称经营权）；②占有权（罗马法称"收益权"）；③所有权（罗马法称"处置权"）。从世界历史上看，土地私有产权的产生和发展正是沿着这个次序由浅入深地演进的，但在大多数历史场合，三权集中统乎一身的情景在传统时代并不常见。就中国传统社会总体状况而言，被看作"私有"形态的土地产权，细细考察就不难发现：它在收益权和处置权

---

① 《译者的话》，〔美〕R. 科斯、A. 阿尔钦、D. 诺斯等：《财产权利与制度变迁——产权学派与新制度学派译文集》，第8页。
② 王家范：《土地关系中的假问题与真问题》，《百年颠沛与千年往复》，上海人民出版社，2018，第143页。

两方面都不独立、不完全，不论是自耕农还是地主私有土地，始终受到政治权力系统"主权就是最高产权"观念或强或弱、或显或隐的控制，处于"国有"的笼罩下，朝不虑夕，私有制极不充分、极不纯粹。直至清代，三种权力仍处在被分割的状态，没有纯粹的、能不受任何意志干预、由所有者自由处置、转让与买卖的土地私有制。①

这一见地可谓深刻，很显然，在强大的国家与政治权力系统面前，传统中国并不存在所谓"排他性的产权体系"，这就提醒我们在运用现代产权理论时，一定要注意到它的适用性。

对此，刘诗古也意识到了"一项权利的有效性离不开'第三方'（如政府）的保护"（第10页），他的解决方法是将这一问题转入社会秩序到底是由国家制定的法律还是民间非正式规范决定的命题之上，换言之，只需要回答保护权利的"第三方"到底是国家依据法律还是民间遵循惯习，抑或两者兼而有之，即可在一定程度上观照到国家权力对于这种"排他性的产权体系"的影响。可见，该书所定义的"排他性产权体系"乃取其狭义，这里的"他"只是针对同处民间的其他人，却并不包括"国家"。某种意义上，这是学界处理此类问题时较为通行的一种做法，但是，要知道"民间"与"国家"不可能二元分离，这种千丝万缕的联系有时甚至会合二为一，使研究者不得不关注王朝国家以及政治权力体系对于产权的影响。更为重要的是，当运用于湖泊水域等具有一定特殊性的自然资源时，这种做法就有些简单化之嫌。

如前所述，传统时期的江与湖等水域之上已经形成了一种区别于土地上的社会形态，这些水上活动人群具有较强的流动性，依仗辽阔的湖泊及四通八达的江湖水路，常常溢出于国家的控制，尤其是在对王朝国家不满时，成为"江湖中人"就不仅是日常生计的选择，更是人们逃避

---

① 王家范：《土地关系中的假问题与真问题》，《百年颠沛与千年往复》，第144~145页。

国家奴役的政治抉择结果。这样的统治空隙，往往使得依托于土地的传统王朝国家统治难度骤然增大，历来为各代统治者头疼不已。不过，统治上的不易却并不意味着国家就放弃了对之进行控制的努力，总的历史趋势是，对渔民等水上活动人群的控制仍在不断强化。因而，考察传统国家在一个相对边缘的水域社会中界定产权的详细过程，正好提供了一个反思传统王朝国家乃至"国家"的性质及具体运作逻辑与方式的良机。稍显遗憾的是，刘诗古的做法是将国家视作先验的、理所当然的存在，这恰恰在一定程度上将"水域"与国家有着悠久统治历史和经验的"土地"等同而言，反而忽略了"水域"所承载的那部分更有意义的内容。

近些年来，史学界逐渐重视从边缘的角度反思"帝国"的运作，在这股学术潮流中，人类学的影响不容忽视，具体到产权方面，斯科特曾从"国家的视角"检视各类公共自然资源的财产权意义：

> 当存在大量没有财政价值的公共财产的时候，所有权的不清晰并不是问题，但当它变得紧缺的时候（当"自然"成为"自然资源"的时候），它就成为法律上财产权的对象，不论是属于国家的或是属于公民的。财产权演变的历史表明，过去被认为是自然赐予的免费礼物，包括森林、猎物、荒地、草原、地下矿藏、水与河道、空气权（对建筑物和土地上空的空气权力）、呼吸的空气，甚至基因排列等，都会不可避免地被纳入财产范畴。在土地的公共产权例子中，完全所有权的强加是为了使税务官员和土地投机商有一个清晰的认识，而不是为了当地居民——对他们来说，习惯产权结构已经很清楚。土地清册使国家权力有了更多的文本知识，为国家和地方之外的市场概括地了解土地情况提供了基础。①

---

① 〔美〕詹姆斯·C.斯科特：《国家的视角：那些试图改善人类状况的项目是如何失败的》，王晓毅译，社会科学文献出版社，2012，第42~44页。

这一说法揭示出国家界定产权的主要目的是基于财政意义的考虑，对于当地居民来说，"习惯产权结构"可能早已是他们的地方性知识了。

公共土地如此，就湖泊水域而言，更是可以透过王朝国家对其进行征税的情况，反思水域社会被逐渐纳入王朝统治体系内的历史进程及其意义。事实上，主要依据田野调查中所获得的包括征课册籍、渔户族谱，以及水面买卖与租佃契约等在内的一批"鄱阳湖区文书"，《资源、产权与秩序》一书极为成功地描述了明清两代鄱阳湖上渔课制度的运行，并合理地解释了渔课制度对于渔户家族的演变，以及水域捕捞权、草洲使用权等业权形态形成与发展的影响。然而，它的意义呢？对于同样位于长江中游的湖北地区水域，笔者曾指出："历代王朝在水域上推行的各种制度中，明代的河泊所制度非常关键。明初朱元璋广设河泊所，编排渔户，对统治区域内的水域征收鱼课，可以说这是统一的中央王朝首次如此大规模地介入到水域世界中。各地区中位于长江中游的湖北地区河泊所设置最早、数量最多，在这一地区，由于国家将渔户与办课水域联系在一起，以利于鱼课的落实，此项措施的实施在明以后逐渐带来的结果是，一方面国家既满足了税收的需要，又加强了对水域世界的控制，另一方面，渔户则逐渐控制了办课水域，形成了产权观念。可见，这种产权观念乃在国家与'泽人'的互动过程中形成，在这一过程中，国家的力量基本打乱了原有的水域秩序，进而又促使一种新秩序渐次形成，即造就了一个湖主与捕捞者相分离的分层与多元的水域世界，从而使'产权'在该世界中居于核心地位。"[①] 按照《资源、产权与秩序》的论述，明清时期鄱阳湖的状况应当与湖北地区存在颇多相似之处，不过，该书却始终没有捅破这层窗户纸，未清晰地指明渔课制

---

① 徐斌：《围垦活动中的水域产权纠纷与宗族、跨宗族联合——以民国时期湖北樊湖水域为例》，《近代史研究》2019年第4期。

度与捕捞权紧密相连的背后，其实正是王朝国家对于水域的控制强化的结果。

二 闸办与湖股：产权的由来与划分

在鄱阳湖区，"承纳渔课"是众多渔户家族声称拥有水面捕捞权最重要的依据之一，《资源、产权与秩序》指出，"明初的'闸办'是一个事关'入湖权'的关键词，频繁出现在各类民间文献或沿湖村民的口述访谈中。有些人通过'承纳渔课'的方式在制度上获得了湖池水面的'准入权'，从而成为占有湖池的'湖主'"（第103页）。可见，"湖主"的身份与渔课制度的运行乃属一体两面的关系，而最能体现这种紧密关系的词语之一，便是"闸办"。

"闸办"之说不仅是鄱阳湖区的"湖主"宗族在使用，两湖地区的渔户宗族同样以此作为名下水域的合法性权源。① 与此同时，在明初实行的渔课制度中，它更是该项制度非常关键的组成部分，对于这样一个关键词理所当然要进行深入分析。然而，虽多次提到"闸办"，《资源、产权与秩序》中却仅主要是引用了明人顾起元《客座赘语·辨讹》中的记载，即"民间办治官物曰'闸办'"，② 对闸办制度如何规定，以及具体的运行情况等问题则缺乏合理清晰的解释，从而造成了对"闸办"的理解不够深入。笔者同样关心这些问题，只是目前尚处在进一步收集资料的过程中，待日后予以专文讨论。不过，现在可以确定的是，闸办主要是明代办理"课程"时所使用的一种方法，不只出现在渔课制度中，在明代银课的办纳中也有运用，即"朝廷派官管理金银课的征收，

---

① 徐斌：《明清两湖水域产权形态的变迁》，《中国经济史研究》2017年第2期。
② （明）陆粲、顾起元撰《庚巳编 客座赘语》卷1《辨讹》，谭棣华、陈稼禾点校，中华书局，1987年点校本，第4页。

这就是史书中常说的提督和'闸办'",① 而且每岁闸办银课亦被视为内库存银的重要来源。② 看起来，闸办应当是指朝廷派出专官对渔业、矿等"官物"征税，"官物"者，也就是那些至少在名义上属于"国有"的自然资源。显然，明初的水域名义上都属"国有"，在鄱阳湖区，官府关于渔课的划分对此亦有清晰的反映。

有关鄱阳湖的渔课种类，《资源、产权与秩序》中引用了万历《南昌府志》卷9《渔课》的记载：

> 一官湖课，凡湖有定主，户有额米，课甲每岁征银完纳；一潭钞课，凡官港中有深潭，潭有定界，每岁秋冬停禁，渔户当官承认，取鱼纳钞；一浮办课，凡官港除秋冬禁外，听小民各色网业长江泛取纳课；一浅水课，凡民湖、民港、坽沥等项，各有分段，照米征银完纳；一高塘课，凡荫田、池塘，除各县秋粮外，其课属河泊所者，亦名曰高塘。③

在对这段史料的分析中，作者认为，"'官湖课'应该是针对'官湖'征纳的课米。这里的'官湖'有固定的主人，每户派有课米，每年由'课甲'中的'头户'向在湖池帮课取鱼的'帖户'照米征银完纳。'潭钞课'和'浮办课'……前者针对是'官港'中的深潭，每年秋冬季节要按例停禁，而后者针对是'官港'除停禁之外的水面……'浅水课'针对的是民湖、民港、坽沥等水域，这些水域大都存在'水涨为湖，水落为田'的季节变化，按水域分段纳课。'高塘课'针对的

---

① 柳彤：《馆藏明代"闸办银课"银锭刍议》，《首都博物馆论丛》2017年卷，北京燕山出版社，2018。
② 李园：《明初财政运作的货币考察——"洪武型财政"的再认识》，《西南大学学报》（社会科学版）2018年第1期。
③ 万历《南昌府志》卷9《渔课》，转引自刘诗古《资源、产权与秩序：明清鄱阳湖区的渔课制度与水域社会》，第130页。

主要不是湖泊水域，而是沿湖的荫塘或陆地的池塘，其课额不多"。大致而言，作者的理解基本无误，需要明确的是，"潭钞课"是秋冬捕鱼期的季节性征税，"浮办课"则当为除去秋冬季节以外的包括长江在内的全部官港一整年之内的征课。

据此可知，万历年间鄱阳湖以及相连的长江等河流分为"官"与"民"两大类，水面基本上属"官"，"民湖、民港、坽沥等项"其实就是日后衍生出"湖地权"的那部分水陆季节性转换的区段，并且，即使到了万历时期，官湖官港中虽然已经形成了"湖有定主"等局面，但"官"字依旧保留，说明此时这些水面属于"国有"的性质并没有得到根本性的改变。《资源、产权与秩序》则依据1938年《朱氏宗谱》的记载，"由此推测，起码最迟在朱烈四祖父的手上，即在元末明初莲湖朱氏已经有了自己的固定产业，完成了在莲湖的定居"（第75页）。不只是莲湖朱氏，大多数湖主声称水面在明初时便已经成了他们的"私业"，或许我们可以视之为"习惯产权结构"，但这种习惯直至明万历年间依然没有得到国家的正式认可。① 可见，如果深刻理解了"闸办"中"官物"的含义，当不至于出现诸如此类过于相信民间说法的误会。

万历年间，鄱阳湖区的湖主阶层对于水面已经形成了事实上的占有，"在明末以降的鄱阳湖区，存在一个活跃的'水面权'买卖市场，其转让遵循一定程度的内部优先原则，亲族房内、本山邻人、同由人等和原先的湖主都享有优先的购买权"，并且，"由于水面不能像土地一

---

① 事实上这种可能性比较小，渔民们或许在明初已经形成了相对固定的捕捞水域，但不大可能有类似产权的占有意识。刘诗古亦称："早期的湖边居民因田地、山林不足，不得不入湖讨生活。他们在渔业生产活动中逐渐形成了一定的捕捞区域和作业习惯。宋元时期，由于渔民人口有限、湖面广阔和渔业资源相对丰富，湖面纷争亦少。渔民也不需要定期向国家交纳税课。"（第102页）另外，张小也就曾在湖北汉川县汈汊湖的调查中听到当地人有明初"湖是野的，占了就是"的说法。参见张小也《明清时期区域社会中的民事法秩序——以湖北汉川汈汊黄氏的〈湖案〉为中心》，《中国社会科学》2005年第6期。

样进行空间上的物理分割，边界不易清晰划定，造成'水面权'无法以面积为单位进行交易，只能以虚拟的'股'或'分'为单位进行转让"（第233页）。那么，湖泊水面的"股"或"分"的划分是以什么为标准？如何实现？与湖区流行的"轮年"又是什么关系呢？这些就成为读者不得不进一步深思的问题，然而遗憾的是，书中并没有提供答案。笔者在翻阅湖北省档案馆所藏有关水域纠纷的案卷时，其中便有数宗涉及湖股、湖分的具体细节，考虑到同样位于长江中游，本身就有颇多相似之处，在此用湖北地区水域的状况稍做说明，以略补其憾。

1947年6月，湖北省鄂城县邵、刘两族因为农田用水而就㮒洲湖灌溉水道发生纠纷，此案中便涉及湖股问题。据涉讼一方的邵氏指出：

> 㮒洲湖，分为上下两湖，共名为六笫湖，即六笫众姓公有，共载银正十一两一钱三分一厘七毫，为各湖主每年分别完纳，此外又有黄土湖相与毗连……所谓六笫众姓者，即邻地田、鲁、朱、杨、王、李、张、赵等二十余姓，均有㮒洲湖份，各完银粮，惟邵姓（即上诉人）则占全湖六分之三（有上诉人买契二纸可证）。①

另据邵氏提供的一份族内买卖湖业的契约称：

> 立大卖㮒洲湖上湖坐湖湖笫约人邵南桥、南炳、国禄，老六房人等邵南茂、南富、国政，新六房人等邵国意、邵忠旺等，邵国文、邵南英、邵南忠、邵国应、邵国天等，有先年祖置分关项下㮒洲上湖坐湖湖笫，共计壹丈，坐落洪一里石山乡，其粮照笫完纳，在卖主户内推出。其有四界，东以民岸坡各塆各汊，西以长港沥各

---

① 《邵炳林民事上诉》（1948年4月19日），《湖北省高等法院黄冈分院和鄂城司法处对邵炳林、刘道华恢复水道纠纷案的判决》（1948年），湖北省档案馆藏，历史档案，LS7/2/336。

塆各汊，南以钱家桥各塆各汊，北以马尾沟各塆各汊，皆属水至岸为界。四界明白。及至黄土湖、鸟翅湖各塆各汊，概属随水至岸为界。今因不便管绍，我等商议，请中说合，情愿出大卖与邵德轩公后裔经理人俊卿、吉庵、海泉、子香等轮流管绍，取鱼办赋，及一切出蓄，以听自便。当日三面言定，时值价洋每尺笊四元计算，共洋肆拾元整，其洋比日仝中亲手领讫，领不重书。自卖之后，湖听买主管业，粮听买主推收完纳。卖主内外亲疏人等毫无生端异说，无找无赎。恐口无凭，立此大卖湖笊契约，永远为据。

计开湖笊数目

邵南桥、南炳、国禄：祥三堂份下二尺□

南英、国文：一尺二寸□

南茂、南富、国政：海公堂份下一尺□寸

南香：一尺二寸半

国意、忠旺：本权份下二尺五寸

国应、国天：共一尺二寸半

契明价足

不用满收

凭中：邵雅宜、邵达三、余方应、洪炳南、邵华廷、邵南财

卖主押

民国贰拾伍年岁次丙子国历四月二十八日

公秉邵济囊笔立①

以上记载中有太多的信息需要挖掘，这里单就湖股而言，可知栀洲湖是以"笊"的方式分配湖业股份。"笊"本身是渔户在秋冬水落

---

① 《民国二十五年四月二十八日邵南炳等大卖栀洲湖湖笊契》，《湖北省高等法院黄冈分院和鄂城司法处对邵炳林、刘道华恢复水道纠纷案的判决》(1948 年)，湖北省档案馆藏，历史档案，LS7/2/336。

时，用竹子等制成的下栈圈围子池的一种工具，一般按长度来计算。大概由于需要花费一定的材料和人工成本用以制造"笊"，以及还要安放下栈，这些成本便以各自应享利益的比例进行摊分，因而成了标识股份的代名词。在这里，"湖笊"既是湖分的反映，同时"其粮照笊完纳"的说法显示所纳税粮也是以"笊"为标准。栐洲湖又称"六笊湖"，属田、鲁、朱、杨、王、李、张、赵等20余姓共有，载银11.1317两，为各湖主每年分别完纳，其中，"六笊"即"六丈"。民国时期邵姓有该湖股份"湖笊二笊五，即二丈五尺"，因而拥有全湖约41.7%的股份，① 这与邵氏自称"占全湖六分之三"的说法相去不远。

这一案例显示，湖股的确定，是以该湖主在同一片水面上所承担的渔课比例作为标准。一般而言，这也是明清两湖地区最为通行的一种做法，而且不难理解，缴纳多少税就享受多少权益，这非常符合传统王朝国家对于水域社会的统治理念与态度。

明清时期湖北地区的水域上另有一种确立湖业股权的方式，即"轮年"。"轮年"，或称"按年轮管"，是按年份来区分对水域的管理与收益，汉川县小松湖的例子说明的正是这种"轮年"方式的具体运行情况。据松湖口刘氏称："缘民等居住湖区，以湖利为生，与邻近人民共享有小松湖湖份，历代以来，习惯相承，计分湖份九十六钱（即九十六股）。族人异姓，和平乐业，亲如手足，各管己份。"② 对于这九十六股的具体情况，他们还列表进行了说明（见表1）。

---

① 《邵炳林民事上诉状》（1948年4月10日），《湖北省高等法院黄冈分院和鄂城司法处对邵炳林、刘道华恢复水道纠纷案的判决》（1948年），湖北省档案馆藏，历史档案，LS7/2/336。
② 《民国三十七年四月四日刘有谋具状》，《湖北省高等法院审理汉川县刘正清、刘有谋等确认湖分事件案》（1948年），湖北省档案馆藏，历史档案，LS7/2/710。

表1 民国37年4月湖北省汉川县小松湖现有湖分明细

姓名	现有湖分	权源	备考
松湖口刘姓共有	三十一钱四分	祖遗	
陈振民	二钱七分	买自王姓五分,买自挂口刘二钱二分,合计如上数	
骆有庆	二钱六分	买自挂口刘	另买东湖一钱,原系挂口所卖
刘留庸	一钱	同上	
刘道仁	三钱五分	买自松湖刘姓	
陈少廷	八分	买自王姓	
王来保	二钱五分	买自松湖刘姓	
张姓公	一钱	系由双方协议,张姓在西湖内享有湖分一钱	
挂口刘姓公	二钱五分	系廿六年以蔡家塘、塘到清与松湖刘调换者	
小计	四十八钱		
张姓九十六钱公	四十八钱	祖遗	
合计	九十六钱		

资料来源:《刘有谋具补陈小松湖现有湖分明细表》(1948年4月30日),《湖北省高等法院审理汉川县刘正清、刘有谋等确认湖分事件案》(1948年),湖北省档案馆藏,历史档案,LS7/2/710。

在表1中,小松湖的湖股以松湖口刘姓与张姓最多,他们的湖股来自"祖遗",并且通过买卖而使一些个人或是挂口刘姓之类的宗族也拥有了少量湖股。在表下的说明中,松湖口刘氏还进一步表示:"小松湖全部股份共为九十六钱,历代由松湖刘与张姓共有,分阴阳年轮管,各占二分之一(即双方分管,甲方管一年后,乙方管一年,轮流分管)。民十五年,始分为东西二湖,东湖四十八钱,由张姓专管,西湖四十八钱,由刘姓共有。"① 可见,这里的"轮年"是以松湖口刘姓与张姓为

---

① 《刘有谋具补陈小松湖现有湖分明细表》(1948年4月30日),《湖北省高等法院审理汉川县刘正清、刘有谋等确认湖分事件案》(1948年),湖北省档案馆藏,历史档案,LS7/2/710。

核心，分阴阳年份，进行轮流分管，其他小户则依附于当管年份的湖主之下，以股份的多少获取收益。由于这种轮年方式决定了在未轮到的年份中，湖主需要有其他生计手段以维持生活，因而湖业并不是他们的唯一业产，换言之，这种轮年方式一般出现在拥有包括土地、水域等在内的多元化业产的湖主之中，对于单纯拥有湖业之家而言，当不会采取这种方式。正如松湖口刘姓所言，"表列数字，系迭经变化后之现有湖权"，这种轮年制到了1926年时被刘、张二姓分为东、西两湖，改为每年都各收一半，至此，轮年制实际上为湖股的分配所完全取代了。

此外，湖北地区的湖区还有另一种更为通行的轮年制度，黄土塘的例子便具体体现出这种轮年方式。黄土塘是梁子湖的一个湖汊，"周围姓杂"，该湖汊的股权也较为复杂，"全湖共十六股，吴姓有十六股之一，十六年中有一年当年值管，姜姓十六年中有九年半当管，杨姓十六年中有四年当管，其余各湖友共有一年当管"。① 这里的"当年值管"，"乃管理全湖取鱼办赋及管理按股分草等事务耳，非轮至十六年，始有权利行使之谓也"。② 可见，此种轮年制实际上是受到了明清本地渔课征收制度中"业总—业甲"结构的影响。这里的"业总"相当于土地上的里长户，"业甲"则类似于里甲中的各户，在渔课的征解过程中，业总负有催收各业甲应办课赋以及解送渔课的责任，即"管理全湖取鱼办赋"之谓，渐而，这种对官府而言的责任或是义务，使得业总对于业甲各户拥有了更大的权力，进而介入"按股分草"等水域收益方面的管理。至于它与湖股的关系，以上黄土塘的例子显示，通常在湖内的股份多者，轮到的当管年份也相对较多，两者似乎存在一定的比例关系，究

---

① 《职员吴汉文报告》（1947年3月19日），《湖北省高等法院黄冈分院和鄂城司法处对吴仁山、姜法廷湖草分割纠纷案的判决》（1948年），湖北省档案馆藏，历史档案，LS7/2/366。
② 《吴仁山等民事上诉》（1948年2月23日），《湖北省高等法院黄冈分院和鄂城司法处对吴仁山、姜法廷湖草分割纠纷案的判决》（1948年），湖北省档案馆藏，历史档案，LS7/2/366。

其原因,应当与业总通常会金选渔户中所担课额较多者有关,这说明湖主在王朝国家负有多大的义务,便在水域社会中享有多大的权力,正反映出明清两代王朝国家是形塑水域社会的决定性力量。

三 水域社会秩序的形成与纠纷

"秩序"是《资源、产权与秩序》一书的另一个关键词,如前所述,明王朝大举进入鄱阳湖,并在湖区人群的因应之下逐渐建立了该湖区的水域社会秩序。在国家与湖区人群两者中,国家理所当然地占据主导地位,放在更长历史时段中来考察,国家的这一决定性作用就显得更为突出。

历史时期,传统王朝国家对水域的控制有着一个逐渐深入的过程,对长江中游地区而言,南宋是一个相对重要的王朝。众所周知,赵宋成立初期,朝廷的目光主要聚焦于北地,而非长江流域,而且在整个北宋时期,除了江南之外的长江流域似乎都未得到中央政府的足够重视。宋室南渡后,由于长江中游地区成了南宋与北方政权对峙的前沿,出于军事的需要,国家力量遂向该地区的水域不断延伸。[①] 依据《资源、产权与秩序》的考证,鄱阳湖有一个逐渐发育与发展的过程,最早在北宋末期至南宋初期,才在地理志书等文献中最终确证了今天鄱阳湖的基本范围和形态,正好与宋室对该区水域加以重视的时间相重合。不过,大概是因为史料记载的相对缺失,该书并未对这一时期的鄱阳湖社会进行描述,窃以为这正是该书将"国家"视为先验性存在的主要原因之一。

该书最大的亮点之一,在于对"鄱阳湖区文书"的收集与解读。检阅这批文书具体的产生与使用时间,最早的几份是产生于明中后期的

[①] 徐斌:《国家与渔民:宋至清两湖地区渔税的性质、征收及其演变》,《清华大学学报》(哲学社会科学版)2019年第4期。

《嘉靖七年高安县来苏邹氏渔民文书》《嘉靖二十一年都昌县渔米课册》等,与此同时,这些文献一般又会将记载的内容追溯至明初,尤其是在湖主的家谱记载中,往往将湖业的获得时间定格于明初。正如刘诗古所观察到的,"明初"这个时间节点如此重要,是因为朱元璋时期在鄱阳湖上推行了征收渔课、管理渔户及水域的河泊所制度。放在整个历史长河中来看,可以说这是统一的中央王朝首次如此大规模地介入水域世界中,在南宋朝廷对长江中游地区的水域加以重视之后,将之又推向了一个新的高度,并对鄱阳湖区的水域社会产生了深远影响。由此可见,该书所使用的这批诸如家谱、水面契约、湖册等民间文献,正是王朝国家作为制度性力量在水面出现之后,"泽人"与之进行博弈的产物或衍生物,反映出的是那批进入王朝体系之内的"湖主"的生活,或许这才是湖区民间文献的根本属性。

湖北的湖区民谚云"湖水多是非",[①] 这一点在鄱阳湖同样上演,如其他社会一样,明以后的水域社会里充斥着各种矛盾与纠纷,这些纠纷又由于水域的资源特性而别具特色。通观全书,刘诗古主要讨论了鄱阳湖区的捕捞权、隔属管理与草洲所有权等数类纠纷,可以说涵盖了湖区水域的大部分纠纷类型。在他看来,"水无硬界",捕捞界线的划分通常模糊不清,致使水面权的侵夺及越界捕鱼现象不时发生,湖主间的这类纠纷也影响到湖区的正常社会秩序;隔属纠纷是由于鄱阳湖跨县、跨府,"涉及沿湖 11 个县,渔业纠纷的两造往往分属不同的府县管辖"(第 275 页),当纠纷进入官司阶段,便产生了司法审判的"隔属"问题,从而考验官府的行政效率;草洲的纠纷则是因为沿湖各县居民对于草肥的需求日益增加,通过"承课纳税",将自然草洲从"官荒"变成"有主","业主"开始向原本习惯在此采草者收钱以帮纳国课,以致发生纠纷。三者中,捕捞权与草洲的纠纷均因产权而起,隔属纠纷则涉及

---

① 汉川:《林氏宗谱》卷 17《杂编下》,民国 4 年敦本堂刊本。

对水面各类产权纠纷的处理,可见,这三类纠纷大致是围绕"产权"这一核心话题。

在笔者看来,书中有关"清代的水面捕捞纠纷与湖区秩序"一章的论述非常精彩。作者注意到鄱阳湖区大致可分为长河官港、长河浮办、官湖官池、民户民池河和高塘等五类水面,这五种不同的水面上所使用的捕鱼工具有所不同,而且"不同姓氏或地区的渔民往往使用不同的祖传网具,甚至同一姓氏的渔民也会使用不同的捕捞工具。因渔民捕捞工具或住地的不同,不同的渔民社群会被其他人称呼为不同的'帮'……这些'渔帮'一般都有自己相对固定的渔场边界和网具类别,且多数都以家族为组织单位"(第254页),质言之,这些渔民间已经形成了相应的捕捞规则。规则的形成过程,也是纠纷不断产生与解决的过程。作者分析了"渔场权属纠纷"、"渔场准入纠纷"以及"捆钩捕鱼技术对湖区秩序的冲击"等数种纠纷,认为"明清中国,官方没有制定一套明确的法律体系以规范渔民对沿海或内陆水域的使用"(第271页),"明初的'闸办'登课,从国家层面限定了谁可以在水面捕鱼的问题,但却没有对渔民的捕捞行为建立起有效的限制规则,但渔民社群在处理捕捞纠纷的过程中,以书立'合同协约'的方式对渔民的捕捞行为建立约束规则,可以与官方的司法审理形成互补,二者共同维持了鄱阳湖区渔业纠纷和渔民械斗频发下的水面秩序"(第273页)。

注意到不同的捕捞工具对于水域秩序的影响,正是渔民与农人的主要差别之一,此乃该书的成功之处。在某种意义上,以上这些结论也都是对的,它展示了渔民社群以"国家"作为后盾,在将"送官"等作为违反规则的处罚或是威胁的背景下,能动地形成相对稳定的水域社会秩序的过程。但是,在此将国家在水域社会中的存在仅限于"司法审理",却又有将"国家"进行狭义化定义之嫌,事实上,"国家"为水域社会染上了底色,这种底色也无时无刻不影响着鄱阳湖区的社会规则与秩序。比方说作者所讨论的袁、吴等姓均因"承纳渔课"而获得捕捞权，那么，渔课的征收结构就势必影响到这种权力的具体实行。如前所述，在书中所列举的五类水面上，河泊所就有针对性地征收了不同种类的渔课，然而，作者在论述捕捞权纠纷时并没有充分考虑渔课制度的影响。如作者所说，五种渔课中，"'官湖课'应该是针对'官湖'征纳的课米。这里的'官湖'有固定的主人，每户派有课米，每年由'课甲'中的'头户'向在湖池帮课取鱼的'帖户'照米征银完纳"（第130页），这种"头户—贴户"征课结构，使得同为湖主的不同渔户有着层级之分，可见，鄱阳湖区的水域社会是一个分层的社会。我们进而需要追问的是，这种不同层级的渔户在水面秩序的形成中到底是如何表现的呢？作者似乎需要对此进行说明，至少在袁、吴等姓发生纠纷时应当指明他们各自的身份，以使读者把握这个纠纷是发生在哪个层面，如此才可以在一个相对完整的社会结构中对其定位。

更需要指出的是，除了草洲纠纷涉及"业主"与周边人群之外，该书限于史料的记载，在水面的讨论中主要关注的是湖主之间的纠纷。在对"入湖权"的讨论中，作者指出，"渔户的'入湖权'以承纳'湖课'的方式获得了官方的确认，从而奠定了明、清乃至民国时期鄱阳湖区湖池水面产权的基本格局"（第102页）。可见，鄱阳湖上已经逐渐形成了一个相对封闭的世界。与此同时，由于从事捕捞的渔民具有较强的流动性，湖区本身更是一个开放的区域，直至今日，我们仍可在湖边听到一些渔民声称他们原本是湖北黄冈等地之人，民国时期过着捕鱼季前往鄱阳湖捕捞，平时回到故里种田的生活，新中国成立后才入籍江西。这样的故事告诉我们，在对水域社会秩序的讨论中，还要注意后来者与明以后逐渐形成的那个"基本格局"之间的关系。

在有关水面权转让的讨论中，该书从"产权"的角度分析了水面的买卖与租佃情况，这两种方式正是"后来者"合法进入水域社会的主要途径，对此，作者似乎还应当在水域社会秩序的讨论中做进一步说明。此外，如果说合法的途径通常还能在文献中得到一定的反映，那么，更需注意的则是后来者所采用的那些并非"合法"的方式，事实上这些方式往往更加普遍且更不易为人所觉察。斯科特曾就欧洲历史上村民对于贵族对他们财产权的广泛侵犯做过精彩的论述，他指出：

> 沉默、匿名，以及常常存在的共谋关系——这些条件下的违法和不服从也许是农民和下层阶级在人类历史中偏好的政治行为方式；对他们来说，公开的反抗太危险了。在约从1650年到1850年的这两个世纪间，闯入王室或私人领地偷伐和偷猎（包括砍树、砍柴、收草料、打猎、捕鱼）是英格兰最普遍的不法行为。我说"普遍"，便是说它在平民中既普遍存在，又获得了普遍认可。因为农民从来不认可国王或者贵族对于自然资源的所有权声明，而是认为森林里的、溪流中的和开阔地（荒野、沼泽、开阔草地）上的都是"自然的免费馈赠"，所以他们群起侵犯贵族的财产权。凡此往复，足以让精英阶层严加规定各地区的财产权。然而，这种对财产权利的广泛侵犯是下层阶级偷偷进行的，没有人公开地宣战。这相当于村民大胆行使了他们自行主张而又不曾正式声明的土地权利。在偷猎案件方面，地方上的串通共谋已经是老生常谈了，猎场看守很少能找到愿意去法庭做证的村民。
>
> 在产权的历史冲突中，对垒的双方都拿起了最适合他们的武器。精英阶层控制着国家的立法机器，拿出圈地法案、所有权证书、不动产自由保有权，以及警察、猎场看守人、森林看守人、法庭和绞刑架，他们不过是想确立并维护自己的财产权利罢了。农民和下层群体没有这些重型武器，转而依靠盗猎、偷窃和私自占用等手段，来对抗精英阶层的产权声明并表达自己的诉求。①

---

① 〔美〕詹姆斯·C. 斯科特：《六论自发性——自主、尊严，以及有意义的工作和游戏》，袁子奇译，社会科学文献出版社，2019，第38~39页。

这样的情况当然不只出现在欧洲,大多数有阶层区分的社会都存在类似的现象,明清中国也难以避免。不同的是,在欧美等国,"从行动到惯例,再到习俗,最后到法律中规定的权利——这种权利的形成模式获得了习惯法和实在法的认可。在英美传统中,关于逆权侵占(adverse possession)的法律对此有所体现:非法侵入或占有如果持续了一定的年限,就可以成为权利声索的证据,帮助占有行为寻求法律保护。在法国,一种侵入行为如果可以被证明是长期存在的,就能被认定为习俗,从而成为依法享有的权利";① 而在明清中国,这种现象却一直未被官方承认,以至于难以在文献中寻觅到踪迹。

难以寻觅,并不等于没有,某些记载中会透露出些许蛛丝马迹的线索,如据光绪《沔阳州志》记载,康熙年间湖北沔阳人谭经绍"旧有湖产,菱芡茂甚,秋冬就食者无算,经绍不之较",② 显然,这里的表述就暗含着湖中"有主"的菱芡会为人所偷食的情况发生。若在论述水域社会时头脑中始终存有此念,书中对于水域社会的论述当会更为深刻一些。

四 共同的期望

历史时期,传统王朝国家逐渐加强对水域的控制,对于长江中游地区而言,这是一个自宋代已然开始的历史过程,并在明初达到前所未有的高度,朱明所实施的河泊所制度,借由与渔户的互动而形塑了鄱阳湖区在此之后的水域社会形态。《资源、产权与社会》一书详细讨论了鄱阳湖上渔课征收制度的建立及其演变、水面权的分化与转让、水面捕捞

---

① 〔美〕詹姆斯·C. 斯科特:《六论自发性——自主、尊严,以及有意义的工作和游戏》,第44页。
② 光绪《沔阳州志》卷9《人物志·义行上》,《中国地方志集成·湖北省府县志辑》第47册,江苏古籍出版社,2001,第305页。

秩序、隔属管理问题，以及草洲纠纷等问题，既有制度史的梳理，又涉及渔户、九姓渔户与船户等人群，将制度与人群进行了有机的结合，是一部少有的研究明清时期内陆地区水域社会历史的力作。

笔者多年来从事两湖地区的河湖水域研究，与该书产生了极大的共鸣，亦甚为欣慰在这一领域中出现了如此佳作。此外，笔者认为，共同推进该领域的研究不断走向深入并有所扩展，也将是作者与笔者一致的愿望。笔者以为，内陆地区的水域研究中一个根本之处，在于要将水域与土地联合起来进行考察。在这里，"土地"又可以分为两个层面：其一是理念的"土地"，具体的代表是秉持着"以土地为中心"的王朝国家，既有其实施的各种制度，也包括这些制度背后所反映的统治理念，实际上，这种统治理念也是借用了王朝国家管理土地的统治经验与方法；[①] 其二是实在的"土地"，当王朝国家力量介入水域社会后，最大的影响其实是将水域视为潜在的土地，元人王祯在《农书·田制门》中列举了13类田制，其中便有围田、柜田、架田、涂田与沙田5大类从水域围垦而成的新型田土形式，[②] 具体到《资源、产权与秩序》关注的鄱阳湖，大量水面就被围垦成圩田。两种"土地"在逻辑上可以有所区分，但在现实中却是难以分割开来的，或许我们可以这样表述两种"土地"对水域的影响，即以土地为依托、以种植农业为根本的传统国家对于水域的统治力度不断加强，其中最直接的利用与控制，就是将之垦为土地。可以说，当王朝国家力量进入水域世界之后，水域与土地产生了更为紧密的联系，且主要表现为土地以及以土地为根本的王朝国家对于水域的侵入，因此，对水域世界的考察必须与土地相结合，才能够把握该世界变化的内在理路。

[①] 徐斌：《国家与渔民：宋至清两湖地区渔税的性质、征收及其演变》，《清华大学学报》（哲学社会科学版）2019年第4期。
[②] （元）王祯：《王祯农书》卷11《农器图谱集之一·田制门》，王毓瑚校，农业出版社，1981，第175～197页。

现阶段我们需要落实的是,在水域与土地二者紧密相连的基础上进行内陆地区水域史的研究。那么,下一步呢?是否可以进一步去观察那些由水域围垦而成的土地?由此是否可以得出以往这些专题的研究者所没有注意到的历史现象与历史意义呢?笔者认为,对这些问题进行回答,应该可以成为我们共同努力的方向。

魏斌《"山中"的六朝史》

邱 雨[*]

魏 斌：《"山中"的六朝史》，生活·读书·新知三联书店，2019。

关于风景（包括自然风光、人造景观以及二者的混合体在内）如何成为历史研究的对象，或许可以从两个角度来思考——一方面是对资本主义生产体系和殖民知识操纵下形成的现代景观的批判性分析，旨在揭示这种景观背后的权力关系和意识形态的作用，一方面则是着重讨论风景是如何进入一套特定的话语体系和知识结构当中，又是怎样被这种体系所表述的。对于第二种视角，温迪·达比用"文化赋值"（culture valorization）这一概念来形容[①]，所谓"赋值"指的是将风景转换为某种文化思想的表现和象征的做法，赋值的开始和结束也就对应着风景的文化意义从稀薄到浓密的渐进过程，其间现实景观的改造、有关景观的文化想象以及景观"场所"的形塑是相辅相成的。由此可知，魏斌教授的《"山中"的六朝史》导言部分提到的"3世纪入口"到"6世纪出口"这一段道路中发生的历史景观变化云云，其所指正是六朝时期山中景观被"赋值"的历史。相较于达比研究的由相对单一的民族主

---

[*] 邱雨，复旦大学历史学系硕士研究生。
[①] Darby, Wendy Joy, *Landscape and Identity: Geographies of Nation and Class in England*, Oxford: Berg Publishers, 2000, pp. 1–3.

义话语所塑造的风景文化,该书作者发掘的时代是一个思想观念信仰更为驳杂,也即赋值所依托的文化资源更为多元的中国中古时代,因此其塑造过程不会呈现一种走向明确的目标、具有均质单调的内容的样态。

按照该书"后论"的概括,该书四个部分的问题意识来源分别是山岳祭祀中的江南地方性、山中景观的历史、作为区域的山中以及山中如何成为知识,这也是对导言中提出的"山中何所有"这一问题的直接回答。书中一以贯之的思考是如何将"山中"的历史场景和特殊语境作为丰富原有历史叙述的资源。鉴于该书中作者对于山中的理解和思考是在多年写作的历程中逐步成形的,各个篇章之间内容上的连贯性稍差,因此笔者将围绕以下三点展开讨论:作者倡导的"山中"历史的内涵,它区别于"山外"的历史的特征何在,以及这一内涵作为新"理念型"的出现,如何为观察六朝史中原本被忽略的现象提供立足点;各个章节是如何借由具体的研究实践以及对历史的多维度阐述,来支撑、丰富这一内涵的;以及这些具体的历史维度是否在一定程度上突破和挑战了作者原本设想的"山中"框架,从而提示了"山中"理论方法的有待延伸或者澄清的意涵。

显然,与"山中"相对峙的"山外"的历史,是以"城市-朝廷"为主要社会活动空间的人群的历史,而在对山外历史的叙述中,山岳的景观样态和相关的知识观念被置于一个历史场景和历史研究的双重边缘的位置。随着汉晋以降的山川开发、华夏政权向南方山地渗透以及山中信仰活动的展开,越来越多的人口和社会活动转移到了与城镇平原的自然环境截然不同的山地里,并且随着这种经济生活和社会组织的空间改易,思想信仰的内涵、宗教组织的构成也呈现了剧烈变动的波纹。因此,对于研究六朝时期以及其后的历史而言,充分理解"山中"在当时人群的现实世界和思想领域中有何种功能和意义有其必要性。然而较之于有关政治制度、社会经济和思想知识、宗教信仰等浩如烟海、典范充裕的研究，关于如何将"山中"的历史脉络化为历史叙事的有机组成的方法和理论确实乏善可陈，即便有相当数量的研究已经看到了山岳在中古时期的重要地位，但是仍然是以旧有的视角将山岳的研究嵌进原本的框架中充当脚注。这种做法无疑严重削弱了"山中"史对于既有的理论、解释所应具备的冲击和革新潜力。于是当对山岳作为一种现象的研究积累到一定地步时，山岳作为一种"方法"的提出也就迫在眉睫了——该书正是这个意义上的典范和理论视角的转换之作。故此，该书所研究"山中"的意义不仅限于将山中的景观和人类活动作为对象纳入历史学的研究范围内——毕竟社会经济史已经从中古时期地域开发和生产方式的角度对山泽进行过考察，政治史有关国家祭祀体系的研究也同样看重山岳的地位——而且是一种将观察六朝史的视角转移到"山中"的尝试，然后在此基础上更细腻地揭示发生在山中这个空间中的诸多历史现象以及它们应当被理解的方式。只有转变解释理论，与理论对应的历史现象才能得到充分的认识，故此笔者将"山中"的理论价值置于揭露事实的意义之上。

具体来说，这个立场的转变可以体现在，其一，作者笔下的主角不再是朝廷国家、皇帝贵族，而是"山中"的居民和隐士、僧侣道士及其簇拥者，后者未必与政治绝缘，但在山中这个"场域"里其社会行动的动力和文化规则必定与政治活动的"场域"中的诸种事项不同。因此在山中史的理论下，焦点应该放在山中"规则"独特的历史演变上，而非在两种规则间过度寻求可以通约的部分。更进一步而言，某些特定个体或者人群对朝廷的形象及其对自身生活影响的认识，与朝廷所颁布的标准化解释方法之间差异很大，而这些在各自区域中生活的人群之所以会被定义成"社会"（相对于国家）、"群众"（相对于精英），也是一个国家视角下的分类方式运作的结果。为了削弱这种国家视角造成的遮蔽，并且历史地思考这一系列对举概念的限度，寻求有别于政治的社会结构塑造力量——"山中"——就很有必要了。其二，新的山中史也是对关注经济生产模式的"山中史"的涵盖和超越：东吴政权对山越群体的征讨和东晋六朝时期贵族土地所有者在山中开辟庄园是山中景观形成的经济动力和物质支援，从前者到后者的历史过程，构成了与该书探讨的历史情境相互缠绕的另一条线索，但是经济史取向下对空间中思想信仰的流动情况的忽视，则成了该书研究的重要起点；而且山中进行的经济活动背后是土地所有制度、人群组织关系以及技术性要素的综合作用，这些因素本身就是构成有关山中空间的文化叙述不可或缺的一部分。换言之，对山中进行"文化赋值"的动力是政治行为、经济开发的诉求和思想信仰的需要所共同作用而形成的。

由此来看该书的八篇论文，笔者可以从中辨别出几种为山中空间和景观赋值的文化动力。首先是直观的政治诉求对山中景观的塑造。这集中体现在《国山禅礼前夜》和《钟山与建康东郊》两篇文章中。为求理解孙皓政权在国山这个特殊地点进行封禅的意图，作者将这一政治行为放在了应对来自北方政权的军事政治和合法性压力、孙吴政权重视符瑞的政治文化传统和国山所在的吴兴地区与孙皓的政治渊源三条脉络下，重新审视了国山封禅这一在特定的政局背景与文化资源中被制造出来的政治仪式。中古时期朝廷的山岳祭祀对于山岳的景观营造和文化内涵的塑造无疑发挥了举足轻重的作用，而这种作用得以存在和发挥又往往受制于政治局势的走向。《国山禅礼前夜》对一次具体行动及其效应有着非常精湛细致的梳理，被放在全书开篇，也足证是作者的得意之作。但这篇堪称典范的政治史文章与"山中史"的距离也是最远的——文中讨论的国山基本上是从吴兴地区的社会结构中剥离出来的，这源于它的解释体系仍然是政治史下的结构分析和文化阐释，而基本未涉及山岳景观对政治史的反向干预。限于史料，对这种侧重不宜过度抨击，更有益的方式是将该文视作一个从政治史转向山岳史的临界点——君主们要利用山岳的文化象征意义，但是他们不能垄断这些意义。如果说国山禅礼碑作为景观与周围环境的不协调是源自外来的朝廷介入，那么认为建康东郊的景观衍生和人文创制属于"政治溢出"的结果，未免低估了来自政治以外的要素所发挥的综合作用，固然东郊籍田景观的出现基本上是政治仪礼运作的产物，但是更多郊区寺观或者庄园的行动主体很难被"政治人物"这种标签所概括。甚至于作为划定城内和城郊界线的篱门的历史意义或许应该被理解成"政治领土的边疆"，它在物理和现实地理上为政治的影响力圈定了范围，并且在社会和文化上为各种人群的文化创生和社会活动开辟了相对自由的空间——这也是王导"若不容置此辈，何以为京都"的名言真正指向的历史面相。由此来看《山居与生活世界——读刘孝标〈东阳金华山栖志〉》一文中刘孝标等寄情山水的士人，在为了追求宗教修行和安逸生活而逐步改造山居环境的同时，未尝不是在借助山中这个环境来表达远离政治的态度。当然士大夫、高僧高道的理念中政治无远弗届的影响力是很难被彻底擦除的，但是政治可以在某些特定的时空场合"缺席"。在有关山岳的文学性描述当中，可以发现一种寄希望于地形阻力能够减轻、抵抗不得不效忠君主、出仕朝廷的道德压力的期许。这种凭依山岳来逃避（政治）权力的历史书写和修辞方式确实为山中的理论足以卓然自立、不必与政治"同流合污"提供了某种自信。

然后是信仰活动和相关的知识体系对于山中景观的"神圣化"，这种神圣化既包括山中景观的层出不穷，又指向了一套有关山岳的宗教话语体系和知识结构的形成史。这是该书作者用力最勤、创见最深的部分。关于宗教的知识、对于宗教的理解和信仰在社会各种群体当中是以弥散并且不断异变的状态存在的，它们对山岳文化的影响也更加多元。《宫亭庙传说》一文中作者以庐山的宫亭庙为核心，分析了庙神的文化形象变迁过程背后，以佛教和道教为代表的各种外来信仰势力和原本的祭祀信仰冲突和融合的历史图景。虽然无法留下文字记载的本地群众和土著神祇在佛教僧侣的宗教叙事中往往只能投诚效忠，但是宫亭庙信仰得到保存这一点足以证明，山中的历史在受到外来的历史冲击后仍然可以保持相当的稳定性。《"不死之福庭"：天台山的信仰想象与寺馆起源》中天台山作为神仙洞府形象的树立和塑造过程要稍微复杂，道教文献中对赤城洞天所在地的模糊记载，为道教景观进入佛教徒已然占领的天台山提供了契机，其结果则是天台山成为两种宗教传统互相渗透的场所。《句容茅山的兴起与南朝社会》《六朝会稽海岛的信仰意义》则对北来侨民群体的"宗教想象力"、建构世界观的能力作出了精彩阐释。侨民作为一支异质性的势力最终难免和土著的社会形态交融，但这种混合不意味着他们舍弃了原本的信仰，而是借着文化接触的契机将此前秉持的宗教内涵加以挪用和改造，推出了更为复杂精致的符号体系。随着侨民一同到来的北方神仙系谱在茅山区域完成了"地方化"，建立起了一套既能凸显北方侨民在道教中地位的特殊性也能以包容姿态吸引江南土著加入的新型模式。于是在茅山信仰辐射的范围之内，居民信众逐步消泯了土客侨旧、道教派系之间的明确区隔，摸索到了均衡共存的宗教模式和关系，而这种踵事增华当然得益于"山中"赠予的一片没有被完全规训、可以进行信仰实验的区域。毗邻东海的青徐移民如果没有与新居住地的土著群体进行密切接触，很难想象他们可以在江南地区设计出一种将来自原本信仰的"东海仙岛"凌驾于江南土著信仰中的"吴越洞天"的等级体系，更遑论"仙府统治鬼府"的形态这一神来之笔。在这些宗教变革的时代中，现实中山岳的空间景观的营造与有关山岳的想象、纸上空间的构建进行着频繁的交流往来，而景观也经过凝练和抽象化进入了更高层次的知识体系当中。这种转化体现在山岳记录、真形图、碑刻、经书的著录和描摹当中，经过一系列的文本化也即"山岳记述"之后，知识精英们完成了对现实的山岳区域里的社会变动和文化资源的最终赋值——山岳脱离了原本的景观和环境，成为"象征符号"。山岳的文化形象和历史地位也沿着具体的山中景观到"山岳记述"再到标准化的名山系统的方向逐步获得了确定的"价值"。

但是要注意的是，"文化赋值"这个概念难免预设了操作者是政府国家、文化精英，他们垄断了对山中的景观进行定义和分类的权力。这些人显然不是区域史中全部的行动主体。那些规划洞天福地体系、书写神仙系谱、制造信仰仪式的知识宗教精英们，多少会省略掉他们所建构的"区域"中形形色色人的生活方式和社会形态，研究者如果同样接受了这种居高临下的立场，那么无论是研究区域史或者整体史、山中史还是朝廷史，其实并无实质区别。毕竟朝廷的山岳祭祀体系和山中寺院道馆的营建几乎是两种迥然有别的历史进程，前者对在特定地理或文化区域中的山岳的存在状态以及区域中的人群并不关心或者仅是有限的关心，这种存在状态对后者而言是核心命题。而根据上文的分析，无论是在山中景观的形成、知识谱系的确立中，还是在山岳文本化的过程中，山中这一空间绝不仅是静态地接受了各种政治制度或知识文化动力的赋值和塑造，还发挥了容纳各种思想文化和社会组织方式彼此接触和交融、凝聚新的信仰形态的"场域"功能。反过来说，这种赋值能够定型也是高度依赖"山中"场域中实践历程所生成的文化形态和历史资源的。这也说明了"山中"这个从庐山、天台山、茅山等具体山岳的历史场景中提炼出来的概念框架，所拥有的抵制政治单向度的主宰甚至可以将"国家""社会"等范畴相对化的潜力——"山中"的理论意义并不在于它与"山外-朝廷"对立、能揭露那些在"山外"非常罕见的历史现象，而是在于它为各种历史脉络和人群势力提供了一个共同作用、结构化的空间，然后这种结构化的历程又为不同的人群塑造了彼此有别的区域形态。因此，仅在文化赋值的辐射范围内谈论"山中"可能不足以充分捕捉到山中的空间意义，故而将文化赋值与区域史链接起来就成了当务之急。

由此可知，《南朝佛教与乌伤地方——从四通梁陈碑刻谈起》这篇研究区域史的论文反而更能切中"山中"理论框架的核心部分。该文借助碑刻讨论了奉行在江南地区比较罕见的弥勒信仰的乌伤一地僧侣、信众的社会生活（佛教进入乌伤之后也被"乌伤化"了），他们的信仰内容在朝廷看来稍显"异端",因此难以被强调政治－宗教合谋的研究路数容纳。该文讨论的两位主角,慧约虽然出自乌伤,但更多是在会稽、建康等地活动,而后制造荣归故里的效果,而傅大士则是立足区域展开宗教事业,这种对比显示出了区域当中与政治靠拢的立场的复杂性。当然不能忽视,傅大士有得到朝廷认可的强烈的政治追求,但他及其徒众一系列谋求萧衍青睐的举措均告失败后,仍然有效地维系了原本信仰和宗教组织的运转。故此他们试图通过得到朝廷承认来增强自身在地域社会中的威望的行为,与其说是证明了政治力量的无远弗届,不如说体现了在地域网络与仪式传统中形成的教团,已经具备了利用朝廷来获得合法性工具的意识和手段。于是在"山中",朝廷和地方的主次关系颠倒了过来——在朝廷看来,地方社会无论如何都要以卑微和祈求的姿态来博得朝廷的关注,但在地域社会中,"朝廷"也未尝不是一个空洞虚泛的标签,是众多谋取文化权威的途径之一种。以弥勒化身自居的傅大士在建康展现的与皇帝分庭抗礼的姿态,恰恰暗示了在乌伤的历史脉络和佛教实践过程中繁衍出来的文化资源足够强大,以及教团与当地的社会组织和文化网络之间深厚的渊源和互为辅翼的关系。最终这些关系和互动所导向的,就是一个与国家、朝廷、城市既亲和又游离,与那些知识精英构造的文化想象和知识理念既重叠又有分歧的区域结构。这种结构化的历史在中古时期大江南北的名山大川中以各有差异的姿态反复上演,逐步形塑了有关某个山岳区域的最初记忆和文化形象的认知,并为一个更具整合性、系统性的山岳知识和文化地理图像提供了源源不绝的知识资源,而这些成型后的山岳记述也反过来对相应区域的人群生活和社会形态产生了反哺式的影响——在这个意义上讲,宗教知识和组织的参与确实加速了现实中和观念中的"区域"的形成史。

在笔者看来,六朝时期有关山岳的话语和现实行动共同作用的一个至关重要的结果就是,"山中"正式成为一个用以描述和框定具体的历史现象的"社会范畴"和知识型,连带的是有关山中隐士的人格理想,神仙洞府、菩萨道场的文化想象等等，也一同沉淀在了这个范畴的内部，极大地丰富完善了山岳在文化符号体系中的形象和象征意义，并且将山岳彻底地根植在了感情结构和思想世界当中。从3~6世纪这一段历史道路的出口处所能看到的改变不仅有直观的山岳景观，还有山岳在历史社会中空前抬升的文化地位，也包括人们用以看待和理解山岳的众多"常识性"知识，它们共同组成了历史在"山中"行进后的新形象。这种来自山中、外在于世俗社会和政治场域的域外经验勾勒出了进入六朝史和当时的精神世界的另一条通道。

该书确实是比绝大多数强调区域个案研究重要性的著作都更敏锐地观察到了区域研究的意义所在，也即如何通过发掘出一个历史繁衍生息的"场所"来挑战国家视角或者史家的后见之明所导出的标准化观念。可惜美中不足的是，一方面或许史料有间，更多类似乌伤佛教的区域宗教状态未能得到发覆显微，而且未能着力去分析山中的生活经验是如何与更抽象的知识文化演变史发生关联的——这也产生一种从"知识社会史"角度来看的意犹未尽。另一方面，作者似乎对笔下的政治力量以及精英话语的干扰的警惕性过低，乃至不假思索地将山中的历史转化成了传统六朝史（政治或者佛教、道教史）在山中的"倒影"。这恐怕与政治史在中古史研究中"纲举目张"的领袖地位有关，也受到了在政治话语高度干扰下形成的有限史料的制约。这里要说明的是，国家的政治力量以及宗教精英们的努力当然是"山中文化景观的转型"的重要"推手"，但是有必要将这些力量视作若干种并不具备主导作用甚至可能被抵制的诸多动力之一。毕竟山中的历史归根结底是山中人行动的历史——它因而拥有了不会轻易地被某种居高临下的支配所折服的韧性。

于是面对"山中何所有"的问题时，回答可以不止于山中的景观以及在六朝历史中各种人群依靠宗教话语或者政治文化对这些景观的赋值过程，更可以指向那些作为区域的山中，是如何在山中居民漫长的生活实践中被构造出自己面貌的历史，指向"山中"以一种文化范畴和基本概念的形态加入了原本的知识、话语体系当中的历史——这正是"山中"的可能性之所在。虽然上文多少有苛责之处，但笔者仍然认为，只有在我们获得了作者在全书中反复打磨的这一概念工具后，在面对类似乌伤地区的碑文时才不至于手足无措，或者重蹈原本典范的覆辙，对这些区域历史更深层次的研究价值视而不见。由此看来，该书这一尝试进入山中历史的"开始"，无疑达到了"成功的一半"的效果。

刘晓东《"倭寇"与明代的东亚秩序》

张金林*

刘晓东：《"倭寇"与明代的东亚秩序》，中华书局，2019。

"倭寇"问题是中国史研究的老议题了。有关"倭寇"的研究早已浩如烟海，仔细审视以往的研究，若以最简略的眼光来看，大概可以分为两类。一种是从短时段的"结果"上看待"倭寇"问题。这些研究多聚焦于作为"事件"的嘉靖"倭乱"，着力讨论"倭寇"对中国东南沿海地区的劫掠以及明代将士的抗倭斗争。这种视角的"倭寇"研究有利于厘定"史实"，不足是不能使我们很清楚"倭寇"之所以成为问题的来龙去脉。另一种则是孤立地、简单化地理解"倭寇"。学者们常常将"倭寇"置于某一国的视域内加以关注，忽视其活动场所（海洋）的相对开放性。即便会把另一个国家纳入考量，但也没有视之为参与本国历史的真正能动力量（第2页）。譬如在常见的中国史叙事中，"倭寇"就像"天外来客"一样，在中国东南沿海劫掠一番便扬长而去，不见踪影。

可喜的是，近些年来的研究在视角上有所转变，越来越认识到"倭寇"问题既不是突然浮现的"事件"，也不是中日两国关系突然变动的结果，而是有着长久的历史根源和复杂的时代背景。这就意味着，

---

* 张金林，厦门大学历史系博士研究生。

无论是从时间上还是区域上，孤立地考虑"倭寇"、明代中国乃至以中日关系为主轴的东亚国际关系都是不够的，它们必须被置于东亚区域的国际秩序变动中才能得到透彻的理解。诚然，已有的区域史研究很少以东亚这样大的地理空间作为研究区域。然而，地理空间并不是划定"区域"的根本依据。对于与东亚各国关系密切的明代"倭寇"问题，研究的区域须选定东亚，是不难理解的。

大概正是基于这样的考量，刘晓东教授十余年来沉潜考索，对"倭寇"及其相关问题进行了比较深入的探索，撰写了不少有创见的论文。2019年，刘晓东把以往的论文修订、增补，结集成论文集《"倭寇"与明代的东亚秩序》出版，对以往的相关研究加以贯通，使以往的认识更加系统化、更加连贯。从编排来看，除前言交代研究理念之外，该书的主体章节可以分为两个部分：上篇第一至四章从历史记忆角度对倭寇问题进行了重新认识，下篇第五至八章及附篇从"倭寇"涉及的东亚交涉出发讨论明代东亚的国际秩序。刘晓东的这一策略是很巧妙的，因为对于东亚国际秩序这样的大课题来说，不从细微处入手，可能难免会流于面上的泛谈；而对于"倭寇"这样重要但具体得多的命题，如果不把它放到区域和时代背景下进行考量，则恐怕难以获得真切的理解。

第一、二章梳理了明代对"倭寇"与日本之认知的演变。洪武时期基于重构东亚封贡体制及宣示自身统治合法性的需要，明廷采取将"倭寇"与"日本"相关联的策略，督促日本履行藩属的义务。随着双方交涉的逐渐展开，尤其是永乐至正德年间明朝与日本"封贡"关系的确立，明代官方意识形态中基本采取了"倭寇"与"日本"两分的看法。虽然嘉靖初年的"宁波争贡"事件及后来"大倭寇"的兴起对明代官方"日本观"产生了较大触动，但尚未从根本上促使明朝廷将"倭寇"与"日本"等而视之。万历时期，丰臣秀吉对朝鲜的侵略及其对东亚区域秩序的挑战使明朝君臣不得不从国家的角度来思考对日关系，此时的官方语境中，也基本上确立了"倭寇"等同于"日本"的理念。作者通过对诏书、敕谕、奏疏等官方文献对"日本"之书写呈现的微小差异的比较，敏锐地挖掘出了明朝对日的微妙态度及其隐含的深层次意图。嘉靖"倭患"对晚明士人"日本观"的影响是多元化的，晚明士人的日本观虽不乏"趋恶"的一面，但基本上处于可接受的华夷层级秩序的维度之内。而基于对战争的矛盾体悟，一部分晚明士人理解日本的视点已开始超越传统的"同文"层面，而关注到了"武"的层面，并促发了晚明重新认识日本思潮的兴起（第52~53页）。同时，士人之刀剑情怀由中国传统之剑向日本刀的推衍，也反映出了晚明士林对"倭寇"问题的相对宽容与认知日本的热情，但这种热情最终未能突破"华夷观念"的狭隘与自大。作者通过细致的梳理，比较深入地揭示了明朝人的日本观不是一成不变的，不同的认识主体在不同的社会情境中对日本的认识与观感是不一样的。这项工作使我们在明人如何看待日本这一问题上有了很大的推进。

第三、四章从历史记忆角度梳理了"倭寇"何以成为全国的共同记忆，南明士人又是如何选择性地遗忘"倭寇"问题。就全国范围而言，受"倭寇"直接冲击的地区比较有限，可是这一局限于东南沿海地区的动乱何以挑动了全国人民的神经，何以成为全国人民的某种共有记忆，以往的研究似乎并未给予足够的注意。作者首先以《虔台倭纂》为中心，通过对该书编撰群体及成书过程的分析，发现早在万历援朝战争之前，江西地区就已形成了较为深厚的关于"日本"与"倭寇"的地方知识，而这是与嘉靖年间曾任职于"倭患"猖獗的东南沿海地区的大量江西籍官员对"倭寇"相关问题的介绍与传播分不开的（第81~82页）。江西籍官员对东南沿海地区抗寇斗争的参与强化了地域间的联系，也成为其塑造、强化自身地方荣誉的一种重要方式。如此，本为"倭患"地区自身的历史经验也日渐成为某些"非倭患"地区认可、接受的一种历史记忆，"倭寇"由此成为不同地区共有的记忆。在17世纪中叶波及东亚世界的明清鼎革政治巨变中,一些明朝遗臣士绅,为挽救覆亡危局,力图"恢复大业",屡赴日本"乞师"。出于联日抗清的需要,他们淡化了"倭寇"的历史记忆。

"倭寇"研究可谓多矣,但是作者能够从新的角度重新认识"倭寇"问题。以往的"倭寇"研究多聚焦于嘉靖年间的"倭乱"。诚然,"倭寇"问题在嘉靖年间最为严重,引发的恶果也最直接,但这并不是"倭寇"问题的全部,作者把目光拉长,从长时段考察"倭寇"问题,说明"倭寇"问题是其来有自的,并非朝夕之间的"短时段"事件。此外,作者视"倭寇"为某种历史记忆的解读也颇具新意。历史记忆、社会记忆、文化记忆研究是 21 世纪以来的学术热点之一,历史学界甚至称之为"记忆的转向"。[①] 历史记忆并无严格明确的定义,大致而言,历史记忆具有如下内涵:历史记忆不是个人或某个群体专有的记忆,它具有集体性和社会性;历史记忆具有文化建构的特征,常常随着历史的演变而不断重构;历史记忆容易受到权力话语和社会情境的影响。该书第三、四章从历史记忆角度对"倭寇"的解读多少体现了这些内涵。作者不仅视"倭寇"为给东南沿海造成巨大损害的"事件",而且视之为深刻烙印在民众心中的历史记忆。但是这种记忆是如何形成的,以往学界并不是特别清楚。作者通过对史料的分析,重新建构起对"倭寇"的了解,不仅说明了"倭寇"记忆的生成及其在不同地区和不同人群那里变动的情况,而且更重要的是,作者不是孤立地考察相关文本对"倭寇"的书写与建构,而是立足于具体的时代,力图挖掘其背后的社会历史情境。由此,作者展示了有关"倭寇"的历史记忆是会扩展、淡化乃至变形的。

作者有关"倭寇"的讨论并没有止步于对"倭寇"的认知和记忆

---

① 彭刚:《历史记忆与历史书写——史学理论视野下的"记忆的转向"》,《史学史研究》2014 年第 2 期;潘宗忆:《历史记忆研究的理论、实践与展望》,蒋竹山主编《当代历史学新趋势》,台北:联经出版公司,2019,第 247~284 页。

上，而是把目光放大，把"倭寇"置于更大的空间内来加以认识，这是作者在下篇中的主要工作。下篇以"倭寇"问题与东亚交涉为中心，从政治史和外交史的角度讨论东亚的国际秩序。第五章以洪武初年的对外诏书为中心，讨论了明初对日交涉的目的。以往的研究多将明太祖对日交涉的目的归结为"禁倭"，但是作者认为，申交才是明太祖对日交涉的核心目的，明太祖试图通过营造万国来朝的局面，进一步彰显明朝的正统性与合法性（第119页）。作者考察了《明实录》中有关日本国王的记载，认为《明实录》对赵秩出使的描述有夸大明朝在东亚国际关系中的地位之嫌。洪武初围绕"禁倭"与"申交"展开的对日交涉，是洪武君臣践行以"王道政治"为基础的新型东亚区域秩序的一个微观侧面。

第六、七章以日本的赴明使团引发的一系列事件为中心，讨论东亚三国如何应对东亚国际秩序的变动。嘉靖初，日本两位大名分别派遣使团赴明朝贡，但是在抵达宁波后，这两个使团发生冲突，伤及明朝军民，史称"宁波争贡"（第135页）。随着事件调查的深入，明朝当局竟发现明朝指挥使袁琎是"引狼入室"的向导，甚至事后还叛逃日本。为了维护明朝的声望，明朝当局转而极力淡化袁琎"叛逃"的言说，想方设法把袁琎之赴日书写成被日俘虏，而日本也积极消除误会，朝鲜则对袁琎"叛国"一事刻意回避。如此，袁琎"被掳"最终成为东亚三国共有的主流叙事。作者通过袁琎形象的变迁，意在说明，基于自身利益需求，各方都有意无意地选择了对传统东亚国际秩序的修复与维护，这也反映了"事大字小"的东亚国际秩序的伦理关系及其历史合理性。"宁波争贡"发生以后，明朝重新规定了日本"十年一贡"的贡期，然而日本出于多方面的原因并没有遵守这一规定，而是提前入贡。对此明朝通过一系列手段灵活处理了这一违背制度的难题。在此过程中，明朝地方官员借防备、保护日本使团的名义消灭"倭寇"，但是因为"倭寇"问题涉及复杂的朝廷政治斗争和闽浙地方势家大族之争，主导这一事件的朱纨最终成为各方斗争的牺牲品（第188页）。作者认为，外交事件不单纯是外交事件，还牵涉到国内的许多问题。

第八章以嘉靖时期被废黜的琉球册封使吴时来为中心，讨论了明朝是如何与东亚其他国家打交道的，其又反映了嘉靖时期怎样的东亚区域秩序。吴时来本是琉球王世子请封时被明廷任命的册封正使，然而就在被册封后的第二个月，吴时来却上疏弹劾时任内阁首辅严嵩，随后被免职充军（第190页）。对于吴时来这一"横生枝节"的举动及其被撤换的结果，此前学者认为是其畏惧琉球之行充满危险而逃避，而作者认为吴之弹劾严嵩不是其被撤换的主要缘由，主因乃是吴的好大喜功和沽名钓誉致使其把朝廷联络琉球以截断倭寇之归路的秘密使命泄露出去，导致朝廷的联琉球以抗倭的战略失败。

综观全书，作者微观研究与宏观考察并重，对"倭寇"问题与明代的东亚国际秩序进行了综合考察。笔者以为，该书在以下几个方面的工作是有益的。首先，澄清了若干重要的史实，填补了若干认识空白。该书多是个案研究，个案研究的长处是比较扎实，容易对具体的问题进行较为深入的讨论，从而使得出的结论可能更具说服力。例如该书从《明实录》中有关"倭寇"与"日本"的记载出发而做的梳理，就使我们认识到"倭寇"问题并非始于嘉靖时期，而是早在明初便已萌发。该书的明人日本观研究揭示了明人对日本的认识经历了一个演变过程，具有填补空白的意义。书中花大力气考订史实，而这样的工作并不是无关紧要的细枝末节。作者从个案出发，见微知著，对明代的若干重要议题进行了重新审思，大大丰富了我们对明代东亚国际关系复杂性的认识。

其次，该书的新视角值得注意。该书从历史记忆的角度，对"倭寇"问题进行了重新审视。以往的"倭寇"研究有一个特点，即注重对"历史事实"的发掘。然而作者独辟蹊径，从历史记忆角度对"倭寇"问题进行了另类的解读，指出明人有关"倭寇"的认识与记忆是随着认识主体和社会情境的变化而变化的,"倭寇"的记忆图像并非固定不变。正如有学者指出的,历史记忆研究不是要解构我们既有的历史知识,而是以一种新的态度来对待史料——将史料作为一种社会记忆遗存。① 作者从"倭寇"记忆的消长起伏角度所做的新解读正体现了历史记忆研究的精髓。这种新角度的讨论注意到了若干前人未曾注意的面向,拓展了"倭寇"研究的解释空间,也使"倭寇"这一经典议题重新焕发生机。

最后,该书不把"倭寇"仅仅视为短时间的"事件",而是更加注重从长时段来审视"倭寇"问题。作者讨论的重点不再是学界已有相当关注的嘉靖东南沿海倭乱,而是从明初官方的"倭寇"认知讲起,一直讨论到明末清初的"倭寇"记忆,这样就使我们有可能从时间之流的纵轴上对"倭寇"的来龙去脉有所了解,使我们意识到嘉靖"大倭乱"绝不是偶然爆发的事件,而是具有长久的历史根源。不仅如此,该书也注重从横向的区域上来看待倭寇,作者首先论述了作为"地方经验"的"倭寇"记忆何以成为跨越东南沿海地区、扩展至全国的"共有记忆",继而从更广阔的东亚国际秩序的变动来把握"倭寇"问题。这样纵横兼顾的研究有可能使我们对倭寇乃至东亚国际秩序的理解更为立体。

该书虽然用力较深,创获不少,但是不足也是比较明显的。其一,该书的脉络不甚连贯,内在关联不甚紧密。该书实质上是作者把相关论文结集而成的论文集,尽管为了更符合专著的体例和要求,该书对原有的单篇论文进行了比较大的改动和增补,但从根本上说,该书仍未能完全避免连贯性不足的缺点,各部分之间的联系尚比较薄弱,其组合尚有生涩之感。其二,该书的标题与内容不甚契合。该书用"东亚秩序"的标题以概括全书,似有"小身板穿宽袍"之嫌。诚然,该书涉及明

---

① 王明珂:《历史事实、历史记忆与历史心性》,《历史研究》2001年第5期。

代东亚四国的国际往来，在一定程度上也的确揭示了东亚国际关系的变幻。但是，该书并没有视东亚为有机联系的"区域"，而更像是孤立地看待东亚国家间的接触，这使得该书不能很好地反映东亚的整体变动，也没能充分意识到东亚的复杂性，作者的视角仍然是内陆国家的视角。打个也许不恰当的比喻，作者的论述只让人看到了一台机器的某些运动着的零部件，却不能让人看到整台机器的运作。更进一步说，明代到底存不存在一个"东亚秩序"，如果存在，那么其主导的力量是什么，也都不是不言自明的，可惜作者没有给予充分的论述。尽管存在以上不足，但瑕不掩瑜，该书对我们重新认识"倭寇"、重新认识明代东亚的国际秩序是有助益的。

Robert J. Antony, *Unruly People: Crime, Community, and State in Late Imperial South China*

王 旭[*]

Robert J. Antony, *Unruly People: Crime, Community, and State in Late Imperial South China*, Hong Kong University Press, 2016.

"奸民"抑或"刁民"、"莠民",是帝制时期的特有说法,与"贱民"概念在原初意义上有某种程度的重合,到了明清时期逐步成为和社会治理相关且被广泛运用的名词,直至民国时期依然是屡见文献中的概念。事实上,在中国历史上的社会矛盾多发期,奸民、刁民又常与奸官、刁官相呼应并称,显示了国家-社会之间的微妙互动。传统文献中的"良民"、"顺民"乃至具有政治色彩的"臣民",恰恰与"奸民"表述构成了价值判断上的两极。

在传统时代,社会控制的主体阶层无论是面对底层民变、抗争、犯罪,还是面对规模更大的结社、叛乱乃至革命运动,习惯上会以自身的视角对被控制主体做出具有价值判断和政治色彩的指称,奸民一词从这个角度(或曰精英视角)是比较中肯的。故而,我们立足于编户齐民的正常社会运转体系,在多样性的文献记录中进一步参照比对,可以勾

---

* 王旭,复旦大学历史学系博士研究生。

勒出一幅常态社会下底层变动的历史图景。

不过，社会构成的复杂性足以将民众分化为各个等级阶位和职业群体，清代中期之后这一趋势更为显著。在政治化标准下，判断处于控制体系之下的民众"奸良"的最重要标准，即为是否有利于统治、是否顺从官府治理机制，这是一个强烈的政治导向，也是帝制时期各级官府的一个普遍诉求。此种前提之下的经济制度与社会文化，都呈现出一个经典的儒家文化构型：士农工商的四民形态。我们无法给予这一价值倾向以粗暴的否定，而应从一个宏观的视野进行评析。这种思路提示我们的是，"奸良"或"良莠"之别，不仅是一个治理民众的技术问题，还是一个与社会结构、经济制度和文化模式相关的重要问题。

在常态社会之外，变态社会或非常态社会往往多与底层民众和边缘群体相联系，并有自己独特的运作规则和文化边界，逐步形成了一个不同于"正统社会"的"非正统社会"，历史图景呈现更强的纵深与厚度。2016年，安乐博（Robert J. Antony）教授的新作 *Unruly People：Crime, Community, and State in Late Imperial South China*（《奸民：中华帝国晚期华南地区的犯罪、社会与官府》）一书出版于香港大学出版社。此书基于法律社会史的视角，对于嘉道之后的社会反抗及其机理做出了较为出色的梳理和剖析。

该书讨论的主体便是中华帝国晚期华南地区的社会状貌，不过所谓"中华帝国晚期"实际上是一个西方学术界相对宽泛的概念，笔者更倾向于将之具体化为书中主要讨论的清代中后期，或为允当。此时的华南地区，受自然条件、社会环境和早期中西交通等要素的影响，和内地社会相比，具有极大的复杂性。清代的律例及科层体系，无形中影响了社会秩序的变革与走向。总而言之，安乐博并未沉溺于具体细节的爬梳，而是通过对历次民变、起义以及背后多重因素的分析，建立起一个犯罪、社会与官府之间的微观联系，许多表述颇有令人赞叹之处。

事实上，"奸良之辨"是一个具有古典性的政治理念。同时，刁民、奸民可梗善良之辈。《礼记·王制》云：无旷土，无游民，食节事时，民咸安其居。《管子·明法》曰：盗贼弗诛，则伤良民。《明史》中云：莠民当除，奸民多乘机。以土地占有为基点，古典中国的政治认识下的劣民、恶民，本指无土可耕、无田可作之人。诚然，从王道政术和社会治理角度考虑，作为基本生产资料的土地保持在相对均衡的分配范围内，民众自然会"食节事时，咸安其居"。奸民与良民的最大区别，不仅有是否纳入朝廷户籍赋役的标准，还有文化层次的关联内容。

身处编户之内的良民，按时纳税服役，个人生活拘泥于相对固定的空间范畴之中，静态色彩比较显著。除非遭到变故，一般来说都是比较恭顺善良的，整体的文化构成和思维模式也比较单纯；而奸民的范畴相当宽广，他们往往处于比较边缘的社会位阶，或者失去土地等生产资料，更有可能是从事不被认可的社会职业——至少在地方官府看来是不甚正当的，诸如海盗、土匪、娼妓等，在等级规设和经济关系中，呈现出相对弱势的一面。自然而然，其政治地位不免低下，这与经济、文化地位是相符的。因此，在文化意义上，奸民由于生计的不稳定，思维结构和社会认识都有一些游离"主流文化"的倾向，逐步发育为一种不安定力量，这对于朝廷来说是非常可怕且需要序列化约束的。特别是犯罪与叛乱群体，自然是"奸民"的典型，地方官府更防范的也有"奸民梗善良"的方面。

自嘉庆始，中国传统社会结构与经济样态存在一个内部转向。一方面，在自然经济的逐步解体与新型工业初步形成的过程中，由于地方社会没有足够的经济吸纳能力和整合举措，加上自然灾害的催化，不少贫苦民众流入经济互助社、秘密教门或会党组织；另一方面，狂飙四起的底层起义与民变风潮，大大影响了基层控制格局和"防民"的制度建构，这直接左右着地方政府管控民间不安定力量的实效，进而影响了原有的乡里与基层社会秩序。

众所周知，灾疫、破产甚至经商等因素都有可能带来人口的迁移，特别是晚明之后，海外贸易发展，职业选择客观上增多，原本身处内地或沿海沿边的民众，在所依赖的生产资料和各类行当不能够维持家庭生存之际，主动流向不同于小农及手工业的经济模式。在特定历史阶段，由于同乡、逐利等因素的催引，这种趋势蔚为大观，形成了形式和理念不同的民间组织，这部分人在传统的政治价值上自然属于"不安分"的范畴，然而对于基层社会来说，他们却蕴含了诸多可能性与新要素——甚至，非正统社会非常显著地影响到正统社会，构成帝制末期社会转型的动力之一，并渐次与政治走向合流为总体的变革方向。

1500年之后，海洋文明与陆地文明的交织冲突，体现于具体的历史时段，便是一个相互纠缠、前后相继和政策规定的综合体。该书讨论的另外一个主题，便是与奸民相联系的社会治理系统之形成乃至演变。安乐博以晚清为核心论域，聚焦于底层社会与官府因应，建构起一个比较中观的华南社会认识，可以说是有相当贡献的。不仅如此，书中对于一些问题的回应，也有很强的学术意蕴。如何审视帝制末期底层社会波澜壮阔或涓滴成流的变动，是一个需要长期讨论的问题。

当然，该书在一些史实解读方面，有些细节由于中英文理解方式和文化价值的不同，加上不少西方学术史概念的运用，或会流于某种"简单化"和"刻板化"趋向，但是笔者认为这些并不影响该书的价值——特别是对于海外中国学研究来说，对于历史社会的宏观阐释意义大于具体而微的考据和讨论。

"国中异乡"与"侨易怅惘"

——读王东杰《国中的"异乡"——近代四川的文化、社会与地方认同》

叶㒞*

王东杰：《国中的"异乡"——近代四川的文化、社会与地方认同》，北京师范大学出版社，2016。

东杰兄这些年关注"国语"在现代中国文化史、文学史、思想史上的意义，如《官话、国语、普通话：中国近代标准语的"正名"与政治》《一国两文：清季切音字运动中"国民"与"国粹"的紧张》《从文字变起：中西学战中的清季切音字运动》等文都很能见出以小见大，在一个宏大视域中审视语言文字的特点[①]，我却没想到他居然也有"侨易"兴趣，同样对国中异乡深有发覆。[②] 按照他的自道，"本书展示了晚晴民国一百多年间四川社会与文化史上的几个片段，题材涵盖了从

---

* 叶㒞，同济大学特聘教授，人文学院文化史与文化哲学博士生导师。
[①] 王东杰：《官话、国语、普通话：中国近代标准语的"正名"与政治》，《学术月刊》2014年第2期；王东杰：《一国两文：清季切音字运动中"国民"与"国粹"的紧张》，《学术月刊》2010年第8、9期；王东杰：《"代表全国"：20世纪上半叶的国语标准论争》，《近代史研究》2014年第6期；王东杰：《从文字变起：中西学战中的清季切音字运动》，《中山大学学报》（社会科学版）2009年第1期。
[②] 王东杰：《国中的"异乡"——近代四川的文化、社会与地方认同》，北京师范大学出版社，2016。

宗教信仰、学术研究到政治斗争等不同领域，涉及的社会阶层则有军人政客、普通士子、精英学人，有时也稍许兼及下层民众。这些横切面经由许多有形无形、直接间接的线索勾连起来，形成一个彼此交错的叙事脉络，而都可以被归入'近代四川的地方认同'这一大主题之下"①。

全书主要由五篇长文构成，"'乡神'的建构与重构：方志所见移民会馆崇祀中的地域认同""地方认同与学术自觉：清末民国的'蜀学'论"都涉及四川的地方认同问题；而对四川大学的研究，本是东杰兄的出色当行，起初那部《国家与学术的地方互动——四川大学国立化进程（1925—1939）》就备受好评，这里的两篇文章"高等教育中的国家与地方：四川大学国立化进程（1925—1939）""机构与学风：民国时期四川大学历史学科的发展"都是和川大有关的考证。而"'不异的异乡'：二十世纪二三十年代旅外川人认知中的全国与四川"则最为引人注目，因为这里的"旅外川人"与"国中异乡"构成了一组相生相异的风景，让人不得不揣摩再三。

全篇考察的是作为主体的旅外川人之故乡和国族认知，这对我们理解现代中国形成过程中的地方文化与中华文化的互动关系非常有价值。中国是一个幅员辽阔的国度，大小近乎整个欧洲，国中的异文化之间的差异其实一点都不小，好在我们的老祖宗早就给我们"车同轨、书同文"了，如果没有这些个基础，就如春秋战国时代的大小诸侯国，可也就一点都不异于如今欧洲的纷繁扰攘了。四川在中国，就是一个不可忽视的存在，蜀中地理的缘故，它一向是个众所瞩目的地方，无论是政治上的魏蜀吴三国鼎革，构成三分天下的壮观，所谓"丞相祠堂何处寻，锦官城外柏森森"，还是文人，"文翁治蜀文教敷，爰产杨雄与相如。诗人从此蜀中多，唐有李白宋有苏"。李白浩叹："蜀道之难，难于上青天！"张籍漫吟："锦江近西烟水绿，新雨山头荔枝熟。"这就是

---

① 王东杰：《国中的"异乡"——近代四川的文化、社会与地方认同》，第1页。

文学史上的四川图景，何其花团锦簇！何其壮阔豪迈！

川人离川或归川，都是一种文化史上不容忽视的现象。前者像郭沫若、王光祈、巴金等人，若不是踏上远行之路，又怎能有日后的"大器筑成"；而回归四川，也是常见的，譬如吴宓、李劼人、魏时珍、李思纯等人都是，叶落归根，返归乡土，又谱写另类的文化史迹。当然还不只如此，古人宦游或漫游到四川或有四川之缘的，那也为数不少。那么这种侨易现象究竟应当做何样看待，又该如何分析？诚如金岳霖所敏锐意识到的那样，"每一文化区都有它底中坚思想，每一中坚思想有它底最崇高的概念，最基本的原动力"。[1] 如果将中国视作一个大文化概念的话，那么四川无疑可被看成一个次级的文化区，在这个文化区里确实形成了它独特的文化魅力。这就是川人性格，既有聪明好学、吃苦耐劳的一面，同时又耽于享乐、讲究吃喝，甚至好赌的一面，一方面有兼容并蓄的态度，另一方面又有保守封闭的面相。这可能与四川人原是各地移民的后裔有关，在历史上曾有多次大规模的迁徙，譬如像"湖广填四川"等[2]。此外，如川菜、川茶、川剧等都具有很典型的川文化特征，"川茶之道，既遵循了中国传统茶文化的'茶道'精神，又执着地表现出四川特定的民风民俗和四川人固有的习性所好，更显大众化更生活化，带有典型的四川文化特点，也具有四川人的生活态度。川茶的茶道载体是茶馆，是茶道由贵族化而文人化并终于走向大众化的产物；茶铺作为聚饮的场所，体现的是四川人'舒坦'和'安逸'的生活态度和普通人的价值追求"[3]。四川人常说："看不完的是川剧，摆不完的是龙门阵。"[4] 川剧是具有典型乡土文化气息的艺术形式，而其中的典型

---

[1] 金岳霖：《论道》，商务印书馆，1987，第16页。
[2] 郭成、钟歆主编《我爱我——好性格成就好人生》，西南师范大学出版社，2013，第57页。
[3] 李后强、杨家卷、苏东来主编《四川茶文化史》，四川人民出版社，2016，第239页。
[4] 《亲历者》编辑部编著《中国最美的地方：仙境四川》，中国铁道出版社，2015，第215页。

特征则为"变脸",这是其他地方剧种所没有的。

所谓"国中异乡",乃是一个颇富张力的概念,这表现出文化区的层级感,即便是在一个共享的大文化体之中,也仍然会有次级的文化区和认同存在。1930年,一位在沪成都大学毕业生说:"四川的青年,尤以高等自觉了的青年,都觉得四川受了地理的限制,交通的阻厄,不能满意的接受中外的新的文化和思潮,……还有许多人都认定四川的文化太落伍,在那里得不着什么,想要从根本改造,遂相率出川在中国文化中心之上海北平去得到地道的中西文化。"① 这里指出的这种侨易现象值得关注,即类似于京侨的向文化中心地流动的情况,而其目的则主要在于改造地方文化。那么,我们要追问的是,这种改造文化的行动和效果如何。可惜作者没有从此上着手,给出一个清晰的图景。应该说这种思考的路径是值得肯定的,因为中国的国土面积广阔,近乎整个欧洲,相比较欧洲产生如此多不同的国族文化,我们的地域文化的异质性虽然不是那么大,但也是很值得探究的,如何处理好这种地域文化之间的相互作用关系,同时又要将其放在整个近代以来形成的东西文化激荡、交融的大背景下去审视,这无疑是一个很重要的课题。比较文学对国族间的文化关系很关注,但对次一层级的子文化关系则关注不够,这是需要弥补的,所谓"三里不同风,十里不同俗",文化的差异在具体的比较中才得以呈现。更重要的是,文化又是在不同的迁移、发展、变化过程中,在我看来,就是始终处于一种流动不居的侨易状态,而其中既有二元层次的东西方文化的作用,也有洲际文化、国族文化的迁变,同时也存在更次一级的地域文化、少数民族文化等的转移。总之,如巴斯蒂教授所言,"尽管此前已有很多关于不同国家间在艺术、科学、文学、信仰、习俗和物质生活等方面彼此的联系、交流或影响的优秀著作,但有

---

① 默情:《四川文化的一般》,《国立成都大学旅沪同学会会刊》第1期,1930,第23页,转引自王东杰《国中的"异乡"——近代四川的文化、社会与地方认同》,第135页。

关不同文化之间的互动关系仍像一个谜一样的东西有待解开"①。这种不同文化的概念应该包括各层次的异文化关系。

当然作者关注的重点或不在此,他得出的结论是:"整体来看,二十世纪二十年代中期以后,旅外川人关于四川的言论,大抵以消除国内'异乡'形象为主,这又包括了两个方面,一是解决川中各种危机与乱象,一是打通夔门内外的隔阂;从立言对象和表达方式来看,又可以分为对本省人发言和外省人发言两类。他们之所以有此努力,主要是因为他们自己所处的特殊地位(处在四川人和外省人之间),使其对蜀地在国人心中的形象尤多关注所致(在乡川人和外省人对改变四川形象的迫切感都不如旅外川人来得那么强烈)。"②虽然作者指出了旅外川人发言对象的定位不同,但仍牵涉到了地域异文化的差异性和博弈性关系,这种交织产生的"跨地域文化形象"的变化其实也正是侨易学需要讨论的问题。

我觉得此书给我们的启示至少有以下几点。其一,我们对中国文化内部的区分度尚显不足,虽然地方文化的研究也陆续有一些,包括对中国古代文化区的划分问题,对吴越文化、楚文化、晋文化、秦文化、燕文化、齐鲁文化、巴蜀文化等都有研究,但高水平的学术专著似还不多见;多民族文化是我们必须加以关注的一个维度,异区域文化也是一个不能忽略的维度,两项互补,当可更好地展现出中国文化区丰富多元的立体景观,能更好地寻出中国文化区的中坚文化区、中坚思想。

其二,如果将之与外国文化区联系在一起,当可生出一幅更为壮丽开阔的文化侨易场景,则大传统、小传统与中传统可以交联互动、重生

---

① 法语为:Bien que beaucoup de bons travaux aient été écrits sur les contacts, les échanges ou les influences d'un pays à l'autre dans le domaine des arts, des sciences, des lettres, des croyances, des coutumes et de la vie matérielle, l'interaction entre les cultures reste au fond un mystère.〔法〕巴斯蒂:《序:中国现代留欧学人与西学东渐》,叶隽《异文化博弈——中国现代留欧学人与西学东渐》,北京大学出版社,2009,第1页。

② 王东杰:《国中的"异乡"——近代四川的文化、社会与地方认同》,第162页。

不息、激荡濡涵。作者其实多少已经意识到这点，称："要深入了解二十世纪中国的国家统一运动，就必须既注意到'国家'和'中央'层面，又注意到'地方'层面，同时也不可忽略'国际'因素；且这三者并非平行并列，而是深度交缠在一起的。"① 如果再上升一个层面从文化角度来看的话，或许风景会更不一样。像我们上述列举的诸如郭沫若、王光祈、吴宓、李思纯等人多半都有留学外国经验，他们所体现的正是四川文化与世界文化相融合的特征，郭沫若翻译的《浮士德》被认为有"川味"，就是一个很好的例子。

其三，对于技术推动和资本语境的因素似乎关注不够，虽然四川是远离中枢的外省，但毕竟西方现代性的迫来，已经使任何地方不可能成为化外之地，像卢作孚这些商人的兴起，必然使得四川文化在更为广阔的资本语境里发生作用。四川虽然处于军阀混战的"常态"之中，但是否还可以从更深的经济动因上去寻找缘由？刘湘的统一四川，是否还可以有意义更为深刻的解释？而日后的"川军出川"，更为抗战史谱写了一曲慷慨战歌，其中"国中异乡"的部分是否依然还如此强烈？

或许这样一种对"国中异乡"的命题发现，会让我们徒生"侨易怅惘"之感，要知道，不断的迁移过程，乃是我们在生命史历程中必须不断遭遇的"常态"，而这种移动、迁变和发展的进行时，也正体现于各种诗意表达中，或谓"少别华阳万里游，近南风景不曾秋"，或谓"孤帆远影碧空尽，惟见长江天际流"，乃至于"白日放歌须纵酒，青春作伴好还乡。即从巴峡穿巫峡，便下襄阳向洛阳"，又或是"乐游原上清秋节，咸阳古道音尘绝。音尘绝，西风残照，汉家陵阙"。这应该也是现代性的一种反映，全球化时代和高技术的发展使得侨动现象无处不在，器物、人乃至文化的流动变得相当普遍，乃至于病毒都借此而威力大增。在这种背景下，"国中异乡"这一概念给我们带来的绝不仅是

---

① 王东杰：《国中的"异乡"——近代四川的文化、社会与地方认同》，第166页。

简单的一个地域文化的维度而已,还可能牵涉到更为宏阔和具有层级感的文化体意识,即在地域文化、国族文化、国际文化的不同层面的相互作用关系,这显然给文化杂糅(伯克称之为"文化杂交")增添了更加复杂的因素,要知道,"世界上没有一种文化是孤岛。文化孤岛的时代早已逝去"[①]。更重要的是,"对我们过去、现在和未来的整体文化或者各种文化最有说服力的分析是这样一种分析:它看到一个新秩序正在形成,新的地方型文化在形成,新的形式在结晶化,各种文化被重构,'全世界克里奥尔化'"[②]。所谓"克里奥尔化"(Creolization),也就是全球化过程中多种形式的文化变迁和世界语言的混杂化。其中除了一般意义的不同国族文化的迁变之外,也应当包括地域文化的相互作用,这或许是"国中异乡"这个概念尤为有价值的启示。

---

① 〔英〕彼得·伯克:《文化杂交》,杨元、蔡玉辉译,译林出版社,2016,第93页。
② 〔英〕彼得·伯克:《文化杂交》,第104页。

吉川次郎『近代中国南方のメディア言説：辛亥革命期の雲南・広西とベトナム/日本』

董子昂[*]

吉川次郎『近代中国南方のメディア言説：辛亥革命期の雲南・広西とベトナム/日本』風響社、2020。

近年来，日本学界对近代中国的区域史研究层出不穷。[①] 比起这些多集中在某个特定区域的研究，吉川次郎近著『近代中国南方のメディア言説：辛亥革命期の雲南・広西とベトナム/日本』（《近代中国南方的媒介言说：辛亥革命时期的云南・广西与越南/日本》）将目光转到"南方"这一并非固定化的区域上，通过分析清末中国以及越南的留日知识分子创办的报刊，[②] 勾勒出以明治日本为中转站，辐射中国南方以

---

[*] 董子昂，日本北海道大学博士研究生。

[①] 比如：田中比呂志『近代中国の政治統合と地域社会：立憲・地方自治・地域エリート』研文出版、2010；佐藤仁史『近代中国の郷土意識：清末民初江南の在地指導層と地域社会』研文出版、2013；藤谷浩悦『湖南省近代政治史研究』汲古書院、2013；山本真『近現代中国における社会と国家：福建省での革命、行政の制度化、戦時動員』創土社、2016；等等。

[②] 徐佳贵对如何把握清末报刊概念与特性做出了令人信服的说明。他认为当时多称为"报"者今日看来都是"刊"，因此二者在很大程度上可以通用。见徐佳贵《维新、经世与士人办报：以杭州〈经世报〉(1897～1898) 为个案再论维新报刊史》，《新史学》第 27 卷第 2 期，2016，第 95～150 页。在这个意义上，尽管吉川将这些报纸杂志泛称为媒介（体）（原文为"メディア"）或杂志媒介（体）（原文为"雑誌メディア"），在中文语境中，本文将其统一称为报刊。

及越南的媒介网络，为辛亥革命时期的区域史与报刊史研究提供了新的视角。

整本书包括序章与终章共由七章构成，大致可分为四个部分：（1）清末中国报刊中的越南言说以及越南知识分子对这些言说的吸收与反馈；（2）云南与广西的留日知识分子创办的报刊中反映出来的连带意识与近代观念；（3）广西在地报刊《南报》《南风报》的"南方"视野；（4）以中华民国的成立为主线，越南独立运动为支线描绘的辛亥革命后的"南方"社会。这四个部分并非相互独立，而是处于互相关联与交织的状态之中。

为了说明近代中国的南方，尤其是边疆省份的"思想、文化的展开过程"（第1页），作者以政治历史学者山室信一提出的"思想连锁"① 作为分析的宏观架构，同时借用本尼迪克特·安德森提出的"朝圣"（原文为"巡礼"）概念来解释近代知识分子的跨境移动及言论，并且沿着军国民主义、地理学以及殖民论三条线，探讨近代思想在"南方"的成立。

为了简要说明全书内容，本文不逐章复述，而是围绕上文提及的四个部分做出总结。

具体来说，第一个部分的内容从《越南亡国史》的出版以及新知识在日本、中国与越南的传播出发，折射出中越留日知识分子对越南的认识及其变迁过程。这种认识可以分为中国知识分子对越南的认识以及越南知识分子的自我认识两部分。

自梁启超在《新民丛报》上刊登有关越南的论述以来，中国对越

---

① 山室信一的研究主要从社会史与思想史的角度探讨近代亚洲的形成。根据山室的解释，"思想连锁"指的是一种"为了捕捉由于各个社会间人或信息的相互流动之中对（西欧的）思想、制度的接纳或排斥而产生的国家制度与知识体系的相似化，以及在此基础上形成的，作为身处同一区域的空间的联结意识和对该区域的归属感的动力论（dynamism）视角"。见山室信一『思想課題としてのアジア』岩波書店、2001、13頁。

南一直保持着较高的关注度。清末中国一方面报界广泛转载《越南亡国史》，使得越南的"亡国"形象逐渐固化；另一方面，对越南的关心也逐渐从历史转变到当下。作者认为这种转变与1905年至1908年越南留日高潮，即"东游运动"导致的越南独立运动的肇始有关。作为一种"远距离民族主义"，越南反殖民意识被认为是近代越南留日知识分子在跨境移动中形成的、与官方对立的"地下朝圣圈"（第71页）的结果。

同时，越南舆论界也发生了显著变化。从一开始《大越新报》并重汉学与西学的同时鼓励接纳新学，到《登鼓丛报》对从中国流入的新知识批判性引介，主张抛弃经学传统并对康梁学说提出质疑，再到受到云南革命派的协助，致力于民智、民气、民权伸张的《新越南》的创刊，从另一个侧面反映出早期越南民族主义的萌芽。

第二个部分围绕云南留日知识分子创办的《云南》杂志、《滇话报》以及广西留日知识分子创办的《粤西》杂志展开。作者之所以能将云南与广西留日知识分子创办的报刊作为"连锁"提取出来，是因为在特定的社会与历史条件下，区域间的关系发生了变化。

作者指出，强烈的边疆意识使得云南和广西的留日知识分子对近代化产生了高度的热情，进而刺激了他们对军国民主义的吸纳。这些边疆知识分子认为源于社会进化论的军国民主义有利于唤起国民的尚武精神，并确保自身在激烈的竞争中取得胜利。依托《云南》杂志社的人力物力资源而创办的白话报刊《滇话报》也继承了这种意识。但比起《云南》，《滇话报》记录了云南同乡会举行的例会演说，包括被作者称为"民主主义的训练场"的第一批云南女留学生进行的演说（第170页）。《粤西》可以说是以《云南》为模板创立的。无论是广西留日知识分子抱有边疆省份的自觉，还是对现代思想的追求都与《云南》如出一辙。由于广西与云南同样地处边疆，《粤西》对云南表现出了比广东更为紧密的连带意识。"滇桂"连带的背后，是两省知识分子在共享越南"亡国"认识的背景下，对法国殖民范围的扩大抱有强烈的危机感。

《云南》、《滇话报》与《粤西》都在不同程度上涉及越南，越南人的言论也频频登上《云南》的版面。这种空间认识上的相互确认使得"滇、桂、越"形成了一个区别于传统社会联结的区域单位。[①] 这也给后来的报刊中"南方"视野的形成奠定了基础。

第三个部分，通过分析《南报》与《南风报》，作者论述中的"南方"边界进一步扩大，南方社会成为新的认同产生的源泉。《南报》与《南风报》是辛亥革命前在广西桂林发行的两份报刊，由赵正平主编，提倡军国民主义的实践以及南方各省的联结。《南报》与《南风报》论说中最为突出的是辐射整个"南方"的视野。受到地理环境决定论影响，"南方"首先与北方作为一对对立的概念出现，进而有南北"民风"区分。作为体现国民精神的"民风"的一部分，"南风"成为南方社会人民的共有特质。因此，以南方为认同具有相同背景与来源的"南人"成了需要通过军国民主义实践来形成"国民"的区域共同体。此处有两个要点。一是这个南方之所以能够成立，并非仅仅因为南北互为畛域，更是因为法国所代表的、对整个南方构成极大威胁的"西方"的存在（第240页）。二是"南方"视野中包含了对越南的审视。这种审视或将越南人看作"同文同族"（第261页），或仅仅重视在越华人的作用。二者虽然对越南的族群划分各执一词，但出发点都是基于与法国抗衡的考量。

最后一个部分以较为宏观的视角描写了辛亥革命后的南方社会，以及散落在中国南方各省的越南独立运动。辛亥革命后，广州成为亚洲的革命中心，云南也成立了"大中华国云南军都督府"。潘佩珠在广州成立越南光复会，光复会随即成为海外越南独立运动的中枢。1914年，

[①] 必须指出的是，这种区域单位的出现并非以替代其他既有单位为前提。区域之间的重叠在作者的论述中比比皆是。如"川滇"（第110~114、256页）、"川滇黔"（第165页）、"两粤"（第214、220~222页），甚至是"滇缅"（第120页）。

身在浙江的光复会成员阮尚贤受到林之夏的支持，加入当地报馆承担《兵事杂志》的编辑工作。1925年8月至1926年8月，以东游运动为背景的小说《万里逋逃记》在《兵事杂志》上连载。东游运动的小说化意味着，越南独立运动与中国南方在事实与叙述之间，当下与历史之间，随着中越知识分子的跨境移动与媒介书写，编织出联结中国南方、越南以及日本的"思想连锁"之网。

该书基于吉川次郎的博士学位论文修改而成。对比两者的目录，可知书中主要增加了针对《滇话报》分析的一章，以及一部分社会史方面的内容。

总体而言，该书的特色十分突出。从报刊史的角度来看，围绕清末"精英知识分子"及其创办的报刊的研究已经不胜枚举。该书首先在选择以"中间层"知识分子创办的报刊作为分析对象这一点上，就与此前的研究区别开来。其次，以"思想连锁"来串起报刊与报刊、区域与区域之间的信息流动的做法给报刊史研究提供了新的角度。比如《云南》在清末留日学生以省为单位创办的报刊之中发行时间最长，但当代报刊史对其着墨不多。[①] 该书所做出的分析，无疑是在报刊史的维度上对山室信一的理论进行了很好的补充与扩展。

从区域史的角度来看，书中对"南方"这一区域的分析贯穿始终。"南方"在书中成了一个伸缩自如的概念。相比起普遍意义上的淮河以南的地理范围，作者关注的是以珠江流域为中心的另一个"南方"（第13页）。在作者的论述中，"南方"以云南和广西这两个边疆省份为主，然后随着思想连锁的扩大进而蔓延到整个南方社会。

虽然该书对"南方"的论述别具一格，但书中的"南方"作为一

---

① 中日学界提及《云南》杂志的报刊史专著主要有：方汉奇《中国近代报刊史》，山西人民出版社，1981，第408~412页；孔健『中国新聞史の源流：孫文と辛亥革命を読む』批評社、1994、106頁。其他涉及《云南》的云南社会史研究多局限于对单一文本的分析，且忽略了中日之间、报刊之间的"连锁"。

个区域概念，在某些方面却存在有效性危机。首先，书中出现的"南方"、"南洋"、"南进论"和"对南作战"中各自的"南"并非完全重叠。这导致了"南"在作者不断推进的叙述中不能形成稳定且有效的所指。① 其次，纵观全书，不难发现无论是在人、物、信息的流动，还是在对法国的警惕上，越南与南方各省都高度一致。从这点来看，比起作者在标题中归纳的"云南·广西"与"越南/日本"，将书中提及的区域之间的关系整理为"日本与云南、广西、越南"，至少是"日本/南方·越南"是否更为恰当？

作者如此归纳，大概是基于一种将研究单位按照"国家"与"地方"划分的意识。但是，这样的划分反而使得原本富于变化的南方区域被框定在了一个先验的国家框架之中。这对越南来说也一样。本来在某种程度上接收与消化了"南方"的一部分的越南，却被过早地与南方切割，并被塞进了尚未成型的民族国家里面。

作者并非没有意识到这个问题。在一些论述中，作者指出了"南方"与越南在追求近代化的过程中体现出来的"违和感"（第81页）。这种违和感具体指的是什么？后文涉及南方各省和越南均出现"独立"意识的时候，作者提出了存在于南方各省的"区域民族主义"（原文为"地域ナショナリズム"），以与越南民族主义相区分。这种区分当然是可行的，但需要进一步解释。比如，聚焦于地方性与国家认同的"地方民族主义"② 与区域民族主义有无区别？与南方社会紧密相关的越南民族主义是一种"区域"民族主义吗？它在多大程度上是对云南或广西的区域民族主义的复刻？但在根本的指向上为什么两者完全相背？

---

① 事实上这个疑问伴随了阅读的始终。举两个例子，一是从地理上看同样位于珠江流域的贵州、从思想上看同样接纳了军国民主义的湖南为何在论述中一笔带过？二是《云南》与同时期的缅甸华文报刊也多有联动，这是不是"连锁"的一环？这么看来，书中的"南"在不断滑动的同时却又存在漏缺和溢出。

② 见王东杰《国中的"异乡"——近代四川的文化、社会与地方认同》，北京师范大学出版社，2016，第10~12页。

此外，书中提及的一些重要面向尚未完全展开。一是关键概念的阐释，比如"民主主义"（第163页、第170页）、"启蒙"（第95页、第245页等），以及"殖民论"（第39~41页、第101页等）。这些关键概念很容易使人联想到近代中国研究中近代主义与后现代主义之争，[①]书中的论述却更像是在一般意义上来使用这些概念。二是对民族议题的分析（第212~213页、第312页等）。无论是云南还是广西，甚至整个南方都属于多民族地区。这种区域特性在辛亥革命时期如何体现？大民族主义的主流言论能否覆盖整个南方的非汉族群？一些更为复杂的问题是否被简单化，甚至是忽视了？

当然，要求上述的所有问题都在一本书中得到解答是不现实的。或许这些也并非作者想要讨论的核心议题。总之，作为一项具有开拓性的研究，此书已经很好地展现出辛亥革命时期南方社会的可能性。相信书中对超越省界和国界的人、物、信息以及思想的流动做出的精彩分析，会给今后的研究带来不少启发。

---

① 这往往因为涉及根本性问题和作者的核心立场而无法忽视。比如列文森（Joseph R. Levenson）代表的古典近代主义立场和杜赞奇（Prasenjit Duara）代表的后现代立场在面对近代中国时做出了截然不同的论述。从目前的研究趋势来看，以全球史为代表的对近代主义的继承与发展的研究，以及从边缘出发并对后殖民理论进行挪用的"清殖民主义"研究处在了论争的两个极端。具体的例子有：Karl, Rebecca E., *Staging the World: Chinese Nationalism at the Turn of the Twentieth Century*, Duke University Press, 2002; Teng, Emma Jinhua, *Taiwan's Imagined Geography: Chinese Colonial Travel Writing and Pictures, 1683-1895*, Harvard University Asia Center, 2004; 等等。值得注意的是，虽然两者围绕关键概念诸如"民族"（nation）、"现代性"（modernity）的看法大相径庭，但在某些研究取向上出奇地一致，比如在"去中心"（de-centering）论述上的努力，以及对以民族国家为历史研究的基本单位这一固有思维做出的挑战。

从节日文化视角看政权与社会

——评韩晓莉《革命与节日：华北根据地节日文化生活（1937~1949）》

温春蕾[*]

韩晓莉：《革命与节日：华北根据地节日文化生活（1937~1949）》，社会科学文献出版社，2019。

关于中国文化史研究，梁景和在2010年主编的《中国社会文化史的理论与实践》中全面梳理了二十余年来的重要研究文献，并于2011年主编"中国近现代社会文化史论丛"，汇集了十几位学者关于近现代社会文化史的系列性专题研究，这些研究陆续出版，韩晓莉所著《革命与节日：华北根据地节日文化生活（1937~1949）》（以下简称"韩著"）就是其中的一部。

节日是民俗学、社会学、人类学、历史学均关注的学术领域，多学科的交流融合在节日研究领域渐成趋势并不断发展。韩著以革命战争时期的节日为主题，在革命背景中考察特定空间内节日文化背后官与民之间的互动关系，切入的角度具有新意。目前在战争环境下对地方节日文化生活进行探析的相关研究还较为有限，且大多集中在革命史、制度史

---

[*] 温春蕾，广州航海学院马克思主义学院助教。

范畴内对文化政策、文化事项的梳理方面,社会生活层面的考察尚待丰富。韩著从文化视角看政权,让人有耳目一新之感。

韩著总共分四章,兹将其内容概括如下。

一 政权与传统节日、地区性宗教节日的分合

这是前面两章的主要内容。第一章论述了战争环境下的传统节日,包括传统节日的延续以及官方与民间节日活动怎样实现从分立到融合以及将意识形态贯彻到节日当中。在时局动荡中民众依然执着保持和延续旧历新年节俗,并以家庭为单位来开展,各家各户在对节俗的遵循中强化的是共同的信仰和秩序,进而形成了基于共同文化的认同感和归属感。人们对节日的庆贺方式有多种,有祈福禳灾、因时而作,而饮食也是重要的标志之一。抗日战争时期,中共能成为抗日战争的中流砥柱依靠的是在广大农村建立革命根据地来发动群众全面抗日。该书围绕中共在华北建立的抗日根据地,考察战争环境下传统节日在根据地社会的存在状态。

战争时期,节庆活动对社会共同体的强化和凝聚作用受到根据地政府的重视。根据地建立初期,基本延续了"官民二分""听民自便"的做法,但抗战进入相持阶段后,华北局势严峻,为了更加密切地联系群众,中共在民间节日活动中的角色发生转变,从参与者变为组织者,通过建立秧歌队、群众剧团,举行文艺竞赛、会演等方式,将革命思想渗入其中。根据地的节日狂欢除了娱乐放松,更重要的是借此强化群体的凝聚力和认同感,以宣传革命与民族精神,达到教化民众之功。但是如何恰到好处地实现革命政策与民间传统的结合始终是根据地政府在传统节日改造中面临的一大考验。

第二章讲述根据地庙会的恢复。乡村庙会是地区性的宗教节日,是以祭祀神灵为核心的集会,包括敬神、演剧和商品交易。因此,宗

教活动、文化活动和商业活动在庙会期间合而为一，形成具有节日特色的群体活动，但抗战后受战乱影响庙会被迫中断。华北根据地建立后，面对与民众信仰、习俗紧密相关的乡村庙会，中共从旁观者、批判者变成了组织者、领导者。庙会的恢复体现了根据地经济工作的深入开展和中共社会动员策略的调整。在此过程中我们看到，庙会从被破坏到逐渐恢复、从民间自发组织到中共有序组织，其中体现了民众对庙会交易的重视，这与根据地政府借庙会活跃牲畜农具市场的初衷不谋而合。在这种官民相依的经济背景之下，民众对根据地政府也更加认可，中共因势利导对庙会进行了进一步改造：以批判的精神对待围绕"庙"所开展的宗教信仰活动，以开放的态度欢迎赶集赴会的商贾乡民，并借助政权力量占据庙宇空间，有针对性地开展科普宣传，争取神佛仙道的信众。在这种官民互动的过程中，民众对科普及革命思想的宣传是认可的，但是这并不能真正改变他们对宗教迷信的热衷，因此，在庙会这种节日中我们看到的是官民之间表现出了既合作又抗衡的复杂关系。

为此，作者最后总结认为：政府对庙会的行政化管理冲淡了庙会的地方性和民俗性，改变了它在乡村社会的存在状态。从根据地建设的角度考察，经过改造的乡村庙会在发展地方经济、教育发动民众方面确实发挥了积极作用，但就民俗传统本身而言，这种政治性改造也会不可避免地带来文化符号与文化内涵的断裂，导致新的继承问题。这也体现出双方在融合的过程中留下了一定缺憾。

二 政权掌控下的节日文化创新

在华北根据地的节日文化中，除了对传统节日的改造外，政府还根据革命所需有意识地引入和创造一些新节日来教化民众。这就是第三章新节日的引入与创造的内容。包括借鉴西方或苏联的现代节日、根据中国近代革命而创建一些具有纪念意义的节日以及由政府组织群众性活动衍生出来的地区性节日。这些节日都是以革命需要为初衷来开展的。

自民国成立后就推广的公历新年在民众的反响中显得格外冷清，华北根据地建立之初，中共所推广的公历新年也只是更像部门内部的总结动员大会。但是随着根据地的不断扩大以及战争进入后期的反攻阶段，新年活动最大的变化就是民众被组织起来了，他们由旁观者转变为参与者，甚至是主角。虽然与旧历新年相比，公历新年并没有那么广泛的群众基础，但可以看出，中共深入开展以节日为中介的社会动员工作拉近了军民之间的距离，展现了亲民形象，这种良性互动关系的形成，正是取得革命胜利的关键所在。另外，三八妇女节也经历了从被动接受到主动参加的转变。在中国，几千年封建思想的残余对农村女性的禁锢最大，而根据地利用三八妇女节纪念活动为农村妇女提供了一个宣泄和表达的空间。在全面抗日战争时期，妇女从拥军生产到参加革命都发挥了极大作用。在女性形象的展演与重塑方面，她们感受到了集体的力量和平等的重要性。作者通过妇女的变化，巧妙揭示了政权力量对乡村文化传统观念的强势改造，以及妇女群体利用革命话语和集体力量争取自我权益，实现角色重塑的努力。通过组织各种节日活动，民众在充满政治意味的集体活动中加强了对根据地事业的使命感和责任感。

作者还提到，华北根据地除了推广具有现代意义的新节日外，还将对中国革命具有特殊意义的纪念日也纳入根据地的节日体系中，纪念革命的"红五月"及政治节日"七月节"，甚至还有被创造的地区性节日"群英会"，可以说根据地节日的密集程度超过了任何时候。从节日主题的选择、节日对象的确定，到节日内容的安排，政府扮演了主导角色，群众一旦被发动起来参与其中，必然会以他们对节日的理解来影响活动的走向，在严肃主题下的革命纪念日所表现出的民俗性和娱乐性是民众对革命纪念日从接受到主动融入其中的体现。节日所表现出的政治意义要远远大于社会意义。

三　节日改造与社会生活

最后一章从节日空间的变化入手，包括从封闭到开放，从村庙、街巷到会场，看中共对地方公共空间的利用和改造。其目的在于，一方面通过改变寺庙、戏台的用途，淡化其宗教属性，另一方面利用民众熟悉的方式实现官民之互动。根据地的节日以娱乐的方式实现了旧形式和新内容的统一，让新旧节日能在群众熟悉的空间内得以融合，也使节日文化得到了更大的展演平台。节日内容更多为从人神共娱转为寓教于乐。官方教化和民众娱乐的共同作用，使得反映现实生活的革命剧进入了根据地的节日空间，体现了官与民之间不同的诉求和同样的热情。在自上而下的改造和自下而上的响应中，根据地节日娱乐呈现既现代又传统、既狂热又理性的丰富面相。从分立到融合看节日背后的官民互动，从节日与动员看革命节日的教化作用，从坚守与变通看革命改造下的民间传统。正如作者所说，经过革命的改造，根据地节日既发挥着社会生活调节器的作用，也成为中共社会动员的有效手段，呈现传统与现代、民俗性与革命性交织融合的新特点。

在这场关于革命对节日的改造运动中，尽管政权力量实现了对乡村"公共空间"的渗透和控制，但并非完全占领，官与民之间仍然存在文化层面的较量与博弈，进而为民间意志的表达留下一定的空间。正是在这种相互渗透和妥协中，官与民共同构建了新的根据地文化体系，实现了以节日为平台的互动。

该书的意义在于，首先把节日作为一个载体去考察中共在革命战争年代怎样实现军民融合，怎样把政治意识植根于民众之中，进而在两者之间从冲突到融合的转变中，揭示中共如何从顺应到调节再到进一步调和，从而更广更深地把革命精神宣传与渗透到民众当中。而在这一过程中体现了一种自上而下的社会"治理"和群众自下而上的参与性的变革。这种注重政府与民众互动，而不是简单自上而下或自下而上的视角，是值得称道的。

其次，作者从中共对节日开展的空间角度进行扫视，反映了中共的意识形态在群众中的全方位渗透，并采取了旧形式与新内容，给民众的社会生活注入了浓厚的政治血液。从这个角度看确实是起到了潜移默化的功效，但代表上层建筑意识形态的节日文化使得文化符号与文化内涵出现断裂。因此，从这个角度看似乎又存在一种历史遗留问题，反映了在当时特定的历史条件下节日文化的存在方式及最终的归宿。这又是该书一大亮点。

最后，该书呈现了根据地政府高超的治理策略与技巧。从对传统节日的改造到新节日的引入与创造，体现出了政府对民众的关注，践行了一种极其亲民而又十分有效的教化民众之方式，通过节日文化的渗透实现与民同乐、发动群众投身革命，从而不断发展壮大自己的武装力量。此外，政府为推动商贸繁荣、发展地方经济，加快了对社会影响广泛的传统庙会的恢复工作，强化了庙会的经贸和宣传作用，淡化其宗教色彩，对民俗节日的改造使之更符合当时社会发展的需要，从而解决经济困境，体现了根据地在建设初期所面临的革命与经济建设的矛盾关系。

该书展现了一种新的革命史书写视角，其不足之处在于，搜集使用了丰富的报纸、回忆录、小说等，史料功夫不可谓不深，但文献的性质仍有单一之嫌，如能更多借鉴历史人类学方法，注重田野调查，搜集并解读相关健在者的口述史，当能更鲜活、多元地呈现民众在此过程中的能动性以及官民互动，从而更深刻地揭示所研究的主题。

征稿启事

《区域史研究》是由中山大学、香港中文大学、复旦大学、厦门大学、武汉大学、清华大学、南开大学、华东师范大学、南昌大学、浙江大学的一批志同道合的学者共同创办的刊物,旨在为区域史研究者提供一个分享最新研究、交流最新思想的平台。本刊设有学人访谈、专题研究、研究综述、读史札记、田野笔记、书评等栏目,现面向海内外学界征稿,来稿要求如下。

(一)论文字数一般不超过3万字,须有中文摘要(200字左右)以及3~5个中文关键词;读史札记、田野笔记一般不超过1.5万字;书评一般不超过4000字,有深度的书评,则不受此限。

(二)文责自负。除非事先说明,否则编辑部对文字内容均可适当处理;译稿一律附原文。

(三)本刊采用社会科学文献出版社的投稿格式和注释体例,请各位作者投稿前务必参照修改。来稿统一采取页下注方式,每页重新编号。出自同一文献的注释第二次出现以后,只需标明著者、篇名、卷次、页码即可。

(四)来稿请通过电子邮件寄至 lingnanculture@126.com,并在邮件标题栏中注明:《区域史研究》投稿。

(五)本刊实行双向匿名审稿制,来稿时请将姓名、工作单位、联系方式、职称等反映作者信息的个人资料另页附上,并在正文中避免出现作者的相关信息。

(六)请勿一稿多投。收稿后逾3个月未做答复,作者可自行处理。

（七）本刊不以任何形式收取编辑费、审稿费、版面费等费用。稿件一经发表，即奉稿酬，稿酬从优，并赠送作者样刊 5 册。

（八）本征稿启事常年有效。

《区域史研究》编辑部

图书在版编目（CIP）数据

区域史研究 . 2020 年 . 第 2 辑：总第 4 辑/温春来主编 . --北京：社会科学文献出版社，2021.2
ISBN 978 - 7 - 5201 - 7872 - 3

Ⅰ.①区… Ⅱ.①温… Ⅲ.①地方史-研究-中国-丛刊 Ⅳ.①K29 - 55

中国版本图书馆 CIP 数据核字（2021）第 026387 号

区域史研究 2020 年第 2 辑（总第 4 辑）

主　　编 / 温春来

出 版 人 / 王利民
责任编辑 / 赵　晨
文稿编辑 / 梁　赟　汪延平 等

出　　版 / 社会科学文献出版社・历史学分社（010）59367256
　　　　　 地址：北京市北三环中路甲 29 号院华龙大厦　邮编：100029
　　　　　 网址：www.ssap.com.cn

发　　行 / 市场营销中心（010）59367081　59367083
印　　装 / 北京玺诚印务有限公司

规　　格 / 开　本：787mm × 1092mm　1/16
　　　　　 印　张：18.25　字　数：249 千字
版　　次 / 2021 年 2 月第 1 版　2021 年 2 月第 1 次印刷
书　　号 / ISBN 978 - 7 - 5201 - 7872 - 3
定　　价 / 99.00 元

本书如有印装质量问题，请与读者服务中心（010 - 59367028）联系

▲ 版权所有 翻印必究